함께 사는 세상을 만드는 책임과 가치
살리는 경제 바꾸는 정치

함께 사는 세상을 만드는
책임과 가치

바꾸는 정치 살리는 경제

권칠승 지음

비타베아타

프로롤그

정치가 우리의 삶을 바꾼다

나는 정치권에 입문한 이래로 정당 실무자, 국회의원 보좌관, 청와대 행정관, 지방의원, 국회의원, 장관에 이르기까지 다양한 경험을 해 본 운 좋은 사람이다. 하지만 여전히 정치는 내게 수많은 질문을 안겨 주고 있다.

'정치란 무엇일까?', '정치인의 역할은 어떤 것일까?'

사회생활 대부분을 정치권에서 해 온 내게 이런 물음은 인생이 무엇이냐고 묻는 것과 같다. 그래서 정치와 관련해 뭔가를 쓰고 그것을 책으로 낸다는 것 자체가 두렵기도 하다.

언젠가 학생들을 만난 자리에서 '정치'와 연상되는 단어가 무엇이 있는지 물어본 적이 있다. 그러자 '싸움', '부정부패', '무관심', '진흙탕', '사기꾼' 등과 같은 단어들이 먼저 튀어나왔다. 이는 누구에게 물어도 크게 다르지 않을 것이다.

나는 현실의 정치는 한마디로 정의하기 어려운 종합예술이자 고등생물이라고 생각한다. 정치는 결과적으로 사회의 다양한 이해관계를 강제로 조정한다. 그 과정에 많은 관계자가 참여하고 여론이 형성되며, 그 결과에 대해 환호하거나 비판하는 사람이 생긴다. 그리고는 또 다른 이슈에 밀려간다. 정치라고 불리는 시스템은 이 끊임없는 과정을 관리하고 감당해야 한다.

원래 정치 자체에는 선악이 없다. 그래서 선한 정치는 우선 그것을 운영하는 정치인이 만들어 내야 할 몫이다. 정치인은 선량하고 지혜로운 관리자가 되어야 하며 많은 공부와 경험과 수양이 필요하다. 현실과는 별개로 당위성 측면에서 그래야 한다는 뜻이다.

여전히 정치가 무엇이라고 한마디로 답하기는 어렵다. 그러나 이 한 가지는 확실하게 답할 수 있다.

'정치는 매우 중요하다.'

정치가 허업虛業이어서는 안 된다. 사회의 중요한 과제 중에서 정치를 통하지 않고 이룰 수 있는 일이 과연 얼마나 있을까? 정치를 통해 세상이 바뀌는 모습을 오랜 세월 현장에서 직관한 사람으로서 정치가 우리의 삶을 바꿀 수 있다는 점을 꼭 강조하고 싶다.

책 제목 《살리는 경제 바꾸는 정치》에는 목적어가 없다. 무엇을 살리고 바꿀지는 정치인의 신념과 책임에 달렸다. 신념이 정치인의 지향을 뜻한다면, 책임은 그것의 실현을 의미한다. 그런 면에서 현재 우리 정치의 가장 큰 문제는 '신념의 과잉, 책임의 결핍'이라고 할 수 있다.

무엇보다 사람을 살리는 경제여야 한다. 그리고 청년을, 중소기업을, 벤처·스타트업과 소상공인 등을 살리는 것이 '함께 사는 세상'을 만드는 길이고, 우리의 미래여야 한다고 믿는다. Part 1은 코로나19가 한창일 때 중기부 장관직을 수행했던 활동을 다뤘다. 긴박한 삶의 전선에서 확인한 선량한 시민들의 특별한 헌신과 희생, 그리고 국가와 정치의 역할에 대한 소회를 실었다. 무엇을 살리는 경제여야 하는지에 대한 내 주장의 근거가 여기에 있다.

정치는 결국 세상을 바꿔야 한다. 그리고 그 세상은 사람이 사람으로 대접받는 사회여야 할 것이다. 지금보다는 더 법 앞에 평등하고, 차별과 배제가 없고, 실력만 있으면 성공할 수 있는 세상을 향해 나아가야 한다. Part 2는 1997년부터 현재까지의 정치활동을 술회한 것이다. 환희도 느껴 봤고, 회한에 잠기기도 했다. 성취도 있었지만, 실패와 숙제도 적지 않다. 그러나 정당 실무 당직자에서 장관까지 지낸 경험은 정치의 긍정적 가치에 대해 확신을 갖는 시간이기도 했다.

글을 쓰고 보니 하지 못한 이야기에 대한 미련이 많이 생긴다. 남겨 놓으면 좋을 만한 기억과 경험을 제대로 정리하지 못한 것 같아 아쉬움도 남는다. 그래도 책을 처음 써 보는 사람의 부족함이려니 하고 나 자신을 스스로 위로해 본다. 혹시 훗날 회고록이라도 쓰게 되면 고마웠던 분들 모두 실명으로 쓰겠다고 다짐해 본다.

출판과 관련해 애써 주신 모든 분에게 감사와 죄송한 마음을 전한다. 본래 부족한 사람이라 그나마 몇 자 써 놓은 글에도 많은 보충과 수정이 필요하다는 점을 잘 안다. 제대로 표현하지 못한 부분도 많을 것이다. 모두 실력이 부족한 내 탓이다.

마지막으로 내가 선출직으로 활동할 수 있도록 도와주고 지지해 준 모든 분, 특히 가족과 화성 시민 여러분에게 진심 어린 감사의 말씀을 드린다.

2023년 11월
권칠승

추천의 글

권칠승 의원은 1997년 대선을 앞두고 당시 김대중 후보의 당선을 돕기 위해 정치권에 들어섰다. TK 출신으로서는 흔치 않은 일이었다. 2002년 대선 경선에서는 노무현 후보를 지지했던 민주당의 몇 안 되는 당직자였다. 내가 열린우리당 창당기획단장을 맡았을 때 저자는 실무 담당자였다. 매사에 성심을 다하는 모습이 선배로서 보기 좋았다. 저서를 통해 정치인이 갖춰야 할 신념과 책임, 그리고 원칙을 엿볼 수 있다. '사람 사는 세상'을 향한 저자의 힘찬 발걸음을 응원한다.

- 제36대 국무총리 이해찬 -

1997년 수평적 정권교체를 위해 헌신했던 청년 권칠승을 기억한다. 노무현 정부 행정관을 거쳐 도의원, 국회의원으로 성장하는 과정을 가까이서 지켜봐 왔다. 코로나19 팬데믹 상황에서 장관직을 맡아 중소기업과 소상공인을 위해 분투하는 모습을 보며 그의 역량과 애민愛民 정신을 다시 한번 확인할 수 있었다. 언제나 궂은일을 마다하지 않고 당이 어려울 때마다 중심을 잘 잡아 온 그가 화성시와 대한민국의 새로운 미래를 위해 더 높이 비상하길 기원한다.

- 제46대 국무총리 정세균 -

권칠승 의원은 긴박한 코로나19 상황에서 가장 믿음직한 동료였다. 방역 대책은 늘 중소상공인의 삶과 치열하게 맞닿아 있었다. 중대본 회의에서 방역 상황 보고가 끝나면 모두 권칠승 장관을 바라봤다. 바위처럼 묵묵히 소임을 다하며, 무엇보다 '현장'을 잘 알고 있던 그였다. 우리는 권 장관의 판단에 많은 도움을 받았다. 그가 없었다면 난국을 넘어서기 어려웠을 것이다. 그는 어려울 때 힘이 되는 사람이다. 국민을 위해 더 많은 일을 할 수 있기를 진심으로 바란다.

- 제47대 국무총리 김부겸 -

차례

프롤로그   정치가 우리의 삶을 바꾼다   004
추천의 글   008

Part 01 공감과 혁신으로 상생하다

문재인 정부 유일의 신생 부처 중기부 장관으로 지명받다   016
난관에 정면으로 부딪치기로 각오를 다지며   021
소상공인의 지원금, 버팀목자금 플러스를 집행하라   026
현장에서 고통받는 소상공인을 위한 손실보상금 지원   034
팬데믹이 심화시킨 경제적 불평등을 완화하라   041
지역을 살리는 백년가게와 로컬 크리에이터   049
소상공인과 중소기업도 디지털 혁신과 스마트 혁신이 필요하다   056
혁신과 청년으로 제2벤처붐을 일으키자   065
제2벤처붐으로 청년과 대한민국의 미래를 밝히자   072
청년의 일자리가 국가의 미래를 밝게 한다   082
우리 경제의 심장 벤처 스타트업을 유니콘기업으로 만들자   088

중소기업의 생존을 보장하는 납품단가 연동제와 상생 결제　098
자상한 기업으로 공존과 상생을 추구하다　103
공공의 선을 추구하기 위한 규제 개혁이 필요하다　110
기술 탈취라는 악마는 디테일에 숨어 있다　119
분쟁 해결을 넘어 상생의 프로세스로 발전하다　125
변화 앞에 정치인과 공무원은 늘 깨어 있어야 한다　131
낙수효과만 강조하는 Y노믹스, 실체가 없다　138
정부는 혁신생태계의 마중물을 마련해야 한다　144
동북아의 균형자 역할을 할 경제적·정치적 역량이 필요하다　151
정부는 경제위기가 올 때 제대로 방향을 잡아야 한다　160

Part 02 국민만 바라본다

평화적 정권교체를 몸소 체험하다	170
남북 관계를 개선하고 권력 구조를 재편하다	177
'국민경선'으로 '세계 최초의 인터넷 대통령'을 만들어 내다	182
봄이 와도 봄 같지 않은 한국 정치를 바꾸다	189
국정의 한복판, 청와대에서 일하다	194
지켜주지 못해 죄송합니다	202
정치의 무대에 본격적으로 서다	207
좋은 민주주의는 끊임없는 고민 속에서 탄생한다	214
대안을 제시할 수 있는 정치를 배우다	218
알면 알수록 매력적인 화성에서 국회의원이 되다	225

교육과 보육은 국가의 미래 동력이다	233
인구절벽과 아이 돌봄 문제는 국가의 과제	242
촛불혁명으로 국격을 높인 국민이 자랑스럽다	247
충돌하는 이해관계 속에서 국민만 바라본다	254
시비지심과 생생지락으로 정치하다	260
아픔을 함께하는 정치인이어야 한다	267
정치인이 서 있어야 할 자리가 있다	273
진영 논리에서 벗어나 대의민주주의를 추구해야 한다	281
국민을 위한 선거제도여야 한다	289
제왕적 대통령제는 반드시 극복해야 할 과제	294

공감과 혁신으로
상생하다

당장 비가 내린다는데 우산도 없이 밖으로 나갈 수는 없는 노릇이다.
어떻게든 비를 막고 길을 갈 수 있는 우산을 찾아야 한다.
국가 경쟁력을 고려할 때 지금 우리 중소기업에 필요한 우산은 스마트 제조 혁신이다.
아무리 갈 길이 어렵다고 해도 피할 수 없는 길이기도 하다.

Part

01

문재인 정부 유일의 신생 부처
중기부 장관으로 지명받다

코로나19가 대한민국뿐 아니라 세계 전체를 휩쓸고 있던 2021년 1월, 박영선 중기부 장관이 4월에 열리는 서울시장 보궐선거에 출마를 선언했다. 박 장관은 1월 20일에 사의를 표명했고, 곧이어 문재인 대통령은 나를 장관 후보자로 지명했다.

중기부는 문재인 정부 유일의 신생 부처였다. 2017년 11월 30일 중기부 공식 출범식에서 문 대통령은 "1960년 상공부 중소기업과로 출발한 지 57년, 중소기업청이 출범한 지 21년 만에 중소벤처기업부가 출범식을 갖게 됐다."라며 "중소벤처기업부의 출범은 대한민국 경제의 패러다임을 바꾸는 역사적인 일"이라고 강조했다. 이어서 "중소기업은 대한민국 전체 제조업 생산액의 절반을 만들어 내는 대한민국 경제의 뼈대"라며 "중소벤처기업부의 신설이 중소벤처기업인들과 소상공인들의 희망이 되고, 문재인 정부의 업적으로 남길 바란다."라고 당부했다.

내가 장관으로 지명된 시기는 중기부가 출범한 지 2년 반이 지난 무렵이었다. 그때까지 중기부는 세종시 이전 계획 확정, 예산 10조 원 시대 등 많은 개혁을 이루었지만, 여전히 안팎으로 해결해야 할 과제가 많았다. 내부적으로는 중소기업청에서 중기부로 전환한 데 따른 조직 정비와 정책기획 능력의 확충이 필요했다. 외부적 과제는 더 큰 난관이었다. 코로나19 팬데믹은 전 세계 경제를 마비시켰고, 중소벤처 업계는 경제의 최전선에서 이 위기를 맨몸으로 받아내는 중이었다. 제조업체의 수출 길은 막혔고 공장은 제대로 돌아가지 않았다.

자영업자들과 소상공인들의 상황은 처참했다. 골목상권에는 가는 곳마다 임시 휴업과 폐업을 알리는 표지가 가게 문 앞에 내걸려 있었다. 과거의 사스나 메르스 때처럼 몇 달만 버티면 될 줄 알았는데 해가 지나도 팬데믹이 수그러들지 않으니 모두 피가 말랐다. 중소벤처 업계와 소상공인들의 피해는 걷잡을 수 없이 커졌다.

장관 후보자로 지명되고 10여 일이 지난 뒤 국회 산업통상자원중소벤처기업위원회의 인사청문회가 열렸다. 당시 나에 대한 인사청문회도 이런 긴박한 상황을 반영하듯 주로 정책 질의에 초점이 맞춰졌다. 여야 의원들은 코로나19 팬데믹 장기화 상황을 고려해 손실보상제, 4차 재난지원금에 관한 내 견해를 물으며 검증에 나섰다.

국회의원으로 인사청문회에서 항상 질문만 해 왔던 내가 이번에는 답변하는 자리에 서게 되니 기분이 묘했다. 마치 수술하던 의사가 수술대에 누워 환자가 된 것 같았다. 평소 생각해 왔던 대로 인정할 부분은 깔끔하게 인정하고 정책적 소신은 당당히 밝히겠다는 마음가짐으로 청문회에 임했다.

이날 인사청문회에서 나는 어려움을 겪고 있는 자영업자들에게 재난지원금과 손실보상제를 '투트랙'으로 함께 지급해야 한다는 뜻을 밝혔다. 내 발언에 국민의힘 윤영석 의원이 "후보자가 생각하는 것(손실보상)이 재난지원금 방식인지 헌법 제23조에 근거한 특별법에 의한 손실보상제인지 명확한 입장을 말해 달라."고 물었다. 나는 "아직은 후보자 신분이라 사견을 전제로 말씀드리면 두 가지 모두 필요하다고 생각한다. 투트랙으로 가야 한다."라고 답변했다. 다만, 소상공인들이 요구하는 소급 적용에 관해서는 국회의 법제화가 없으면 실행이 불가능한 내용이기에 장관으로 임명된다면 명분과 절차보다는 소상공인들에게 실질적으로 도움이 되는지를 먼저 고려하겠다고 우회적으로 답변했다. 그리고 "손실보상제가 법적 테두리를 갖춰 실제 보상이 나갈 때까지는 시간이 걸릴 것으로 생각한다."라고 생각을 밝히면서 "4차 재난지원금을 지급하려면 추가경정예산이 필요하지만, 그게 가장 빠른 방법일 것 같다."라고 덧붙였다.

청문회에서 정책과 관련한 각종 현안에 관한 질의가 오가는 가운데 나는 핵심을 놓치지 말아야겠다는 생각에 다음과 같이 재차 강조했다.

"손실보상 절차나 방법으로 들어가면 어마어마하게 복잡하지만, 너무 매몰되지 말아야 합니다."

"4차 재난지원금 같은 방식으로 어려운 소상공인들에게 실질적으로 도움을 주는 것이 가장 시급한 문제입니다. 모든 수단을 활용해야 합니다."

정책에 관한 건설적인 논쟁은 언제든 환영하지만, 당시에는 급박한 상황을 해결해야 하는 과제를 앞에 두고 있었기에 신속한 정책 실행을 강조한 것이었다.

중기부 장관으로서 코로나19로 인한 피해 보상 외에 중점을 둔 것은 미래를 위한 설계였다. 아무리 다급한 사안이라 해도 코로나19라는 쓰나미에 밀려 미래를 포기할 수는 없는 노릇이었다. 중소기업과 벤처기업의 활로를 찾아 미래의 성장 동력으로 키워야만 했다. 대표적인 사안이 '벤처기업 육성에 관한 특별조치법' 개정안이다. 나중에 중기부 장관을 마치고 국회에 돌아와서도 이 법안의 통과를 위해 전력을 기울였다. 나는 복수의결권을 담은 이 법안이 유망한 벤처기업을 더 커지게 할 수 있는 기반을 만들어 줄 것이 확실하다는 입장이었다. 인사청문회 당시 나는 복수의결권을 수족관에 비유해 의원들에게 설명했다. "금붕어를 키울 때는 금붕어가 들어갈 만한 어항만 있으면 되는데, 상어를 키우겠다는 목적이 생기면 그에 맞는 크기의 수족관을 만드는 작업이 불가피합니다."

장관 인사청문회는 내 정책적 입장을 밝히는 자리로만 그치지는 않았다. 위장전입 논란도 있었는데, 2010년 당시 지방선거 출마가 급작스럽게 결정됐던 터라 급하게 주소를 옮긴 데 대해 사과했다.

물론 아이들 전학이나 부동산 투기와는 전혀 무관했다. 당시 야당은 내 사과를 얻어낸 것에 기대어 날을 세웠지만, 그 외의 별다른 이슈는 없었다. 여야를 막론하고 많은 의원이 내 청문회 통과를 낙관하며 미리 축하 인사까지 건네기도 했다.

인사청문회는 본인이 인식하지 못하고 있던 일까지 다시 살펴보게 하고 모두 드러내는 자리라고 할 수 있다. 나는 다행히 청문회를 별다른 문제없이 마쳤고, 여야 간 합의로 청문회 보고서가 채택되며 큰 문제 없이 장관에 임명됐다. 이런 점에서 나를 지지해 주고 있는 지역구 주민들에게 감사한 마음과 함께 자부심도 느끼고 있다. 늘 국민을 바라보고 공공의 이익을 위해 최선을 다할 수 있도록 해 주는 정치적 동력의 원천이기 때문이다.

난관에 정면으로 부딪치기로
각오를 다지며

장관 인사청문회가 끝나고 2021년 2월 15일 오전 11시 30분에 청와대 본관에서 임명장 수여식이 열렸다. 임명장 수여식에는 원래 본인을 포함해 2명까지 참석할 수 있다. 그래서 나는 아내에게 양해를 구하고 아버지를 모시고 청와대로 갔다. 오랜 기간 타지에서 생활하느라 자주 찾아뵙지 못했던 아버지에게 기쁨을 드리고 싶었다. 아버지께서는 별말 없으셨지만 임명장 수여식 내내 눈을 떼지 않고 나를 지켜보셨다. 모처럼 효도를 한 것 같아 뿌듯했고, 이런 자리를 흔쾌히 양보해 준 아내에게 너무나 고마웠다.

    임명장 수여식에서는 임명자가 대통령 앞으로 행진할 때 연주될 곡을 고를 수 있다. 나는 강산에의 '거꾸로 강을 거슬러 오르는 저 힘찬 연어들처럼'을 골랐다. 예전부터 내가 가야 할 길이 과연 맞는지 아닌지 고민될 때마다 듣곤 했던 노래였다. 정치를 시작한 뒤에 지금까지 걸어왔던 여정과 또 앞으로 가야 할 길에서 되뇌어야 할 기도문처럼 느껴졌기 때문이다. 또한 후렴구인 "거꾸로 강을 거슬러 오르는 저 힘찬 연어들처럼 걸어가다 보면"이라는 가사는 한 나라의 장관으로서 엄중한 코로나19 팬데믹 시국을 헤쳐 나가며 감당해야 할 난관과 내 운명을 떠올리게 했다.

청문회가 끝났지만, 한숨 돌릴 여유조차 없었다. 중기부 인사청문회에서 확인된 최우선 추진과제는 코로나19 장기화라는 상황에서 추진해야 하는 손실보상제와 4차 재난지원금 지급이었다. 그런데 이 손실보상제를 마련하고 4차 재난지원금 지급을 집행하기가 만만치 않았다. 마치 강산에의 노래 한 구절처럼 "막막한 어둠으로 별빛조차 없는 길"이었다. 나도 처음 맞닥뜨리는 일이었지만 중기부도 처음 해 보는 일이었다. 손실보상제는 전 세계 그 어떤 나라도 해 본 적이 없는 정책인지라 참조할 만한 사례도 없었다.

코로나19로 인해 위축된 경제 상황과 그에 따른 생계 곤란을 타개하기 위해 전 세계적으로 제로금리에 가까운 저금리가 유지됐다. 그 여파로 부동산과 주식 등의 자산가치가 급격히 상승해 부유층의 부는 증가했지만, 집합제한과 금지의 직격탄을 받은 자영업자 다수는 영업손실로 인해 막대한 빚을 지게 됐다. 더 큰 빈부격차의 우려는 이미 현실화되고 있었다. 이를 해결하기 위한 정책 집행은 예산 확보부터 시작해서 부처 간 이견 조정에다가 수급자들의 불만 해소

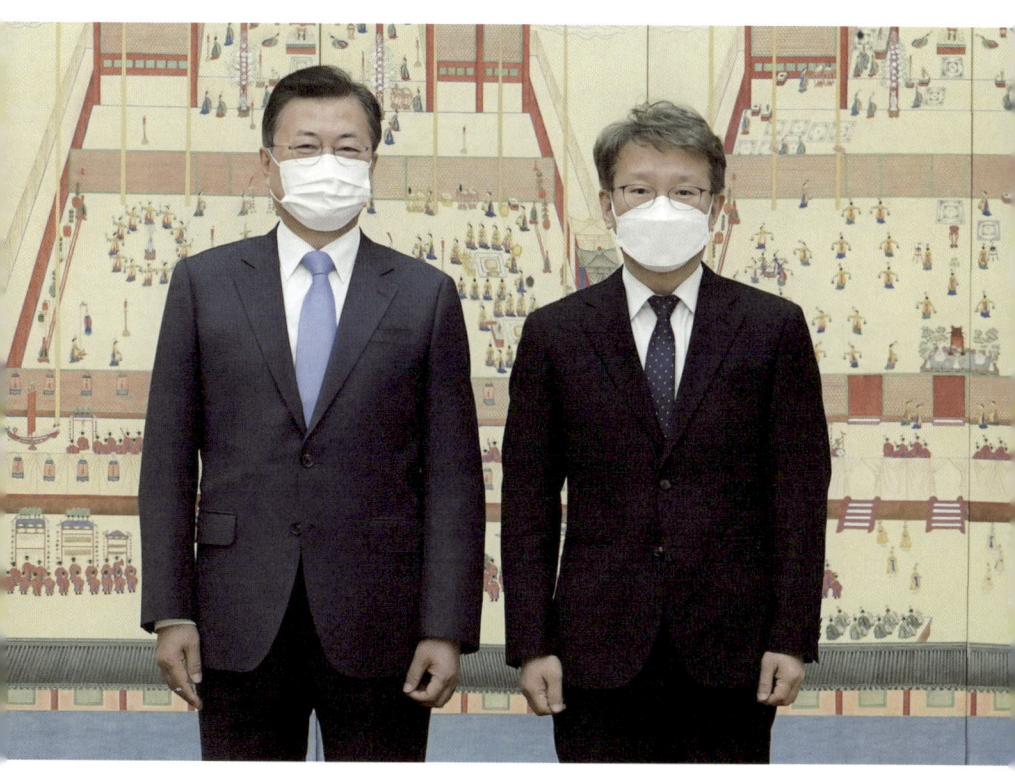

중소벤처기업부 장관 임명장을 받은 후 문재인 대통령과 기념 촬영을 했다

까지 온통 넘어야 할 산뿐이었다. 두고두고 욕만 먹고 좋은 소리는 못 들을 일투성이였다. 그렇다고 한숨만 쉬고 있을 수는 없었다. 현장에서는 자영업자, 소상공인이 버틸 수 있는 여력이 바닥나고 있었다.

코로나19가 한창일 때 중기부의 역할은 다른 부처 못지않게, 아니 더욱 중요했다. 장관 임명식이 끝난 뒤에 다른 장관 임명자들과 함께 문재인 대통령과 환담을 갖는 시간을 가졌다. 아니나 다를까. 환담 시간 동안 문재인 대통령은 코로나19 극복을 위해 모두가 최선을 다해 달라고 당부했다. 그뿐만 아니라, 부처 간 역할 분담이나 공조가 잘 되지 않을 때는 중기부가 중심이 돼서 소상공인들을 도우라고 강조했다.

대통령께서 직접 나서서 중기부의 역할을 강조할 만큼 중책을 맡게 됐지만, 한숨부터 나왔다. 앞서 말했지만, 전례나 기준이 없는데다가 전 세계에서도 근거나 유례를 찾을 수 없으니 막막했다. 장관으로 취임하자마자 굉장히 힘든 시간을 보내야만 했다. 한정된 재원으로 최대한 지원하겠다는 목표 말고는 밑그림을 처음부터 그려야 했으니 나뿐만 아니라 함께할 중기부 직원들의 고생길도 훤히 보였다.

당시는 정부도 정신이 없을 때였다. 자영업자들에 대한 손실보상 업무를 어느 부처가 담당할지 정리가 덜 되어 내부적으로 좀 더 조율이 필요한 상황이었다. 코로나19 방역으로 영업제한을 받은 자영업자들의 손실을 보상하는 법을 놓고 총리실과 기재부가 의견을 달리 하는 등 이견 해소를 위한 시간과 노력이 필요하기도 했다. 나는 평소 긴급하고 큰 현안이 발생하면 부처 간 이견은 당연히 생길 수밖에 없으며, 이를 어떻게 해소해 내느냐가 그 정부의 실력이라고 생각해 왔다. 그런데 마침 내가 장관이 되면서 이는 소상공인 관련 문제이므로 중기부가 맡아서 하기로 정리가 됐다.

    대통령과의 환담이 끝나고 세종시로 내려가는 차 안에서 강산에의 '거꾸로 강을 거슬러 오르는 저 힘찬 연어들처럼'을 다시 들었다. 노래 가사처럼 앞으로도 "수없이 많은 걸어가야 할 내 앞길이" 기다리고 있었다. 힘든 길이 앞에 놓였지만, 그 길을 걸어가다 보면 "어느 날 그 모든 일들을 감사해" 하는 날이 오리라는 그 소절이 유독 귓가에서 떠나지 않았다. 나와 중기부가 헤쳐 나가야 할 난관에 정면으로 부딪치기로 다시 한번 각오를 다졌다. 잠시라도 긴장을 늦추고 맡은 바 임무를 한 순간이라도 방기한다면 개인의 실수로 끝날 일이 아니었기 때문이다. 내가 갈 길이 이미 험로라는 사실은 누구나 알고 있었다. 그렇다고 피할 수는 없었다. 위기에 빠진 대한민국의 미래를 위해 내 모든 것을 쏟아 부어야 했다.

소상공인의 지원금,
버팀목자금 플러스를 집행하라

내가 2021년 2월 5일 장관으로 취임하자마자 가장 먼저 찾은 곳은 소상공인들의 일터였다. 코로나19 팬데믹으로 힘들어진 소상공인들의 경영 안정과 회복을 가장 먼저 챙기겠다고 공개적으로 다짐한 터라, 소상공인들을 만나고 그들의 목소리에 귀 기울이려 노력했다. 나는 중기부 장관 취임 직후 중기부 정책과 관련 있는 고객들을 만나기 위해 1년 동안 182회의 현장 행보를 했다. 절박한 심정으로 이틀에 한 번 꼴로 전국을 돌아다녔다. 그다음 해에도 현장을 찾는 정책 행보를 멈추지 않았다.

좀처럼 수그러들지 않는 코로나19 때문에 소상공인들의 피해는 엄청났다. 경북 구미에서 15년째 노래주점을 운영하는 50대 초반의 사장님은 한숨만 내쉬고 있었다. 가뜩이나 코로나19로 손님이 줄어들었는데 집합금지 조치까지 내려지면서 아예 영업을 중단했기 때문이다. 2019년에는 월평균 매출이 700만 원이었는데, 코로나19가 터지자 100만 원 수준으로 떨어지더니 집합금지로 문을 열지 못한 두 달 동안 매출이 0원이었다. 그런데 월세 80만 원과 공과금은 고스란히 내야 했으니 말 그대로 죽을 맛이었다.

경기도 화성에서 수학학원을 운영하던 30대 중반의 원장님도 코로나19로 학원 문을 닫아야 했다. 대학입시 관련 과정은 예외적으로 운영할 수 있다는 이야기가 들렸지만, 당시에는 수능이 끝난 터라 논술이나 예체능 실기 관련 학원이 아닌 수학학원은 문을 닫을 수밖에 없었다. 2019년까지 월 1,000만 원 수준이던 매출이 2020년 10월에는 절반으로 뚝 떨어지더니 12월부터는 아예 매출이 제로였다. 매달 110만 원씩 나가야 하는 임차료 걱정에 불면의 밤을 보내야만 했다.[1]

위의 두 사례와 유사한 일이 전국에서 벌어지고 있었다. 코로나19로 인한 집합금지는 노래방, 학원, 식당 등 자영업의 매출 감소로 이어졌고, 이로 인한 영업손실로 임차료조차 내지 못하는 상황까지 소상공인들을 내몰았다. 임차료를 몇 차례 내지 못하다가 결국 가게를 정리하면 철거비까지 물어야 했다. 생존이 절박한 이 시점을 버티

---

1) 중소벤처기업부 보도자료(2021.2.10). 버팀목자금, 2월 5일까지 소상공인 271만 명에 3조 7,730억 원 단비

게 해줄 작은 자금이라도 절실한 상황이었다.

정부는 박영선 장관 시절에 이미 소상공인들에게 버팀목자금을 지원하겠다고 발표했다. 하지만 제도 정착 초기에 부처장이 교체되는 등의 상황으로 인해 접수 과정이 매끄럽지 않았음을 알 수 있었다. 나는 소상공인들의 버팀목이 될 수 있도록 장관 취임 초기부터 추가 지원 모집과 신청 접수 과정에서 발생한 문제를 재빨리 해결하고자 했다.

소상공인 버팀목자금은 코로나19에 따른 사회적 거리두기 강화로 집합금지·영업제한과 매출 감소를 겪고 있는 소상공인 280만 명에게 2021년 1월 11일부터 지급됐다. 내가 중소벤처기업부 장관으로 지명된 다음인 2021년 1월 25일부터는 기존 버팀목자금 지원 대상에서 제외됐던 소상공인 15만 6,000명에 대해 추가로 지급했다. 2020년도에 개업한 일반업종 소상공인들과 1차 버팀목자금 신속지급 대상에 미처 포함되지 못했던 소상공인들, 교습소와 체육시설 등을 포함시킨 것이다.

결국 구미의 노래주점 사장님과 화성의 학원장님도 버팀목자금을 지원받았다. 당장 급한 불을 끌 수 있었고, 한숨 돌리며 다소 위로를 받을 수 있었다며 미소를 지었다. 국가의 존재 이유를 확인할 수 있었던 순간이자 장관으로서 현장을 뛰어다니며 문제를 해결한다는 내 원칙을 지킬 수 있었던 순간이었던 셈이다.

취임 후 첫 일정으로 소상공인의 혁신 창업을 지원하는 시설인 서울 마포의 '드림스퀘어'와 인근 소상공인 상점을 방문해 3차 재난

취임 첫 일정으로 서울 마포구 소재 식당을 방문해 버팀목자금 집행 상황을 점검했다

지원금인 소상공인 버팀목자금 등의 지원 상황을 점검하고 소상공인들의 애로 사항을 청취했다.

내가 취임하기 전에 집행된 1차 재난지원금은 소득에 상관없이 대한민국 모든 국민에게 지급됐던 반면, 내가 취임한 후 시작한 2·3차 재난지원금 중 버팀목자금은 매출이 줄어든 경우에만 선별적으로 지급했기 때문에 수급 대상이 되지 않는 소상공인의 반응에 유의할 필요가 있었다. 게다가 매출액이 줄어들었어도 그 정도와 관계없이 똑같은 수준의 금액(300만 원 이하)을 지급했기 때문에 지원금을 받은 수급자도 만족하지 못할 수 있어 지속적으로 현장의 반응을 파악하고 추가대책을 마련해야 할 여지가 있었다. 반기 신고매출액이 없어 '증빙의 벽'에 막혀 있던 간이과세자에게는 국세청 과세인프라 자료를 활용한 반기별 매출 비교를 통해 지원토록 했다.

내가 첫 현장 점검을 나간 드림스퀘어는 예비 소상공인의 창업을 지원하는 플랫폼인 '신사업창업사관학교'의 비점포형 창업 체험과 교육을 지원하는 공간이다. 하지만 당시 상황이 워낙 엄중한 코로나19 시국이라서 창업 공간인 드림스퀘어에서도 창업보다는 코로나19로 어려움을 겪고 있는 소상공인을 지원하는 버팀목자금 집행 상황을 집중적으로 점검했다. 나는 그 자리에서 "코로나19 장기화로 심적·물적으로 힘든 상황에서 버팀목자금은 매우 중요하다."라며 "지원금이 차질 없이 지급되도록 끝까지 최선을 다해 달라."라고 다시 한번 당부했다.

장관 취임 직후 소상공인 버팀목자금 지원 상황부터 현장 점검을 했던 것은 두 가지 이유 때문이었다. 우선 시급하게 집행돼야 하는 지원이 제대로 되고 있는지 확인하기 위해서였고, 둘째로는 '손실보상금' 등 추가지원정책의 도입 때문이었다. 코로나19가 장기화되어 심적으로나 물적으로나 힘든 상황에서 3차 재난지원금인 소상공인 버팀목자금 등의 지원이 어떻게 되고 있는지 알아야 이후 손실보상금 등의 도입에 대한 정책적 판단을 내릴 수 있었다.

장관으로 취임한 뒤 한 달 동안 소상공인 버팀목자금을 집중적으로 챙겼는데, 다행히 연 매출 4억 원 이하이고 전년도보다 매출액이 감소한 소상공인에게까지 지급 범위를 확대하는 것으로 중기부 직원들과 함께 잘 마무리할 수 있었다. 영업제한을 겪고 있는 소상공인들에게 일률적으로 지원하는 것과는 달리 연 매출 4억 원 이하에 전년도보다 매출액이 감소한 소상공인을 선별해 지원하는 것은 선별 지원에 따라 발생하는 다양한 문제, 특히 선별 기준이나 절차에 불만을 가진 사람들의 민원 때문에 쉽지 않은 일이었다. 수많은 민원 대응에 직원들이 고생했지만, 소상공인 버팀목자금 집행이 어느 정도 잘 마무리됐음을 2021년 3월 초에는 확인할 수 있다.

나는 그다음 단계인 맞춤형 피해 지원을 위해 지원 대상 385만 명을 7개 유형으로 세분화해 총 6조 7,000억 원을 지급하는 4차 재난지원금, 즉 '버팀목자금 플러스'를 기획하는 일에 박차를 가했다. 이 정책은 매우 신중하게 접근해서 실행해야만 했다. 선별 지원과 동시에 지급 대상과 금액을 증가하는 정책의 실행은 정치적 부담을 피할 수 없는 일이었다. 하지만 조금이라도 미룬다면 이미 임차료와 직

<표1-1> 버팀목자금 플러스 지원 대상 및 지원금액

구분	집합금지		영업 제한	일반업종			매출감소
	지속	완화		경영위기 (매출 20% 이상 감소 업종)			
				60% 이상 감소	40% 이상 ~ 60% 미만	20% 이상 ~ 40% 미만	-
기준	6주 이상	6주 이상	영업 제한				
매출액 요건	소기업	소기업	소기업 & 매출 감소	소기업 & 매출 감소			매출 10억 원 이하 & 매출 감소
지원 금액	500만 원	400만 원	300만 원	300만 원	250만 원	200만 원	100만 원

2021.3.29. 소상공인 버팀목자금 플러스·지급 시작 (출처: 중소벤처기업부 보도자료)

원 월급이 밀리기 시작한 소상공인들은 버티지 못하고 쓰러질 수밖에 없었다. 현장의 절박함을 이미 확인했기 때문에 '손실보상지원금'의 전신이라 할 수 있는 버팀목자금 플러스를 하루빨리 기획해서 집행하라고 중기부 직원들을 독려했다.

  이 시점에 새로이 기획한 버팀목자금 플러스는 사각지대 최소화를 통해 방역조치 등으로 피해를 겪은 사업체를 '보다 넓고 두텁게 지원'하도록 설계됐다. 기존에는 상시근로자 5인(제조업 등은 10인) 미만 소상공인만을 대상으로 했으나, 상시근로자 수 기준을 적용하지 않고 소기업 전체를 지원 대상으로 포함했다. 특히 집합금지와 영업제한 대상이 아닌 일반업종에서 매출이 감소한 업체에 대해서는 매출액 한도를 4억 원 이하에서 10억 원 이하로 상향 조정해 지원 대상을 확대했으며, 1인이 다수사업체를 운영할 때는 과거 1개 사업체만 지원한 것과 달리 4개 사업체, 1개 업체 최대 지원금액 500만 원의 2배인 1,000만 원까지 지급하기로 했다. '보다 두텁게 지원'하기 위해 지원 금액을 최대 200만 원 인상해 100만 원에서 최대 500만 원까지 지원받도록 했다.

어렵사리 버팀목자금 플러스 기획을 마치고 났을 때가 하필이면 4·7 보궐선거를 일주일 남짓 앞둔 2021년 3월 25일이었다. 정치권, 특히 당시 야당에서는 보궐선거를 위해 졸속 지원을 한다며 선거용이라고 비난했다. 나는 이런 오해를 풀기 위해 3월 30일 CBS 라디오〈김현정의 뉴스쇼〉에 출연해 "정치권은 거대한 배밭이다. 까마귀가 언제 날든 오비이락과 같은 오해는 피할 수 없다."라고 말했다. 당장 코로나19 때문에 죽겠다는 소상공인들의 아우성이 빗발치는 와중이라 선거를 생각할 겨를이 없었다. 게다가 추경이 필요한 일이라 행정부 단독으로 할 수도 없는 일이었다. 그때 여야도 신속하게 추경을 합의했다.

이렇게 우여곡절 끝에 소상공인 버팀목자금 플러스가 시작됐고, 실제 집행에서 신속 지급 대상자에 대해서는 3개월 안에 모두 지급이 완료되도록 지속적으로 점검해서 성공적으로 마무리됐다. 그러나 아직 코로나19 확진자 증가세가 심각한 상황에서 이것만으로는 부족했다. 나는 더 큰 프로젝트의 시행을 위한 결단을 내려야만 했다.

현장에서 고통받는 소상공인을 위한 손실보상금 지원

2020년 후반부터 코로나19 백신이 속속 개발돼 각국에서 접종이 시작되면서 코로나19 종식에 대한 기대감을 높인 바 있다. 하지만 변이 바이러스가 잇따라 출몰하고 백신 접종을 완료했는데도 감염되는 돌파감염 사례가 이어지면서, 2021년 4월부터 언론에서 코로나19와 함께 살아가자는 '단계적 일상 회복(위드 코로나)'을 주장하는 목소리가 나오기 시작했다.

공식적으로 위드 코로나는 코로나19 바이러스 방역을 위해 실시해 온 사회적 거리두기를 단계적으로 완화해 이전의 일상을 회복하는 방향으로 전환하는 정책이다. 단계적 일상 회복 3단계를 계획해 2021년 11월부터 시행했다. 쉽게 말해 코로나19의 완전 퇴치가 힘들다는 것을 인정하고 의료비 부담 및 사회적 거리두기에 따른 막대한 비용 등을 줄이기 위해 확진자 숫자 억제보다 치명률을 낮추는 새로운 방역체계로 전환한다는 뜻이다. 중기부 관점에서는 오랜 봉쇄에 지친 중소기업들과 소상공인들을 위해 침체에 빠진 경제의 회복을 추진해야 하는 새로운 과제가 부여되는 일이기도 했다.

위드 코로나 정책으로 전환하면서 버팀목자금 지원과는 다른 차원의 지원정책이 필요했다. 새로운 지원정책은 소상공인 버팀목자금과 같은 일시적 위기 해소가 아니라 영업제한 등으로 겪은 그간의 영업손실을 만회해 주고 코로나19 때문에 달라진 영업환경에서도 소상공인들이 장기간 지속 가능한 사업으로 전환하는 데 도움을 주는 해결책이어야만 했다.

2021년 초에 보니 2020년 한 해 동안 누적된 피해는 어마어마했다. 자영업자들은 집합금지가 내려졌던 업종들에 대해 손실보상을 해 주고 전 업종에 대해 무이자 대출을 해 달라고 요구하고 있었다. 이런 요구와 관련해 어떻게 해야 한다는 전례가 없어 골치가 아팠다. 물론 각 나라에도 지원책이 있었지만, 버팀목자금 플러스와 같이 일률적으로 같은 금액을 지원하는 정책뿐이었다. 각각의 손실에 따라 다른 금액을 지급하는 손실보상은 법적 문제뿐 아니라 각종 데이터, 집행체계 등 준비해야 할 것이 한두 가지가 아니다 보니 세계 어느 정부도 쉽게 접근하지 못하고 있던 실정이었다.

새로운 기준을 정하고 제도를 설계하면서 내가 고민했던 것은 두 가지였다. 첫째, 불평등의 심화를 조금이라도 줄여보자는 의지가 구현돼야 한다는 것이었다. 둘째, 손실보상만으로 모든 것이 해결될 수 없다는 현실을 인식해야 하며, 다음 정책에도 활용될 수 있도록 연속성을 염두에 둬야 한다는 것이었다.

첫째는 더불어민주당이 추구해 온 정책적 목표, 특히 문재인 정부 들어서 중점적으로 추진했던 '양극화를 줄이고 함께 잘 사는 공동체의 실현'과 관련이 있다. 이는 소상공인 재난지원금 지급 정책에서도 마찬가지였다.

나는 당장 코로나19 때문에 직접 타격을 받아 생계에 곤란을 겪는 사람들을 구제하는 것이 우선순위라고 생각했다. 구휼의 차원에서 재정을 사용할 때는 코로나19 상황에서 특별한 희생이 있었던 소상공인들에게 먼저 지원하는 것이 맞지, 보편적으로 주는 것은 맞지 않다고 봤다. 물론 선별적 지원에도 문제가 있다. 사각지대가 생기고 엄청난 저항에 직면해 정책 추진에 많은 어려움을 불러일으킨다. 선별했다고 하나 기준이나 지원 규모를 둘러싸고 형평성 논란을 피할 수도 없는 현실이다.

재난지원금의 전 국민적 지급과 관련해서는 우리나라의 재정 여력에 대해 말이 많았다. 크게 '코로나19 관련 재난지원금 도입을 계기로 기본소득 지급을 도입하자는 견해'와 '일시적 재난 위기에서의 지원금 지급과 기본소득은 결이 다르다는 견해' 사이에서 무수한 논쟁이 있었다. 그런데 이 문제는 전 국민의 합의가 필요하며 재정 건전성이나 여력만의 문제로 볼 수 없다. 우리나라의 생산력과 부양 인력, 기본소득의 재정 마련 등 복합적인 문제를 사회적으로 논의하고 합의해야 한다. 그리고 아직 기본소득 도입에 관해서 국민적 공감대가 형성됐다고 보기도 어려운 것이 사실이었다.

그래서 나는 이 문제에 관해서는 팬데믹 상황에서 급히 결론을 내기보다는 장기적 관점에서 신중한 접근이 필요하다고 봤다. 그리고 이런 논의가 숙성되기를 기다리기에는 코로나19로 인한 자영업자들의 위기는 너무나도 긴박한 상황이었다. 중기부는 위기를 해소할 수 있는 실효성 있는 정책 수단 확보가 우선이라고 판단하고 선별적 재난지원을 하기로 했다.

둘째 이슈인 손실보상도 쉽지 않은 과제였다. 손실보상과 피해지원을 적절히 섞어서 하는데, 문제는 속도와 기준 마련이었다. 신속하게 돈을 지급해서 지금의 사태를 버틸 수 있도록 하는 것이 우선이었다. 손실보상을 둘러싼 법적 정의나 새로운 국가의 의무 등과 관련한 논의가 끼어들어 보상금 지급이 늦어지면 곤란하다는 것이 내 생각이었다. 다행히도 손실보상은 내가 생각했던 방향으로 진행돼서 현장에서 고통받는 소상공인들에게 도움을 줄 수 있었다.

매뉴얼도 시스템도 부재한 상황에서 재난지원금의 선별적 지급과 보편적 지급 논쟁은 장기간 표류할 가능성이 높다. 게다가 그 어떤 실행 가능한 수단이나 누군가를 납득시킬 기준도 모호하고 부족한 터라 실효성 있는 결론을 끌어내기가 어렵다. 복지와 관련한 논의는 가치와 철학, 방향 등을 깊이 있게 논의해야 한다. 하지만 당장 눈앞에 닥친 코로나19는 그런 논의를 할 시간을 우리에게 전혀 주지 않았다. 코로나19 예산을 무한정 책정할 수 없으니 일선 부처가 제시하

경기도 오산 오색시장을 방문해 코로나19 방역 상황을 점검했다

는 코로나19 관련 예산을 깎고 지원 대상을 확정해서 재정의 효율성과 건전성을 확보하고 최종적으로 이를 수행할 조직을 구성하는 등의 구체적 방안이 필요했다. 다시 말하면, 지금 당장 현장에서 작동하는 방안을 제시해서 눈앞에 닥친 문제를 해결해야 했다.

장관으로서 나는 실질적 피해를 겪는 국민에게 어떻게 지원할지 기준을 제시하고 이를 신속히 진행해야 코로나19로 인해 고통을 겪고 있는 자영업자·소상공인에게 한 줄기 희망을 줄 수 있다고 생각했다. 그렇지 않으면 우왕좌왕하거나 결론 없는 논의만 반복할 수도 있었다. 비판적 평가를 통해 보완할 것은 보완하더라도 국가적인 정책 기준과 설계도를 마련해야 했다.

박근혜 정부 시절 메르스가 발생했을 때를 돌이켜 보자. 그때 얼마나 우왕좌왕했는가? 세월호 참사가 발생했을 때는 아예 국가 차원의 콘트롤 타워가 기능하지 못했다. 원래 우리나라는 이런 재난에 잘 대처하지 못하는 국가가 아니었다. 노무현 대통령의 참여정부는 위기관리 시스템과 매뉴얼 구축에 많은 노력을 기울였고 실제로 성과를 이루었다. 그러나 앞서 말했듯이 이후 이런 위기관리 시스템과 매뉴얼은 폐기되거나 등한시되면서 결국 세월호 같은 대형 참사에 제대로 대처하지 못하고 말았다.

코로나19로 비롯된 위기도 자칫하면 국가 시스템의 붕괴로 이어질 수 있었다. 그러나 문재인 정부는 발 빠른 위기 대처에 나섰고, 나 또한 중기부 장관으로서 적극적으로 대응했다. 우선 참고할 만한 사례를 찾았다. 워낙 전대미문의 사건이라 직접 참고할 시스템이나 매뉴얼은 없었다. 나는 몇 년 전에 지진이 일어난 포항이나 큰 산불이 발생한 강원도의 일부 지역을 특별재난지역으로 선포해서 지원했던 사례를 살펴봤다. 이는 지역이라는 특정 대상을 선정해 지원한 것이었다. 마찬가지로 코로나19는 업종이나 계층별로 특정 대상을 추릴 수가 있었다. 한시라도 빨리 지원해야 하는 절박함으로 정책을 집행했다.

물론 아쉬움도 있었다. 코로나19 관련 손실보상금 지원을 집행하고 나서 이 대상을 더욱 구체적으로 한정했더라면 좋았을 것이라는 생각을 떨칠 수가 없었다. 그랬으면 좀 더 효과적이고 효율적인 도움이 됐으리라는 아쉬움이 남기는 했다. 결과론이긴 하지만, 자영업자와 소상공인에게 조금이라도 더 '선택과 집중'을 하는 방법은 없었을까 하는 생각도 든다.

이번 코로나19 팬데믹과 관련한 한국의 대응은 K-방역이라는 명칭이 붙을 만큼 대응이나 손실보상 등에서 모범적인 사례를 남겼다. 많은 전문가가 코로나19와 같은 예측할 수 없는 위기는 앞으로 여러 번 찾아올 것이라고 한다. 그러므로 이번 사례가 한 정권에 닥친 위기를 일시적으로 잘 해결한 방편으로 끝나서는 안 된다. 코로나19의 위기 대응 매뉴얼과 정책집행을 되짚어 보면서 승계하고 발전시킬 것은 이어 나가길 기원해 본다.

팬데믹이 심화시킨
경제적 불평등을 완화하라

전국의 소상공인에게 손실보상을 하는 일은 기준 마련과 집행까지 어느 하나 쉽게 넘어갈 수 없었다. 이런 난관은 중기부가 손실보상 업무를 맡을 때부터 어느 정도 예상됐다. 이 엄청난 일을 집행하려면 기존 조직과 인원으로는 어림없다는 생각이 들었다. 나는 사안의 중대성을 감안해 손실보상을 전담하는 국장급 조직을 만들어 인원을 보강하고 준비했다.

    실제로 손해를 어떤 계산식으로 산출해서 근거로 삼아 보상할지가 논쟁거리가 됐다. 그뿐만 아니라, 현금 지출이 많거나 현금 결제가 많은 곳은 실제 손실과 입증 자료의 차이가 크다는 증빙 문제가 있었지만, 뾰족한 수가 없었다. 현실에 적용되는 손실보상의 기준이 실질적 피해와 차이가 있을 수밖에 없었다. 재난지원금 방식으로 보충해 주긴 했지만, 손실보상 대상자들의 불만이 생기는 것은 당연한 일이었다. 그러다 보니 당시에는 중기부에 걸려 온 민원전화가 100만 통이 넘는다는 말이 나올 정도였다.

처음 제도를 만드는 것은 상당히 어렵다. 처음부터 모두를 만족시킬 수 있는 기준을 세우기가 어렵기 때문이다. 소상공인들로서도 정부의 보상 정책이 만족스러울 리가 없었다. 소상공인연합회를 비롯한 관련 단체의 의견을 다 듣는 것도 힘들었고, 일정 규모 이상 식당이나 유흥업소와 같은 곳은 대상이 아니라는 이유로 반발하기도 했다.

주머니를 되도록 풀지 않으려는 기재부 때문에 재난지원금을 포함한 손실보상금을 마련할 때도 애를 먹었다. 그나마 4차 재난지원금을 포함한 추경안이 국회에서 통과돼서 2021년 3월 내가 장관이 된 지 50일 정도 됐을 즈음에 15조 원이 확보됐다. 그중에서 7조 2천억 원이 중기부로 배정됐다. 전임 장관 시절 지급됐던 3차 때와 비교하면 2조 6천억 원가량이 늘어났다. 앞서 말했듯이 이전보다 사각지대를 많이 줄이도록 설계해서 금액이 대폭 증가했다. 예컨대 상시근로자가 5명이 넘는 곳은 제외됐다가 추가로 포함됐고, 일반업종의 매출한도도 4억 원에서 10억 원으로 대폭 확대하는 등 여러 기준을 완화해 지원했다. 당시 대상자가 385만 명이었는데 피해 규모에 따라 100만 원에서 최대 500만 원까지 받을 수 있도록 했다.

처음 겪는 이런 재난에 대응하려니 초반에는 부처 간의 협의에서도 의견 충돌이 많았다. 가령 방역지원금 지원 대상을 정할 때, 식당 중에서도 칸막이를 한 곳은 지원하고, 칸막이를 하지 않은 곳은 지원하지 않겠다는 식의 기준을 기재부가 내놓은 적이 있다. 칸막이를 하고 안 하고를 누가 알아내서 보상한다는 말인가. 현실감 없는 기준인데다 그렇게 집행될 리도 없었다. 중기부의 담당 국장들이 반박했지만 기재부는 요지부동이었다. 사안이 쉽게 풀리지 않은 상황에서 국무회의 개최일이 다가왔다. 오전 10시에 열리는 국무회의인데 그날 아침까지 그 문제가 정리되지 못했다. 결국 나는 실무국장들에게 이야기했다.

"기재부에 통보하세요. 오늘 국무회의에서 강력하게 문제 제기를 해 보겠습니다."

나는 기재부의 비현실적이면서도 집행기관의 입장을 전혀 고려하지 않은 지원 방안과 기준을 거세게 성토하기로 결심하고, 발언할 내용을 스마트폰에 메모했다. 그 사이에 기재부는 통보를 듣고 내가 무슨 내용으로 이야기할지 중기부 직원에게 물어봤다고 한다. 나는 국무회의에서 보자고만 했다. 메모한 내용을 가서 쭉 읽겠다고 마음먹고 회의를 기다렸다.

그러고 있는데 회의 시작을 15분쯤 남기고 기재부 장관으로부터 전화가 왔다. 나는 생각을 접을 마음이 없다고 분명히 이야기했다. 이런 과정을 거쳐 결국 국무회의 직전에 기재부가 내 의견을 수용하며 일단락됐다. 나로서는 크게 안도했던 순간이었다. 만약 정말 그런 식으로 지원이 나갔다면 상상도 할 수 없는 혼란이 있었을 것

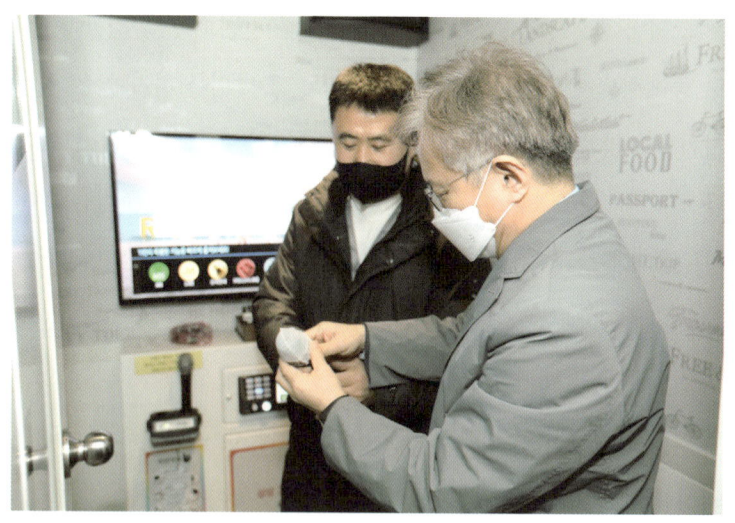
현장 행보의 일환으로 홍익대 주변 코인노래방의 방역을 점검하기도 했다

이 분명했다.

처음 겪는 일이라 여기저기에서 혼선이 생기는 것은 어쩌면 당연했다. 나는 부처 간 갈등이나 조정에서도 뒤로 숨지 않았지만, 국민과의 만남도 피하지 않고 그분들의 목소리를 들으려 노력했다. 그분들도 처음 겪고, 나도 정부도 처음 겪으니 어찌 됐든 현장의 요구를 알아야 제대로 된 정책을 집행할 수 있기 때문이다. 거기에다 지금 울분과 절망에 빠진 국민을 위로하는 일은 해당 부처의 장관으로서 당연히 해야 할 일이라고 여겼다.

그래서 처음에는 욕을 먹는 자리에도 많이 나갔다. 특히 스터디카페와 코인노래방, PC방 등 관련 협회 대표들을 만났던 일이 지금까지 기억에 남는다. 이런 업종들은 사람들끼리 모여 있거나 따닥따닥 붙어 있는 공간을 운영하기 때문에 사회적 거리두기에 따른 집합금지명령의 대상으로 지정됐다. 그러자 이분들이 난리가 났다. 많은 사람이 한곳에 모여 술 먹는 곳도 아닌데 왜 규제하느냐고 엄청나게 항의했다.

처음에는 이분들이 국무총리실을 찾아가 항의했는데, 어느 날 당시 국무총리실 민정실장에게서 연락이 왔다. 직접 한번 만나보지 않겠느냐고 말이다.

"내가 만나보니까 사람들이 그래도 합리적입니다. 말하는 주장도 억지스럽지 않습니다."

중기부의 정책고객인 분들을 내가 만나지 못할 이유는 없었다. 나는 흔쾌히 수락했고 서울에 있는 중기부 산하기관 사무실에서 그분들을 만났다. 이야기해 보니 그분들의 입장을 이해할 수 있었다. 그분들도 중기부의 입장, 즉 정책을 집행하는 쪽의 입장을 많이 이해해 주었다. 그 덕분인지 그분들은 중간에서 현장과 중기부 간의 협력과 집행에 많은 역할을 해 주었다. 그때의 인연으로 아직도 간간이 연락을 주고받는다. 그 인연을 소중하게 여겨 준 분들이 고맙다.

손실보상과 재난지원금은 재난 극복을 위해 신속하게 지원하는 것이 핵심이었다. 그 과정에서 숱한 논란과 갈등이 일어났지만 피하지 않았다. 제도의 신속한 집행도 중요하고 국민과 관련 부처를 설득하고 함께 위기를 극복하는 것도 중요했다. 이 두 마리 토끼 중에서 한 마리라도 놓치면 위기 대응에 실패할 수밖에 없다. 장관은 명

예직이나 소위 말하는 벼슬이 되어서는 안 된다. 국민의 생존이 걸린 최전선에서 직접 뛰어다니며 문제를 해결하는 머슴 중에 상머슴이어야 한다. 그러기 위해서는 우선 소통이 잘 돼야 한다.

손실보상제도에 대해서는 여러 가지 의의를 찾을 수 있겠으나, 나는 코로나19 팬데믹이 심화시킨 경제적 불평등을 완화하기 위한 제도라고 생각한다. 팬데믹으로 인한 금리인하와 양적완화는 토지, 주택 등 부동산의 가치를 올라가게 했고, 이는 자산을 가진 기득권층에게 큰 소득을 안겨줬다. 이를 통해 발생한 빈부격차를 완화하기 위해서는 실제로 근로와 자영업을 영위하는 사람들을 위한 대책이 필요했고 이를 위한 집행력도 요구됐다.

코로나19 상황에서 아무런 소득 없이 무너져 가는 자영업자들을 위해서는 어떻게 해서든 신속한 손실보상이 필요했다. 참고로 통계청·금융감독원·한국은행 통계에 따르면, 2021년의 상대적 빈곤율은 15.1%로 2020년의 15.3%보다 0.2% 낮아졌고, 시장소득 기준 상대적 빈곤율도 20.8%로 0.5% 떨어졌다. 상대적 빈곤율은 균등화 처분가능소득이 중위 소득의 50% 이하에 속하는 인구를 전체 인구로 나눈 값이다.[2]

물론 긴박하게 추진하면서 부작용도 없지는 않았으나, 우리나라는 결국 코로나19 팬데믹을 모범적으로 극복해 냈다. 헌법재판소에 소상공인이 제소하기도 했고, 집행 과정에서 실수나 착오도 있었

---

[2] http://news.einfomax.co.kr/news/articleView.html?idxno=4244678

소득분배지표

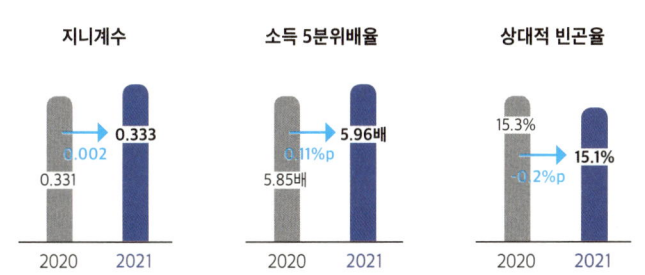

※ 균등화 처분가능소득 기준이며, 상대적 빈곤율은 중위소득 50% 기준임

[그림 1-1] 2020년과 2021년의 소득분배지표 변화 추이. 2022년 가계금융복지조사 결과 (2022.12.1.) (출처: 통계청 보도자료)

으리라 예상된다. 하지만 정부 당국의 대책이 금리인하와 양적완화에 그쳤다면 우리나라의 양극화 수준은 단기간에 극단적으로 올라갔을 것이고, 경기 활성화도 요원했을 것이다.

코로나19 팬데믹은 끝났고 엔데믹이 선언됐다. 그러나 세계 경제는 침체됐고, 우리나라 경제는 팬데믹 때보다 더 어려워졌다는 말이 여기저기서 들린다. 윤석열 정부가 들어선 지 1년이 지났지만, 각종 경제지표는 심각한 위기 신호를 알리고 있다. 우크라이나와 러시아 간의 전쟁 등 외부 요인이 있다고 해도 지나친 재정긴축과 부자감세로 일관하고 있다.

이미 나라의 곳간은 허물어지고 있다. 2023년 하반기까지 최대 60조 원가량의 세수 부족이 예상된다고 한다. 철 지난 낙수효과와 이념 논쟁에 사로잡힌 나머지 경제와 민생은 바닥을 치고 있다. 그런데도 윤석열 정부는 모든 것을 전 정부 탓으로 돌리며 책임을 전가하는 데만 몰두하고 있다.

문재인 정부 시절에 무역수지와 외환보유고, 물가 등은 안정적으로 관리됐다. 그런데 지금은 어떤가. 외국환평형기금채 20조 원을 조기 상환하겠다는 예산안이 국회에 제출됐다. 이 기금은 급격한 환율변동이 발생했을 때 대응하기 위한 재원이다. 이 재원을 끌어다 쓰겠다는 것은 윤석열 정부의 경제정책이 실패했음을 스스로 인정한다는 것이다. 정상적인 정부의 재정 운용이 불가능하니 급한 대로 다른 목적의 예산을 전용한다는 뜻이기 때문이다. 게다가 우리나라는 지난 IMF 외환위기의 악몽을 아직 잊지 않고 있다. 자칫 환율변동이 생겼을 때 '외환 방파제'인 외국환평형기금이 펑크가 나 있다면 커다란 재앙을 맞이할지도 모른다.

지금 우리나라의 상황을 고려하면 윤석열 정부는 이전 정부처럼 위험부담이 있더라도 혁신적인 정책을 끊임없이 구상하고 추진해야 한다. 그런데 당장 연구개발R&D 예산부터 확 줄이는 바람에 과학기술계는 난처해하고 있다. 디지털 강국을 표방하면서 그 동력을 상실하게 한 것이다. 기존 관행과 차이가 있더라도 혁신적인 방안이 있다면 도입하려고 노력해야 하며, 결과만으로 판단하고 상벌을 내리는 심판자가 아니라 과정에서 끊임없이 더 나은 방향으로 조율하는 조정자의 자세를 견지해야 한다. 세월호 사고가 났을 때 해양경찰을 없애는 것과 같은 어처구니없는 일을 반복해서야 되겠는가?

지역을 살리는
백년가게와 로컬 크리에이터

장관 재직 시 중기부 '소확행', 즉 '소소하지만 확실한 행보'를 시작했다. 각 지역에 있는 중소기업들과 소상공인들을 직접 만나 현장의 애로사항을 듣고 정책에 반영하기 위한 프로젝트였다. 소확행의 첫 지역으로 충남에, 두 번째는 경기 북부 지역에 갔다. 그때마다 내가 미처 알지 못했던 강소기업이나 소상공인과 의미 있는 만남을 가졌다. 이는 정책 마련과 집행에 통찰을 구할 소중한 기회였다.

여러 번 소확행을 하다 보니 미리 짐작되는 것이 생겼다. 이 기업은 왜 잘 되는지, 또 현장의 고충은 대충 어떠할지 현장 방문을 하면 할수록 저절로 알게 되는 경우가 많아졌다. 그러나 세 번째 소확행인 제주도에서의 만남은 전혀 달랐다. 로컬 크리에이티브의 주역인 로컬 크리에이터와의 만남은 색다른 경험을 제공했다.

내 또래 사람들은 전통적인 제조업 중심의 산업구조와 비즈니스에 익숙하기 마련이다. 내 지역구인 화성시만 보더라도 이런 제조 기반의 중소기업이 많다. 그런 내게 로컬 크리에이터라는 직업과 관련 비즈니스는 상당히 낯설게 느껴졌다. 콘셉트도 다양하고 나로서는 이해가 안 가는 아이템으로 비즈니스를 한다고 하니 어리둥절할 정도였다. 그러나 신기하다고 해서 구경하듯 바라볼 수만은 없지 않은가. 우리나라의 새로운 성장 동력이자 지방 소멸의 위기를 극복할 대안으로 여기고 관련 공부도 열심히 하며 유심히 살펴봤다.

로컬 크리에이터는 지역의 자연과 문화, 자원 등을 가지고 혁신적인 아이디어를 만들어 내서 사업적 가치를 창출하는 이들을 말한다. 말은 쉬운데 간단치 않다. 중기부도 로컬 크리에이터를 주목했다. 2020년에 지역 청년의 창업 기회 확대와 지역 경제 활성화를 위해 '지역기반 로컬 크리에이터 활성화' 지원 사업을 시작했다. 나 또한 깊은 관심을 가지고 로컬 크리에이터들의 현장을 찾아다녔다.

2021년 12월 소확행으로 제주에 가서 만난 로컬 크리에이터는 '우무'라는 회사를 운영하는 박지훈 대표였다. 그는 아주 젊고 '임팩트'가 있는 사람이었다. 우무는 제주 해녀가 채취한 우뭇가사리로 푸딩과 비누 등을 만들어서 판매한다. 우뭇가사리는 제주의 특산물이다. 지역과 청년이 만나 경쟁력 있는 사업 아이템을 만들어 낸 것이다.

우무는 2018년에 제주도 한림읍의 작은 마을 옹포리에서 시작했다. 제주 로컬 브랜드로 푸드 사업을 시작했으며, 2021년에 실시한 로컬 스타트업 챌린지에서 대상을 받으면서 벤처기업으로 자리매김했다. 이 회사는 소비자와 직접 만나는 매장을 여러 곳 운영한다. 일반인들에게는 우뭇가사리로 특이하고 별미인 푸딩을 만드는 디저트 가게로 잘 알려져 있다.

언뜻 봐도 장사가 굉장히 잘 되고 있었는데, 신기하게 느껴졌다. 평범한 상식으로는 장사가 잘 되지 않는 곳에 있었기 때문이다. 내가 간 우무 매장은 제주의 구석진 곳에 있었고 근처에는 식당도 별로 없었다. 상권이라 하기에는 애매한 동네였다. 그런데 우무 앞에는 사람들이 줄을 쫙 서 있었다. 나는 놀라움 반, 흐뭇함 반으로 이 광경을 지켜봤다. 지역과 청년이 어떻게 만나야 하는지 눈으로 확인한 기회였다.

우무의 디저트는 가격이 상당히 비싼데도 불구하고 젊은 사람들이 많이 찾아온다. 이때 또 하나 배웠다. 요즘 젊은 세대는 가격의 비싸고 싼 차이만 따지지 않고, 자신의 욕구를 만족시킬 수 있다면 기꺼이 돈을 지불하고 먼 곳까지 찾아간다는 것을. 이런 트렌드는 확실히 세대의 감수성이 있어야 알 수 있다. 그 감수성을 알고 활용할 수 있는 사람이 크리에이터일 것이다. 지역의 특성까지 결합하면 그게 바로 로컬 크리에이터일 테고, 거기에 창업이 덧붙여지면 로컬 크리에이터 스타트업이다.

그런 의미에서 내가 만난 우무의 박지훈 대표는 진정한 로컬 크리에이터 스타트업의 대표였다. 우무는 제주뿐만 아니라 전국에 꼭 한 번 찾아가 봐야 할 곳으로 널리 알려졌다. 그만큼 비즈니스가 성공했고 검증된 모델이라는 뜻이다. 당연히 다른 지역에서 프랜차이즈를 하자는 제안이 여러 번 들어왔다고 한다. 그때마다 우무의 대표는 꿋꿋하게 거절 의사를 내비치고 묵묵히 제주에서의 로컬 비즈니스를 고집했다. 그 이유가 궁금해 왜 그랬는지 물었다.

"제 목표는 제주도를 알리는 것입니다."

짧지만 굵직한 대답이었다. 돈만 벌고 싶은 사업가라면 오히려 좋은 기회가 왔다면서 반색했을 테지만, 그는 당장 눈앞의 이익에 연연하지 않았다. 그보다 제주라는 지역의 기업이 전국에 알려지는 방법을 선택했다. 좀 더 멀리 내다보고 기회를 보는 것이 아닌가. '이런 사람은 크게 될 수밖에 없겠구나.' 하는 생각이 들었다.

장관을 그만둔 뒤에 근황을 알아보았을 때도 우무는 여전히 지역 특산물을 활용한 신제품을 매년 출시하면서 재방문율을 높여 가고 있었다. 특히 '커피푸딩'을 출시해 인기몰이 중이며, 제주국제공항에서는 '우유푸딩'을 판매하고, 자체 매장 2곳에서도 다른 제품을 선보이면서 차별을 주고 있다. 이 판매 전략으로 우무 푸딩은 오직 제주에서만 구매할 수 있는 제품으로 관광객 유입을 높이고 있었다.[3]

제주의 로컬 크리에이터 스타트업 우무를 보면서 우리 화성시에 있는 백년가게 '이화횟집'이 떠올랐다. 백년가게는 30년 이상 명맥을 유지하면서 오래도록 고객의 꾸준한 사랑을 받아온 점포 가운데 중기부가 그 우수성과 성장 가능성을 높게 평가해 공식 인증한 곳

---

3) http://www.jejumaeil.net/news/articleView.html?idxno=319722

을 말한다. 백년가게로 선정됐던 이화횟집은 전통적인 판매 방식에 의존하던 소상공인이 어떻게 지역에서 살아남아 전국과 세계를 시장으로 삼게 됐는지 잘 보여주는 또 다른 사례다. 나는 2021년 8월에 '자상한 기업과 소상공인의 디지털 상생'이라는 좌담회에 참석해서 이화횟집의 사장을 만났다. 중기부 장관으로 참석했지만, 한편으로는 내 지역구인 화성시의 성공한 소상공인을 만나는 자리라서 반갑기 그지없었다.

코로나19 팬데믹이 생각보다 길어지면서 소상공인들의 폐업이나 휴업이 속출하던 시기였다. 소상공인들의 어려움은 팬데믹 탓만이 아니었다. 음식과 관련한 업종은 대부분 서비스업인데, 이 분야의 디지털화가 빨라지면서 골목상권은 막다른 길에 몰렸다. 이화횟집은 40년 전통의 낙지전골 맛집으로 오래된 세월만큼이나 지역에서는 잘 알려져 있었다. 그러나 이곳도 점차 바뀌는 음식업 트렌드와 코로나19 팬데믹 등으로 어려움을 겪을 수밖에 없었다. 손님이 뚝 끊긴데다가 언제 끝날지 모르는 코로나19 상황 때문에 미래는 불안할 수밖에 없었다. 그즈음에 이 식당은 변화를 모색했고, 마침 밀키트 전문 스타트업인 프레시지를 만났다.

"처음부터 썩 내켰던 것은 아닙니다. 밀키트로 음식을 만들면 오히려 수십 년간 만들어 온 낙지전골이나 낙지볶음의 맛이 제대로 나지 않을까 봐 우려했지요."

이화횟집 사장은 자칫하면 한순간에 오래된 명성마저 깎일까 봐 주저했다고 한다. 그러나 프레시지는 요리를 만드는 과정을 제대로 관리해 식당에서 만들어 내는 것과 다를 바 없는 맛을 지닌 밀키트를 만들었다. 밀키트로 제조한 요리를 판매하면서 이화횟집의 매출은 코로나19 팬데믹 이전보다 오히려 3배 정도 늘었다고 한다. 이화횟집과 프레시지의 만남은 중기부가 선정하는 백년가게 덕분이었다. 밀키트 사업을 추진하던 프레시지는 유명 맛집을 수없이 돌아다녔지만, 함께하기가 쉽지 않았다고 한다. 그러다가 중기부가 선정하는 백년가게 업체와 협력하면서 지원도 받고 협력 네트워크도 구축할 수 있었다.

산업 환경은 과거와 달리 수시로 변하기 때문에 기존 법이나 제도는 그 속도를 따라가지 못한다. 이렇게 법과 제도가 뒷받침해 주지 못할 때는 산업 생태계 스스로 자생력을 갖춰 경쟁력을 키울 필요도 있다. 산업 생태계는 과거의 수직적 분업 구조가 아니라 협력을 통한 협업 구조여야 한다. 대기업과 중소기업의 협력, 또 스타트업과 소상공인의 협력처럼 자생적 생태계 마련이 중요하다. 그래야 기존 제도가 보완하지 못하는 부분을 보충할 뿐만 아니라 위기를 기회로 전환할 수 있다. 지역의 전통 소상공인이 스타트업을 만나 전국으로 시장을 확대하고 또 외국에까지 수출하는 모범 사례를 만든 것처럼 말이다.

우무와 이화횟집은 서로 다른 개성을 가졌지만 공통점이 있다. 둘 다 변화에 적극적으로 대응했고 위기를 기회로 삼았다. 또한 지역과 스타트업 간의 상생과 협력의 파트너십를 통해 공존의 생태계를 만들어 냈다. 그 덕분에 지역에서 전국으로, 그리고 글로벌로 시장을 확대하는 큰 성과를 얻었다. 이제 지역의 의미는 물리적 의미로만 그치지 않는다. 독특한 자신만의 아이템, 창의적 비즈니스 기회 등을 뜻한다. 이렇게 지역은 고립이 아니라 확장하고 성장하는 기회를 찾을 수 있는 공간이다.

중기부 장관 자리에서 물러난 뒤에도 나는 여전히 로컬 크리에이터 스타트업, 백년가게의 발전방안을 고심하고 있다. 지역으로 더 깊이 파고들었던 제주의 우무, 디지털 스타트업과 결합한 화성의 이화횟집과 같은 성공 사례를 넘어, 백년가게를 해외로 진출시키는 방안을 고심하고 있다. 그것은 K-푸드의 첨병 역할을 할 수 있도록 백년가게를 글로벌 프랜차이즈로 키우는 방안이다. 집행권이 없는 의원 신분이라 구체적 실행에 애로가 많지만, 가치가 있는 일이기에 포기하지 않고 계속 궁리 중이다. 할아버지가 하던 일을 손자까지 하려면 역시 글로벌은 필수니까!

소상공인과 중소기업도
디지털 혁신과 스마트 혁신이 필요하다

중기부 장관으로 재직하면서 새삼 느낀 점은 정말 변화가 빠르다는 것이다. 자고 나면 세상은 이미 저만치 앞서가 있다. 행정이나 입법이 과연 기술과 시장의 변화를 쫓아가는 것이 가능할까 고개를 갸웃거리게 된다. 그 변화의 물길 한가운데에 뛰어들면 정신이 번쩍 든다. 한순간이라도 방심했다가는 영원히 뒤처질지도 모른다는 위기감 때문이다.

그나마 대기업은 글로벌 경제에 적응해 변화에 대처할 경쟁력을 갖추고 있다. 그러나 중소기업은 사정이 다르다. 당장 언론이나 소셜 미디어에서 떠드는 디지털 전환만 해도 피할 수 없는 대세라고 하지만, 중소기업 다수에게는 피할 수만 있다면 피하고 싶은 변화다. 디지털 전환이 무엇인지, 어떻게 해야 하는지 잘 모르거니와 알더라도 만만치 않은 투자 때문에 주저하게 된다. 그러나 그 도도한 변화의 흐름은 누구도 막을 수 없다. 비가 내리는데 우산도 없이 밖으로 나갈 수는 없는 노릇이다. 어떻게든 비를 피하며 갈 수 있는 우산을 찾아야 한다. 지금 우리 중소기업에 필요한 우산은 스마트 제조 혁신이다. 아무리 갈 길이 어렵다고 해도 피할 수 없는 길이기도 하다.

코로나19는 위기이기도 했지만 많은 중소기업에는 기회의 순간이기도 했다. 중기부가 2022년 1월에 발표한 '2021년 중소기업 수출 실적 및 2022년 수출 지원계획'을 보면, 국내 중소기업은 2021년 한 해 동안 역대 최초로 1,100억 달러의 수출을 돌파해 1,271억 달러라는 기록을 세웠다. 코로나19의 장기화와 전 세계적으로 벌어진 물류대란이라는 이중고를 극복한 성공이었다.

2021년의 실적은 전년과 비교했을 때, 16.2%가 증가했다. 10% 이상 증가한 사례는 통계를 작성한 2010년 이래로 처음이었다. 월 수출액이 100억 달러를 넘긴 것도 2020년 12월이 최초였는데, 2021년 한 해에만 6번이나 100억 달러를 넘겼다. 수출기업 수도 역대 최대치를 기록했고, 5,000만 달러 달성 기업은 250곳, 1억 달러를 달성한 기업은 66곳으로 이 또한 사상 최고치다. 특히 주목할 만한 부분은 온라인 분야에서 K-브랜드의 강세였다. K-뷰티, K-패션, K-팝 등의 인기 덕분에 관련 상품의 온라인 수출이 크게 증가했다. 우리나라 경제에 새로운 성장 동력을 마련한 셈이다.

우리나라 중소기업이 이렇게 실적을 올리게 된 이유는 글로벌

(단위: 억 달러)

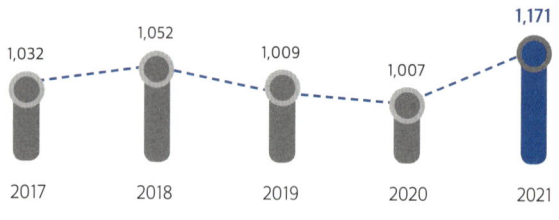

[그림1-2] 최근 5년간 중소기업 수출액 추이. 2021년 역대 최고치 기록. (출처: 중소벤처기업부 장관 권칠승 활동백서)

공급망의 재편 덕분이었다. 중국이 코로나19 발생 지역의 봉쇄 조치를 내리면서 생산라인을 전면 가동 중단했을 때, 도시 폐쇄나 공장 셧다운 등이 없었던 우리나라는 대부분 정상적인 생산을 유지했고, 납기를 맞추는 데도 문제가 없었다. 그래서 전 세계적으로 한국 중소기업에 대한 신뢰도가 많이 올라갈 수 있었다.

이런 면에서 K-방역의 가장 큰 수혜자는 수출 중소기업이었다. 중소기업의 약진은 당시 K-방역과 관련해서 바이오 분야가 두드러졌는데, PCR 검사나 최소잔여형^{LDS} 백신 주사기 개발 등은 가장 대표적인 사례다. 당시 이런 기업들은 아주 소규모로 생산할 뿐 대량양산 체제를 갖추지 못해 팬데믹 시기에 급증하는 수요를 따라가지 못하고 있었다. 이때 중기부가 나서서 중매쟁이 역할을 톡톡히 했다. 내 전임 장관 시절, 기술을 갖고 있는 '풍림파마텍'이라는 중소기업과 삼성전자 간의 협업 체계를 구축한 바 있다. 삼성전자는 이 회사에 기술 멘토를 투입했고, 중기부는 스마트 공장 구축을 위한 설비 자금을 지원했다.

코로나19로 더 빨라진 디지털 전환도 중소기업이나 벤처 스타트업의 위기이자 기회였다. 앞서 여러 번 이야기했지만, 중소기업이 이런 변화에 대응하지 못한다면 뒤처지는 것은 순식간이다. 다만, 이런 변화에 대한 대응은 기존의 장점을 잘 살리도록 해야 한다. 우리 중소기업의 장점 중 하나가 앞에서 말한 납기 준수를 통한 꾸준한 공급망 유지다. 이는 국제적 기준에서 볼 때 아주 큰 경쟁력이다.

물론 사회적으로 함께 머리를 맞대고 숙의해야 할 과제도 있다. 디지털 전환이나 스마트 팩토리 외에도 노동력의 수급은 갈수록 심각해질 사안이다. 코로나19 때문에 외국인 노동력이 부족하다는 민원이 현장에서 많이 들어왔다. 그러나 노동인력정책은 단지 외국인을 많이 데리고 온다고 해서 해결될 수 있는 사안이 아니다. 더불어 사는 다문화, 다양성의 사회로 나아가는 것과 연관해서 고민해야 한다. 우리나라도 곧 인구의 5%가 다문화 구성원으로 이루어지는 다문화사회가 된다. 이런 상황에서 노동력의 공급만으로 이 문제를 바라보는 것은 근시안적이다. 일본처럼 순혈주의를 고집할지, 아니면 유럽처럼 개방된 사회로 갈지에 대한 사회적 합의가 필요하다.

지금 우리 사회에는 자동화와 디지털, 그리고 노동력 부족과 인구 절감 등을 한데 엮은 사회적 토론이 매우 부족하다. 출생률 감소를 염려하면서도 아기를 낳으면 지원금을 얼마 준다는 식의 정책에서 크게 벗어나지 못하고 있다. 그러나 젊은 사람들은 '그런 돈 안 받

문재인 대통령과 최소잔여형LDS 백신 주사기 생산 현장을 방문했다

고 말지.'라며 시큰둥해 할 뿐이다. 이래서는 안 된다. 지금의 사회 형태와는 사뭇 다른 결과를 예상하더라도 과감하게 토론하고 논쟁하면서 미래를 설계해야 한다.

　잘 모를 때는 두려운 법이다. 제대로 알고 적극적으로 대응하면 문제 해결의 가능성은 커진다. 중기부 장관으로 있을 때도 몰라서 제때 지원을 받지 못하거나 의도치 않게 불이익을 받는 경우를 본 적이 있다. 그래서 나는 적극적으로 현장 행정을 펼치며 문제 해결에 나섰다. 중기부 사업 중에 업종 전환 지원이 있는데, 현장에서는 예상보다 우호적인 반응이 많았다. 관련 간담회를 하면서 현재 상황과 앞으로 나아갈 길을 이야기하면 오신 분들의 반응이 굉장히 좋았다. 업종 전환을 하면서 실질적 지원을 받은 분들은 이것이야말로 정말 필요한 사업이라고 칭찬을 아끼지 않았다. 수많은 간담회를 했지만, 반응이 가장 뜨거웠던 것으로 기억한다. 이후 사업 전환의 범위를 좀 더 넓게 인정하는 법률 개정이 뒤따랐다.

신문이나 방송에서 4차 산업혁명이나 디지털 전환을 이야기할 때 누군가에게는 그것이 공포로 다가올지도 모른다. 피상적인 내용만 늘어놓으며 이제는 이 길을 가지 않으면 마치 죽는 것처럼 이야기하니 두려울 수밖에 없다. 그렇다고 해서 규모가 작은 사업체가 전문 컨설팅 업체에 디지털 전환이나 업종 전환을 의뢰하는 것도 언감생심이다. 이럴 때 국가가 나서야 한다. 시대적 변화에 적응하지 못하는 기업을 그냥 방치할 수는 없다. 중소기업들과 자영업자들이 변화에 적응하지 못하고 도태되면 국가 경제와 민생은 커다란 타격을 입을 것이 분명하다.

지난 2021년 2월 중기부 장관을 맡고 첫 번째로 연 간담회에서도 여러 정책을 소개하는 가운데 '전통 중소기업과 지역 중소기업의 혁신 지원'이 주요 정책과제라고 밝힌 것도 이 때문이었다. 그때 나는 선언적 혁신만을 말한 것이 아니었다. 스마트 제조 혁신, 친환경 공정 혁신, 신사업 전환 혁신이라는 3대 프로젝트를 통해 전통 중소기업의 경쟁력 확보뿐만 아니라 스마트 상점이나 디지털 전통시장 구축 등 소상공인의 디지털 혁신에까지 주력하겠다고 말했다. 혁신을 이토록 강조한 이유가 있다. 아무리 미루려 해도 변화는 코앞에 닥쳐왔기 때문이었다. 피할 수 없는 시장 환경 변화의 바람이 당장 기업의 기반을 뒤흔드는 수준으로 불고 있었다.

몇몇 기업은 디지털 전환에 맞춰 과감한 혁신을 이루기도 했다. 콘택트렌즈를 만드는 '인터로조'라는 회사를 방문한 적이 있다. 이 회사는 불량률 감소가 가장 큰 목표였다고 한다. 그러나 그게 마음처럼 되는 일이 아니지 않은가? 그런데 스마트 팩토리를 구축한 뒤로 오랜 골칫거리를 해결할 수 있었다. 제조 데이터를 분석해서 제조 공정 중에 압력과 온도 등을 최적으로 맞춰 불량률을 줄이는 데 성공했다. 그 덕분에 불량률뿐만 아니라 렌즈 도수 적중률을 기존의 70%에서 95%로 향상시켰고, 재고비용도 연간 11억 원을 절감하는 등 인공지능 제조 우수기업으로 거듭났다.

지난 2020년에는 중소벤처 제조 플랫폼도 중기부에서 만들었다. 중소기업의 인공지능 스마트 팩토리화를 지원할 수 있도록 스마트 팩토리에서 생성되는 데이터를 저장하고 분석해서 활용하는 플랫폼이다. 이 플랫폼은 중소기업의 생산성 향상을 목표로 한다. 그뿐만 아니라, 제조 데이터 활용에 따른 이익을 데이터 생산 제조기업에 환원하는 '마이제조데이터' 체계까지 구축했기 때문에 디지털 전환 시대에 걸맞은 지원인 셈이다. 플랫폼을 구축한 카이스트 교수는 이 정도 수준의 데이터 구축 시스템과 공개 체계는 세계 최초이자 전 세계에서 유일하다고 했다. 그만큼 우리도 디지털 전환과 4차 산업혁명에 정부 주도로 능동적인 대응을 하고 있었다. 중기부는 혁명의 물결에 휩쓸리지 않고 오히려 주도할 수 있는 위치에 서기 위해 민관협력의 모델을 꾸준히 만들어 냈다.

혁명이라 부를 만큼 급격한 변화의 시대다. 변화를 쫓아가지 않

과감한 혁신을 통해 인공지능 제조 우수기업으로 거듭난 인터로조를 방문했다

으면 도태될 수밖에 없기에 거센 변화의 물결이라고 해도 그 물결 위에 올라타야 한다. 물론 모든 것이 매끄럽게 진행될 수는 없다. 혁명이라는 것은 워낙 예측 불가이고 또 아수라장과 같은 혼돈의 연속이기도 하다. 그러다 보니 예산이 적시·적소·적재에 쓰이는지, 또 의도하지 않은 수혜자와 기득권이 생기지는 않는지 정부가 관리 감독을 철저히 해야 한다. 실제로 총리실을 비롯한 감독기구에서는 감찰과 감사를 통해 예산의 투명한 집행을 감시했다. 때로는 국회 국정감사를 받으면서 뼈아픈 질책을 들은 적도 있다. 그렇다고 해도 지적이 무서워 혁신을 머뭇거리거나 기업의 하소연을 외면하는 일은 하지 않았다. 이는 당연한 내 책무고 국가와 기업의 미래가 걸린 일이기도 하니까. 아무것도 하지 않으면 아무 일도 일어나지 않는 법이다.

혁신과 청년으로 레드오션에서 제2벤처붐을 일으키자

국가통계포털^{KOSIS}에 따르면, 2023년 6월을 기준으로 국내 자영업자 수는 21개월 연속 증가하면서 600만 명에 육박했다. 우리나라 자영업자 비중은 세계 5위일 정도로 많다. 경제협력개발기구^{OECD} 자료에 따르면, 2018년 기준 우리나라의 취업자 대비 자영업자 비중은 25.1%로 OECD 평균인 15.3%보다 약 10% 높다. OECD 회원국 가운데 우리나라보다 자영업자 비중이 높은 곳은 그리스(33.5%), 튀르키예(32.0%), 멕시코(31.6%), 칠레(27.1%)뿐이다. 아시아 국가 중에서는 일본이 우리나라에 이어 두 번째로 자영업자가 많았지만, 비중은 10.3%에 불과했고 순위도 25위였다. 미국은 6.3%에 불과하다.

우리나라의 높은 자영업자 비율은 카페, 요식업, 배달 음식 분야를 치열한 경쟁을 벌여야 하는 시장, 즉 레드오션으로 만들었다. 혹자는 24시간 언제나 배달되는 통닭, 피자 그리고 팁 없이도 빠르게 운영되는 식당의 경쟁력을 들며 자영업의 성공 가능성을 말하기도 한다. 하지만 이는 불안한 고용환경이 만들어 낸 제 살 깎아 먹기 경쟁일 뿐이다. 자영업자들이 주말도 없이 일하도록 착취하는 상황은 바람직하지도 지속 가능하지도 않다. "지속 가능하다."라는 말의 의미는 한 개인의 문제에 그치지 않고 다음 세대로까지 이어질 가능성도 포함하고 있다.

현재 대한민국이 전 세계가 칭송하는 편리한 나라로 인정받는 이유는 자영업자들의 어마어마한 희생에 토대를 두고 있다는 사실을 잊어서는 안 된다. 자영업자들이 자신이 하는 일을 적성이 맞는 자식들에게도 권할 수 있어야 한다. 그런 사회가 건강한 사회다. 오로지 생계를 위해 쉬지 못하고 일하면서 자식들에게는 자신의 직업을 절대로 권하지 않는 사회는 뭔가 크게 잘못된 것이다. 이런 문제를 개선하려는 노력이 필요하다.

자영업자의 인식 개선도 필요하다. 혁신을 통해 규모와 내실을 키워 기업 수준으로 성장해서 소규모 자영업을 하는 사람들을 근로자로 고용한다면, 한계수준에도 미치지 못하는 생계형 자영업자의 창업과 버티기는 자연스레 줄어들 것이다. 또 성장하는 과정에서 그에 걸맞은 기술을 발전시키면 국가 전체의 부와 경쟁력이 향상될 수 있다. 혁신은 큰 기업이나 스타트업만의 전유물이 아니다. 자영업자와 소상공인도 혁신을 통한 성장 모멘텀을 마련할 수 있어야 하고,

또 그래야만 하는 시대다.

　장관 시절 나는 중기부에서 혁신을 위해 두 가지에 주력했다. 첫 번째가 비대면·그린뉴딜·플랫폼 분야에 관한 법률과 금융을 포함한 종합적 지원이고, 두 번째는 청년창업을 위한 기반을 확실하게 구축하는 것이었다. 이런 정책을 정부가 집중적으로 추진하면서 코로나19 팬데믹은 오히려 비대면 산업의 성장을 더욱 촉진하는 방아쇠이자 제2벤처붐의 기폭제가 되었다. 이는 "위기를 기회로 삼는다."라는 격언을 떠올리기에 충분했다. 이때 마련된 법안이 '비대면중소벤처기업육성법'이다.

　지난 1997년에 만들어진 벤처기업법이 벤처붐의 초석을 마련한 것이라면, 내가 중기부 장관으로 있을 때 추진한 '비대면중소벤처기업육성법'은 비대면 경제 분야를 이끄는 동력을 마련하고 키우는 것이었다. 이는 갑자기 나온 법안과 정책이 아니다. 중기부 장관으로 취임하면서 약속했던 '스마트대한민국펀드'를 통한 벤처 투자 확대에서도 비대면 경제 분야를 염두에 뒀다. 나는 2025년까지 6조 원 규모의 '스마트대한민국펀드'를 조성하겠다고 말한 약속을 지켰다. 이른바 한국판 뉴딜을 상징하는 대표 펀드인데, 비대면과 바이오, 그린뉴딜 분야에 집중했다. 모태펀드도 이미 1조 원 이상 조성했기 때문에 비대면 중소벤처 기업의 육성이라는 미래를 위한 기반을 다지는 데는 어느 정도 대비를 해 뒀다고 생각한다.

　제2벤처붐으로 한국 경제의 뉴노멀을 만들기 위한 중요한 기반은 또 있다. 인재 발굴과 육성, 바로 청년창업을 위한 기반을 구축하

중기부 장관 재임 중에 동행세일 라이브 커머스 프로그램을 개최하고 직접 참여했다

는 것이다. 글로벌창업사관학교는 기술교육과 보육 프로그램을 제공한다. 아마존 웹서비스, 마이크로소프트, 구글 등 IT 혁신 글로벌 대기업들이 참여해 교육 중이다. 이런 교육과 지원뿐만 아니라 실제로 청년창업이 성공할 수 있고 벤처붐을 이어갈 수 있는 시장 환경 마련에도 최선을 다했다. 예컨대 내수 활성화를 위해 '대한민국 동행세일'을 개최해 비대면 플랫폼 기반의 온라인 소비를 진작하는 프로그램을 추진했다. 그리고 내실 있는 혁신 기업 활동이 가능해지도록 하는 지원에도 세심하게 신경 썼다.

예비 창업가들을 위한 알토란 같은 지원도 마련했다. 최근 창업하는 벤처와 스타트업은 비대면·그린뉴딜·플랫폼 기술과 관련 서비스에 기반을 둔 곳이 많다. 그러나 기술만 갖췄다고 해서 무조건 성공할 수는 없다. 예비 창업가들은 이른바 '준비된 창업'을 해야 한다. 창업 아이템만 좋아서는 안 되고, 시장조사나 세무, 회계 등 경영에 대해서도 철저하게 준비해야 한다는 뜻이다. 그래야 실패 확률을 줄일 수 있다. 그래서 나는 창업 실패의 아픈 경험을 최소화하도록 중기부가 제도적 지원체계를 마련하는 데 관심을 많이 기울였다. 그저 창업하라고 응원만 한 것이 아니라 창업 교육과 선배 스타트업과의 멘토링, 정책 금융 지원 등 중기부가 다양한 제도와 프로그램을 통해 창업의 기반을 마련할 수 있도록 지원했다.

제2벤처붐은 일자리 창출에서도 확실히 성과를 냈다. 2021년 6월 기준으로 보면, 벤처기업은 한 해 전보다 약 6.7만 명, 특히 벤처투자를 받은 기업은 약 1만 명 정도 고용이 증가했다. 정보통신 기술과 유통 및 서비스 관련 업계 등에서 고용이 증가했는데, 눈여겨볼 부분은 비대면 혁신 기업과 2020년에 새롭게 설립된 기업의 고용 창출 효과가 높게 나타났다는 점이다. 이처럼 제2벤처붐을 통한 청년창업은 청년 일자리 창출의 실질적 해법이자 경제 혁신의 출발점이 됐다. 현재의 문제를 해결하고 미래를 준비할 수 있는, 어쩌면 두 마리 토끼를 다 잡을 수 있는 방안이 바로 제2벤처붐이다.

2021년 11월 벤처 창업가와 투자사 대표 다섯 명과 함께 피자 가게에서 피자와 맥주를 곁들인 간담회를 가진 적이 있다. 그때 나는 우리나라가 명실상부한 글로벌 4대 벤처 강국으로 발돋움하도록 정부가 적극적으로 응원하고 지원하겠다고 다시 한번 강조해서 말했다. 임기 막바지에 다다랐지만 나와 중기부의 의지는 한결같음을 보

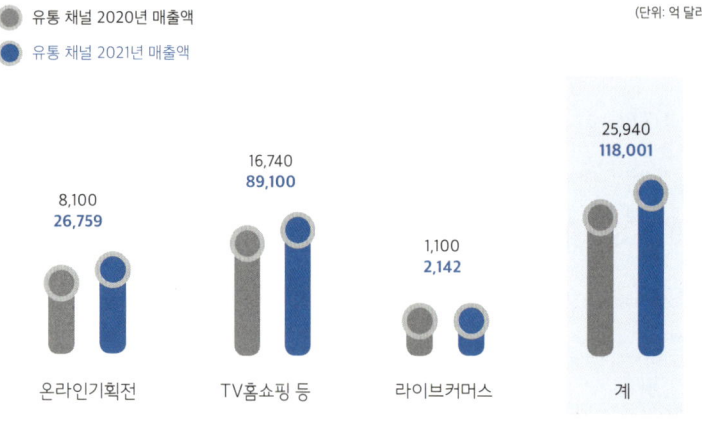

[그림1-3] 대한민국 동행세일 프로그램의 성과 창출 결과. (출처: 중소벤처기업부 장관 권칠승 활동백서)

여 주고 싶었다. 이날 간담회가 열린 피자 가게도 우연히 들른 곳이 아니라 인공지능 기술로 피자 제조 과정을 혁신한 스타트업으로 유명한 곳이었다. 중기부의 K-유니콘 프로젝트에서 '아기유니콘 200'에 선정됐던 '고피자'라는 스타트업이었다. 이처럼 경제의 다양한 영역에서 아기유니콘들이 제2벤처붐을 타고 무럭무럭 자라고 있다. 한국 경제도 국가의 명운을 걸고 견제와 경쟁이 치열한 글로벌 시장에서 생존 가능성을 키우는 중이다.

재난지원금이나 손실보상이 자영업자·소상공인의 생존을 위한 버팀목이라면, 혁신을 지원하는 제도는 미래를 위한 디딤돌이다. 이 디딤돌은 주로 창업하려는 청년세대를 위해 설계했지만, 청년의 혁신적 창업은 양질의 고용을 증가시켜 기존 자영업자·소상공인의 레드오션에 대한 근원적 해법이 될 것이다.

　청년세대에 집중해서 자영업자·소상공인의 레드오션을 해결해야 한다는 생각은 부모보다 못사는 자식 세대에 대한 고민 때문이기도 하다. 이미 일본은 이를 경험해서 익숙해져 있는데, 부모의 재산이나 신분이 대물림되면서 역전이 불가능한 사회구조로 굳어지고 젊은이들도 이를 받아들여 마치 득도라도 한 것처럼 모든 것을 포기한 '사토리 세대'[4]가 됐다. 일본의 잃어버린 10년이 10년으로 그치지 않고 30년이 되어 버린 이유는 기성세대가 자신들이 움켜쥔 것을 놓지 않고 청년세대들이 성취할 수 있는 장을 만들어 주지 않아서가 아닐까? 나는 청년세대에게 단순한 지원금 얼마를 쥐어 주기보다는 그들이 마음껏 활동할 수 있는 장을 열어 주고 싶었다.

---

4) 〈아사히신문〉은 사토리 세대를 이해하는 키워드로 '현실성'과 '합리성'을 들었지만, 사토리 세대가 등장하게 된 이유는 일본의 장기 불황과 관련이 깊다는 분석도 있다. 사회학자 후루이치 노리토시는 "(사람은) 돈이 없으면 합리적이 되는 것이 당연하다. 소극적으로 행동할 수밖에 없는 세대"라고 말한다. 철들기 시작하던 시절 일본의 거품경제가 붕괴하고 경기가 후퇴하면서 꿈과 목표를 잃고 현실에 타협하게 됐으며, 침체한 사회 속에서 자라나 꿈이나 목표를 가진다 해도 이룰 수 있다는 보장이 없음을 잘 알고 있는 세대라는 의미이다. 이는 사토리 세대가 자발적인 득도 세대라기보다는 강요당한 득도 세대일 가능성이 높다는 점을 시사해 준다.

제2벤처붐으로 청년과 대한민국의
미래를 밝히자

이 땅의 청년들은 여러모로 고통을 느끼고 있다. 전국경제인연합회(현 한국경제인협회)에서 지난 2022년 11월에 발표한 '세대별 체감경제고통지수'를 보면, 15~29세의 연령대가 모든 연령대를 통틀어 가장 높은 고통지수인 25.1을 나타냈다. 이는 두 번째로 높은 연령대인 60대의 16.1보다 훨씬 높은 수치다. 그만큼 청년들은 경제적 압박에서 가장 큰 어려움을 겪고 있다고 스스로 느끼고 있다. 게다가 취업시장도 얼어붙었다고 하니 이중고, 삼중고를 겪는 셈이다.

내가 청년들의 일자리와 창업에 각별히 신경 쓰는 이유는 일종의 책임감 때문이다. 어쩌면 우리 세대의 부채감이라고도 할 수 있겠다. 우리 세대는 대학교나 고등학교를 졸업하고 사회에 나오면 저마다 수준의 차이는 있었지만 어쨌든 일자리를 구할 수 있었다. 성장 일변도였던 경제 덕분에 청년들이 갈 곳은 상대적으로 많았다. 연월차 수당도 강제로 받으라고 할 정도로 일은 넘쳐났고, 그 당시 청년들은 조금만 눈높이를 낮추면 취업이 가능했다. 물론 당시는 열악한 노동환경에 대한 문제 제기가 상당히 많았던 때지만, 그래도 지금보다는 훨씬 더 높은 수준의 고용 보장이 이루어졌다.

그러나 20세기가 저물고 21세기가 시작될 무렵, 우리 경제는 많은 변화를 맞이했다. 세계화에 이어 IMF 외환위기, 글로벌 금융위기 등으로 과거와는 사뭇 다른 경제와 사회로 바뀌었다. 과거 한국의 경쟁력이었던 저임금 노동력은 차츰 고임금 노동력으로 바뀌어 많은 제조업체가 중국이나 동남아로 빠져나가고 그만큼 국내의 일자리는 줄어들었다.

노동 환경도 완전히 달라졌다. 예를 들어 과거에 섬유공장은 사람이 있어야 운영이 됐지만, 지금은 사람이 예전만큼 북적대지 않는 공장이 많아졌다. 우리 지역구에 삼성전자가 있는데, 그곳에 가면 축구장보다 더 커 보이는 공장이 있다. 하지만 그 넓은 곳에서 사람을 찾아보기가 힘들다. 공장의 라인은 기술 자동화가 이루어져 예전만큼 일할 사람이 필요 없게 됐다. 지금도 자동화는 빠른 속도로 이루어지고 있다. 4차 산업혁명을 맞이하는 시점의 경제 단계에서는 필연적인 현상이다.

과거와 같은 전통적 제조업의 풍경은 이제 기대하기 힘들다. 기계나 시스템이 생산의 상당 부분을 담당하고 사람은 일을 조금만 할 수밖에 없는 구조로 접어들었다. 즉, 노동의 상대적 총량 시간은 무조건 줄어든다. 노동 시간의 감소는 동전의 양면이다. 그만큼 노동의 대가인 수입이 줄어든다는 뜻일 수도 있고, 이와 반대로 인간은 일을 조금만 하고 인생을 즐기는 세상이 될 수도 있다.

인간이 노동 시간을 줄이고 인생을 즐길 수 있으려면 사회안전망이 탄탄해져야 한다. 자본주의 초기에는 일하지 않는 자는 먹지도 말라는 것이 진리였지만, 이제는 바뀌어야 한다. 자본주의 성숙기로 접어든 지금은 일하지 않아도 기본적인 먹고사는 문제에 대해 정부가 정책을 고민해야 하는 시대가 됐다. 기본 의식주에 대한 국가의 책임이 점점 높아지면서 기본소득 논쟁까지 벌어지고 있다. 나는 원론적으로 현 시점에서의 기본소득 보장에 대해서는 다소 비판적인 견해를 가지고 있다. 그러나 의식주의 기본을 국가가 해결해 주는 방향으로 가야 하는 것만은 분명하다. 우리나라도 이제 그 정도는 해줄 수 있는 국력과 경쟁력을 갖췄다.

이런 경제 패러다임의 변화는 청년의 일자리와도 깊은 관련이 있다. 요즘은 좀 수그러들었다고 하지만 우리나라 청년들이 공무원 시험에 몰려드는 이유는 결국 먹고사는 문제가 보장되지 않는 불안 때문이지 않은가. 《동물농장》의 작가로 유명한 조지 오웰의 《엽란을 날려라》에는 이런 말이 나온다고 한다. "가난이 주는 첫 번째 영향은 가난이 사고를 말살시킨다는 것이다. 그는 마치 어떤 새로운 발견이라도 한 것처럼 돈이 없다고 해서 돈으로부터 도피한 것은 아니라는 걸 알게 됐다. 반대로 우리가 살 만큼의 돈-추잡한 중산층이 말하는 '상당한 재산'-을 충분히 가지고 있을 때까지 우리는 돈의 절망적 노예가 된다." 먹고사는 문제에 관해 이야기하다 보니 가난의 문제까지 나왔지만, 기본적 생활이 안 되면 장기적 계획과 비전을 세울 수 없게 된다는 통찰은 가슴을 아프게 파고든다. 먹고사는 문제에서 벗어나지 못한 상태에서 자신의 꿈을 가꾸어 간다는 것은 불가능한 일이다.

창업은 청년의 일자리 문제를 해결하고 꿈을 실현하는 기반이 될 수 있다. 그러나 창업을 지원하는 일은 그렇게 단순하지 않다. 돈만 준다고 될 문제도 아니다. 획기적인 기술과 아이템이 있다고 해서 무조건 창업에 성공하지도 않는다. 오히려 시장에 제대로 선보이지도 못하고 사장되는 사례가 많다. 당연한 말이겠지만 창업은 사업이기 때문이다. 청년들은 처음 사업을 시작할 때 재무나 회계 등 모르는 것이 너무나 많다. 또 기술만 가졌다고 해서 될 일도 아니다. 영업력은 물론이고 시장에서의 관련 네트워크도 필요하다.

또 비슷한 일을 하는 사람들끼리 만나면 시너지 효과가 발생해 아이디어나 기술력이 더 진화할 수도 있다. 중기부 장관으로 있을 때 이런 부분에 더 신경을 많이 썼다. 마치 나비의 날갯짓이 토네이도와 같은 효과를 일으킬 수도 있듯이 창업 과정에서 미약하나마 그들끼리 모여 더 기술을 개발하고 사업 모델을 발굴할 수 있도록 지원하는 것이 중요하다고 봤기 때문이다. 그리고 전폭적인 지원과 함께 그들의 현실과 고통에 공감하려 노력했다. 청년 벤처를 지원하는 재원과 제도를 만들어 주기 위한 노력 이외에 개인적으로 청년들에게 가장 주고 싶었던 것은 마음이었다. 눈치를 보지 않고 소신 있고 당당하게 자신에게 집중할 수 있는 안정감.

청년의 창업은 국가의 경쟁력과도 깊은 연관이 있다. 아무래도 새로운 패러다임과 경제 성장의 동력은 젊은 세대로부터 추동될 때가 많다. 제1벤처붐도 기존의 경제 질서와 패러다임에서 벗어나 새로운 것을 찾아내려 했던 젊은 세대의 활발하고 모험적인 도전에서 비롯됐다. 그렇기 때문에 청년들이 번뜩이는 아이디어와 기술력으로 새로운 기회를 찾을 수 있도록 해 줘야 한다.

다행히 우리 청년들은 아이디어나 기술을 개발하는 데 전 세계에서 누구에게도 뒤떨어지지 않는다. 현장에서 만난 청년들을 보면 분명 희망이 엿보인다. 예비창업자 코스에 온 청년들을 만나 보면 얼마나 다양한 아이디어와 기술을 가지고 있는지 존경스러울 정도였다. 그들의 역동적인 모습을 보니 국가와 정치권이 그 기술과 아이디어가 현실적으로 구현돼서 시장에 활력을 불어넣을 수 있도록 해 줘야 한다는 생각이 더욱 강해졌다.

창업을 하면 기업이 늘어날 뿐 아니라 한 기업에서 몇 명을 채용하든 일자리도 늘어난다. 청년창업은 그래서 중요하다. 실제로 청년창업은 일자리 창출과 연동해서 바라보는 시각이 우세하다. 통계를 보면 스타트업이 일자리 창출 능력이 훨씬 더 좋다는 결과도 있다. 2022년 9월에 중기부가 발표한 자료에 따르면, 같은 해 6월을 기준으로 국내의 벤처와 스타트업 3만 4,462개 사의 고용인원은 76만 명이 넘었다고 한다. 전년보다 10% 가까이 증가한 수치다. 더 주목할 만한 부분은 이 기간에 국내 전체 기업의 고용보험 가입자 증가율보다 세 배 정도 높았다는 점이다. 통계청의 경제활동인구조사에서 취업자가 증가한 비율을 보더라도 세 배 이상 높았다. 이 조사에 포함되지 않은 곳까지 고려하면 벤처와 스타트업의 일자리 창출 효과는 더 클 것이다.

제2벤처붐은 제1벤처붐의 IT 산업화에서 더 나아간 ABCD, 즉 인공지능^{AI}, 블록체인^{Blockchain}, 클라우드^{Cloud}, 데이터^{Data} 등의 4차 산업혁명과 비대면 플랫폼 비즈니스 등의 확산 등을 통해 또 한 번 글로벌 경제의 변곡점에 대응하기 위한 움직임이다. 제1벤처붐은 '기술 기반의 창업'이라는 패러다임을 제시했는데, 제2벤처붐은 '혁신과 청년이 주도하는 창업'으로의 진화가 핵심이다.

제2벤처붐 조성은 말 그대로 청년들의 일자리 문제를 해결하고 대한민국 경제의 밝은 미래를 도모하는 두 마리 토끼를 잡기 위해서다. 제2벤처붐으로 스타트업이 증가하면 혁신 기업의 탄생뿐만 아니라 미래형 청년 일자리 창출을 실질적으로 해낼 수 있는 기반이 된다. 더불어 새로운 패러다임을 주도하는 미래 한국 경제를 제시하는 이정표로 작용할 것이다.

제2벤처붐은 장밋빛 미래만을 말하는 것 같다고 비판하는 사람들도 있다. 실제로 창업이 잘 될 수 있는 환경인지, 특히 청년들이 창업을 마음껏 할 수 있는 사회인지 고개를 갸웃거리기도 한다. 이는 '벤처'가 내재적으로 갖고 있는 문제인 '위험성'을 지적한 것인데, 타당한 말이기도 하지만 불필요한 말이기도 하다. 왜냐하면 벤처, 즉 모험에 따른 위험은 당연히 고려돼야 하고 이를 제도적으로 뒷받침하는 것이 정치권과 국가의 역할이기 때문이다.

나는 혁신과 청년창업이 중소벤처기업과 스타트업을 주도할 수 있도록 크게 두 가지 관점에서 환경을 개선하고자 했다. 첫째는 재원이고, 둘째는 그 재원이 잘 돌아가게끔 지원하는 제도다. 다행히 둘 다 잘 이루어진 덕분에 말 그대로 붐을 일으킬 수 있었다. 먼저 재원 마련은 신규 벤처 펀드의 조성으로 해결했다. 2020년에 6조 9천억 원이었던 펀드가 내가 재임 중이었던 2021년에는 9조 2천억 원으로 1년 만에 확 늘어났다.

이 재원은 과거 2000년대 초반 인터넷 기업 중심으로 확산되어 버블이 끼었던 제1벤처붐과는 결이 다르다. 제2벤처붐의 재원은 기술혁신을 기반으로 하고 글로벌 기준에 맞춘 방식과 과학적 투자라는 트라이앵글로 투자가 이루어진다. 이 재원 마련은 무엇보다 시장이 알아서 움직였다. 2020년 6.9조 원에서 2021년 9.2조 원으로 2.3조 원이 늘어난 재원 중에서 81% 정도에 해당하는 2조 원이 민간 출자였다. 그전에는 모태펀드가 투자를 견인하는 방식이었다면 이제는 민간 출자가 국내에 벤처 펀드를 결성하는 방식으로 바뀌고 있다. 민간 시장이 먼저 돈이 된다는 것을 확인했다는 뜻이고, 비즈니스의 성장 가능성을 확인하고 움직인다는 것은 제2벤처붐이 올바른 방향으로 가고 있다는 방증이다.

제도 면에서는 대기업 등 일반지주회사의 CVC(Corporate Venture Capital, 기업형 벤처캐피털) 허용에 발맞춰 복수의결권 제도 등의 도입을 위해 노력했다. 대기업 CVC 허용과 복수의결권 제도의 도입은 벤처 스케일업 정책의 핵심으로 더불어민주당 입장에서는 국가, 특히 벤처 업계의 국제 경쟁력 강화를 위해 당리당략을 넘어서 추진한 것이다. 대기업 CVC는 말 그대로 대기업이 출자한 벤처캐피털을 의미한다. 미국에서는 1980년대부터 CVC들이 활동하면서 대기업이 새로운 먹거리를 발굴하는 데 도움을 주었고, 단순한 금전적 투자가 아닌 전략적 파트너를 구하고 있던 스타트업들에 활로를 제시했다. 2020년 12월 공정거래위원회 소관의 공정거래법이 개정됨에 따라 그 시행일인 2021년 12월부터는 우리나라에서도 대기업 CVC가 허용될 예정이었다.

대기업 CVC의 긍정적인 면은 대기업의 자본과 경험을 벤처기업을 육성하는 데 적극적으로 활용할 수 있다는 점이지만, 자칫하면 대기업이 벤처기업의 주식을 인수하는 데 필요한 자금 확보가 용이해져 경영권 탈취로 이어질 우려가 있었다. 이와 같은 우려는 더불어민주당 내에서도 여러 의원이 수차례 표명한 바 있다. 중기부는 이와 같은 우려를 해소하기 위해 벤처기업법에 여러 가지 제한이 포함된 복수의결권 제도를 정부안으로 마련해 2020년 12월 24일 국회에 제안했다.

중기부가 도입하려고 한 복수의결권 제도는 벤처기업이 증권시장에 상장하기 전에 1주당 10개 이하의 의결권을 가진 주식을 발행해서 창업주가 보유할 수 있도록 하는 것이다. 이런 제도는 벤처기업의 창업주가 대기업의 자본을 유치하더라도 경영권을 상당 기간 유지할 수 있는 장치였다. 나는 중기부 장관 퇴임 이후 국회 법사위 위원으로서 복수의결권 제도의 통과를 위해 그 누구보다 최선을 다했고, 마침내 통과시켰다. 나는 이 법이 상임위 전체 회의에서 2소위로 넘어가려는 순간(2소위는 법안의 무덤이라고도 불린다), 이런 말을 했다.

"낙천주의자는 비행기를 만들고, 염세주의자는 낙하산을 만든다."

바이오 관련 분야에도 투자를 아끼지 않았다. 장관 재직 시 바이오 관련 투자를 확대하면서 바이오 벤처 스타트업 특화지원 시설인 'K-바이오 랩 허브'를 구축하기 위해 적극적인 지원을 펼쳤다. 원래 바이오 분야는 성과가 나올 때까지 오랜 시간이 걸린다. 개별 기업으로는 운영이나 유지가 힘든 구조다. 그래서 정부가 책임지고 끝까지 바이오 분야 벤처 스타트업을 지원하겠다고 했다. 2024년까지 국비 2,500억 원을 들여 공간을 만들겠다는 계획을 밝힌 것이다. 그러자 유치 경쟁이 치열하게 벌어졌다. 전국의 각 지자체에서 자기 지역에 유치해 달라고 상당한 압력이 들어왔다. 내가 국회의원이다 보니 동료 의원들의 압력(?)도 만만치 않았다.

이런 대규모 사업을 할 때는 두 가지 갈등 요인을 잘 관리해야 한다. 첫째는 지역 균형 문제고 둘째는 효율성이다. 이 두 가지를 고려해서 후보지를 선정해야 공정성 시비에서 벗어날 수 있을 뿐만 아니라 제대로 된 입지 조건을 갖출 수 있다. 전국 여러 군데에 만드는 사업이라면 지역 균형을 좀 더 고려할 수 있지만, 이 사업은 전국에서 딱 한 군데에서만 해야 했다. 골치가 아팠지만, 오히려 누구도 반박할 수 없게 기준을 단순하고 명확하게 제시했다. 전 세계의 바이오 단지와 경쟁해야 하는 곳이어야 한다는 것이다. 심사위원들에게 글로벌 경쟁에서 경쟁력을 갖출 수 있는 최적지라는 기준 하나만 고민하라고 했다. 그리고 내게 들어오는 청탁이나 압력은 내가 알아서 차단하면 되지만, 실무자들을 흔드는 행위는 막아 줘야 했다. 나는 담당 국장과 사무관을 따로 불러 신신당부했다.

"내가 아무 소리 안 할 테니까 진짜 흔들리지 말고 추진하세요."

실무자에게 힘을 실어 주고 난 뒤에 외풍이나 밀실 행정의 우려를 걷어낼 수 있는 비장의 한 수를 추가했다. 바로 심사위원단에 방송국 기자를 포함시킨 것이다. 문제가 생기면 바로 방송으로 내보내라는 의미였다. 사실 예전에는 공공기관 사업에는 이미 내정자가 있고 나머지는 들러리만 선다거나, 또 진행 과정에서 이런저런 압력과 청탁 때문에 애초의 기준이 달라지는 경우도 있다는 말이 돌곤 했다. 그런데 나는 그런 일이 전혀 일어나지 않도록 하라고 실무자에게 힘을 실어 주고 외풍을 막았다. 이렇게 큰 사업을 객관적으로 심사받게 한 것을 보고 심사위원들이 깊은 인상을 받았다는 이야기를 나중에 전해 들었다.

나는 청년이나 혁신적인 스타트업에 '청춘, 허락은 필요 없어!'라고 내 마음을 전하고 싶었다. 이 문구는 중기부에 새로이 발령받은 신입 공무원들에게 화분을 선물할 때 함께 동봉하기도 했다. 민간이든 공공이든 간에 청춘은 도전과 혁신으로 일했으면 하는 바람으로 전하는 내 속내였다.

청년의 일자리가
국가의 미래를 밝게 한다

일자리와 관련한 미스 매칭도 주의 깊게 살펴봐야 한다. 청년 실업 문제가 해결되지 않는 가장 큰 이유가 바로 미스 매칭이기 때문이다. 현재 우리나라의 절대 고용 수가 적은 것은 아니다. 하지만 실제로 지역 기업인들과 간담회를 하면 가장 많이 나오는 주제가 사람을 구할 수 없다는 구인난 호소다. 반면, 우리 청년들은 갈 데가 없다고 한다. 일자리가 있는데 왜 안 가느냐고 물으면 중소기업에는 가기 싫다는 것이다. 전부 대기업, 공공기관, 공기업에 가고 싶다고 말한다. 실업난과 구인난이 모순적으로 맞부딪히는 형국이다.

청년들이 중소기업에 취업하려 하지 않는 이유는 뭘까? 중소기업에 다닌다고 하면 대기업·공무원·교사와 비교해 열등의 시선으로 바라보는 사회의 인식, 지역 제조업이 대부분인 중소기업의 현실, 커리어 관리나 미래에 대한 비전을 제시하지 못하는 근무 환경 등을 이야기할 수 있다.

그렇지만 무엇보다도 청년들이 중소기업으로 가지 않는 가장 큰 이유는 연봉 때문이다. 2022년 2월에 발표한 통계청의 '2020년 임금근로일자리 소득^{부수} 결과'에 따르면, 대기업 월 평균 소득은 529만 원이고, 중소기업은 259만 원이라고 한다. 중소기업의 평균 월급이 대기업의 절반 수준에 그친다. 이런 임금 격차는 상대적 박탈감을 키우고 중소기업을 기피하게 만든다. 대기업과 비교해서 어느 정도 수준을 맞춰 줄 수 있으려면 중소기업에서 생산하는 부가가치를 높이는 수밖에 없다. 이 문제를 과연 해결할 수 있을까?

문재인 정부는 중소기업의 생산 가치를 높이거나 보전해 주기 위해 여러 노력을 기울였다. 중소기업과 대기업 간의 거래 관행 개선이나 공정거래를 보장하기 위한 여러 정책을 내놓았다. 사실 대기업은 생산성이나 효율성을 내세우면서 협력업체인 중소기업의 공급 단가를 지나치게 깎아 버리기도 한다. 그 여파로 중소기업은 월급을 더 줄 수 있는 여력이 제한적일 수밖에 없다. 국가가 임금의 일부를 보조하는 정책을 시행하기도 했지만, 지극히 제한적이고 바람직한 방법도 아니다.

실제로 중소기업이 직원들에게 급여를 더 줄 능력이 되어야 한다. 그래야 청년들이 중소기업으로 간다. 이를 해결하려면 앞서 말했듯이 중소기업이 생산하는 부가가치를 챙겨 줘야 하는데 그게 쉽지 않다. 대기업 부가가치를 중소기업과 일정 부분 나누는 협력이익공유제 등도 추진했지만, 워낙 반대가 심했던 탓에 안타깝게도 실현되지 못했다. 이 문제가 나오면 사회주의라는 둥 철 지난 이념 논쟁의 진흙탕으로 끌고 가 버리는 바람에 건설적인 논의가 잘 진행되지 않는다. 결국 간신히 납품단가연동제 관련 조정제도만 도입할 수 있었다.

제2벤처붐으로 스타트업이 많이 생긴 덕분에 이런 급여 불균형의 문제를 어느 정도 해소할 기회가 마련됐다. 가령 스톡옵션부터 준다거나, 개발자는 필수 인력이라서 그만큼 월급을 더 주는 구조가 됐다. 그 덕분에 대우가 좋아지고 대기업 이상으로 많이 선호하는 직장이 생기기도 했다. 청년들이 뒤늦게라도 코딩을 배우고 프로그래밍에 도전하는 이유도 이런 배경 때문이다.

문재인 정부는 일자리와 관련한 제2벤처붐의 선순환 구조를 잘 알고 있었기 때문에 적극적으로 지원정책을 펼쳤다. 내가 중기부 장관을 맡기 전해인 2020년에는 역대 최고로 많은 청년창업지원금을 정부에서 지원했는데, 그 금액이 무려 1조 4천억 원에 달했다. 그리고 국내 벤처 투자액은 4조 3천억 원 정도였는데, 제1벤처붐이 한창이었던 2000년의 2조 원대 투자보다 2배가 늘었다. 그만큼 청년창업에 대한 기대가 크고, 또 효과가 크다는 사실을 알았기 때문에 지원했던 것이다. 나는 청년창업을 지원하고 제2벤처붐을 이어가기 위해 청년창업 정책 전담 부서도 만들었다. 창업진흥정책관 내에 청년정책과를 설치하고, 청년의 눈높이에 맞는 창업 정책이 기획되고 실행될 수 있도록 과장을 비롯한 직원 모두를 30대 청년 위주로 배치했다.

물론 스타트업 창업을 지원하는 것만으로 청년의 일자리 문제를 해결할 수는 없다. 아직도 취업의 90% 정도는 스타트업이 아닌 전통적인 중소기업에서 이뤄지기 때문이다. 그러나 청년들은 좀처럼 발길을 그곳으로 돌리지 못한다. 언제 사양산업이 될지 모를 분야의 기업에 선뜻 발을 들여놓기도 불안하다. 게다가 중소기업에 근무하기 위해 이주라도 해야 한다면 도시 외곽에 떨어져 주변 여건이 좋지 않거나 기본적인 의식주 말고는 이렇다 할 여가를 즐길 수 없는 지역으로 가기가 쉽지 않다. 이런 여건과 환경의 문제, 무엇보다 불확실한 미래가 청년들이 선뜻 중소기업으로 발길을 옮기지 못하게 한다.

그러나 기업의 구인난을 환경 탓만 하며 방치할 수 없다. 청년들을 중소기업에 가게 하려면 기업도 바뀌어야 한다. 우리 중소기업들도 청년들의 발길을 끌 수 있도록 전통적 제조업 중심에서 벗어나 새로운 미래를 모색해야 한다. 현실에 맞지 않는 업종은 업종 전환을 해서라도 새로운 길을 개척해야 한다. 예컨대 중국이나 다른 개발도상국에서 우리나라보다 훨씬 싼 가격에 비슷한 품질을 만들어 내면 버틸 재간이 없다. 글로벌 공급망으로 엮인 시장은 치열한 경쟁과 적자생존의 정글이다. 그래서 정부에서는 업종 전환을 비롯한 다양한 중소기업 지원정책을 내놓는다.

그렇지만 정부 예산을 지원하는 것도 복잡한 문제를 불러일으킬 수 있다. 동전의 양면인 셈인데, 정부 예산을 지원하면 그 지원 사업과 얽힌 수혜자가 생긴다. 그렇게 혜택을 주다가 다시 예산을 거둬들이고 지원을 중단하기는 너무 힘들다. 혜택을 받기 시작한 쪽에서는 반발할 수밖에 없다. 따라서 예산 지원이나 업종 전환, 연구개발 등에 대한 투자가 재정 혁신과 함께 이뤄져야 한다. 재정 혁신과 더불어 과감한 지원으로 중소기업의 구조를 4차 산업혁명이나 디지털 전환과 같은 커다란 변화에 맞춰 바꿔야 한다.

그런데 일부에서는 중소기업 지원정책을 노골적으로 비판한다. 우리나라 중소기업 지원정책의 상당 부분이 복지정책과 같은 성격이기 때문에 일방적인 퍼주기에 불과하다고 폄하한다. 과연 그럴까? 물론 수혜를 독차지하는 새로운 기득권이 생기지 않도록 경계해야 하겠지만, 그렇다고 불합리한 거래 관행에 따라 피해를 볼 수밖에 없는 중소기업들을 급변하는 세상에 대한 혁신과 전환을 알아서 하도록 방치할 수는 없다. 기업이 살아야 나라가 산다고 이야기하면서 기울어진 운동장에 서 있는 중소기업에 대한 지원을 외면한다면 앞뒤가 맞지 않는다.

사람들은 4차 산업혁명이니 디지털 전환이니 하면서 세상이 급변할 것이라고 말한다. 그러면서도 그 변화 앞에서 청년들의 일자리를 책임지는 전통적인 중소기업에 대해서는 어떤 정책을 마련하고 지원해야 할지 진지하게 고민하지 않는다. 아니, 고민하는 척만 하고 책임을 감수하면서 결단을 내리지 않는다. 이 또한 각자도생이란 말인가. 독일의 인더스트리 4.0처럼 국가와 재계, 노동 등이 함께 머리를 맞대 미래는 물론 지금 당장 일어나고 있는 변화에 대응해야 한다.

청년의 일자리 대부분을 책임지는 중소기업과 또 고용 창출 효과를 확실히 보여주는 스타트업 장려는 일회성 이벤트가 되어서는 안 된다. 아주 정교하게 점진적으로, 그러나 꾸준히 이뤄져야 하는 혁신이어야 한다. 그런데 정권이 바뀌면 이런 정책의 일관성이나 추진 정도가 손쉽게 뒤집히기도 한다. 이는 자생력을 키우기는커녕 현장의 혼란만 더할 뿐이다. 국가의 미래가 정권의 취향에 따른 볼모로 잡혀서는 곤란하다. 청년 일자리 문제는 국가의 미래를 설계하고 책임지는 또 하나의 백년대계로 바라봐야 한다.

우리 경제의 심장 벤처 스타트업을 유니콘기업으로 만들자

내가 정치권에 입문할 때만 해도 우리나라는 개발도상국의 꼬리표를 떼지 못했다. 그런데 지난 2021년 7월 한국은 국제사회로부터 선진국으로 인정받았다. 당시 유엔무역개발회의^{UNCTAD} 이사회는 한국의 지위를 아시아와 아프리카 국가 중심의 그룹A에서 선진국인 그룹B로 변경하는 사안을 만장일치로 통과시켰다. 상전벽해가 아닐 수 없다.

우리나라가 세계의 주목을 받은 이유는 비단 '한강의 기적'뿐만이 아니다. 지난 1997년 IMF 구제금융을 신청하는 절체절명의 위기를 겪고 난 뒤에 초고속인터넷과 벤처붐으로 경제 회생의 실마리를 잡아 다시 한번 도약하는 계기를 마련했다. 언제 망해도 이상하지 않을 것처럼 보였던 대한민국 경제의 회복은 그 자체가 또 한 번의 기적이었다. 외환위기를 극복하고 IMF 구제금융을 갚으려고 몸부림치면서도 우리나라는 새로운 도약을 준비했다. 그때 우리 경제에 활력소를 불어넣었던 원동력이 제1벤처붐이었다.

IMF 외환위기는 우리 사회와 경제에 커다란 변곡점이 됐다. 당시 IMF는 한국의 사회·경제 구조를 근본적으로 뜯어고치라는 강력한 혁신을 요구했다. 한순간에 체질을 확 바꾸라는 거부할 수 없는 압박으로 국가 경제 전체가 들썩였다. 게다가 글로벌 경제의 흐름도 차츰 정보통신 기술의 발달에 따른 IT 경제의 시대로 접어드는 패러다임 전환이 이루어지는 중이었다. 한국은 커다란 전환점에서 살아남기 위해 혁신적 변화를 모색해야만 했다. 당시 김대중 정부는 초고속인터넷망 구축으로 상징되는 IT 산업화를 선택했고, 시대가 요구하는 혁신적 변화에 대응한 주체가 바로 벤처기업이었다. 우리가 알고 있는 제1벤처붐의 시대가 열린 것이다. '닷컴 버블'이라는 실패의 '쓴맛'을 보기도 했지만, 결국 제1벤처붐은 네이버, 카카오 등과 같은 IT 기업을 탄생시켰다.

제1벤처붐은 20여 년이 지나 또 한 번의 바람으로 이어졌다. 내가 중소벤처기업부 장관으로 재직한 지 1년쯤 됐을 무렵인 2022년 연초에 미국에서 기쁜 소식이 날아왔다. CES(국제전자제품박람회) 2022에서 거둔 우리나라 기업들의 쾌거였다. 당시 우리 기업 502개 사가 참여했는데, 무려 89개의 기업이 CES 혁신상CES Innovation Awards을 받았다. 그중에서 80%가 넘는 74개 사가 벤처 스타트업이었고, 60개 사는 업력이 7년이 안 된 창업기업이었다. 대한민국 벤처 스타트

〈표1-2〉 국제전자제품박람회CES 2022 국내 기업의 혁신상 수상 현황

구분	대기업	중견기업	벤처·창업기업 (창업기업)	합계
제품 수(개)	84	2	787(70)	173
기업 수*(개사)	13	2	74(60)	89
중기부 지원기업(개사)	-	-	70(56)	70

※ CES 2022를 빛낸 K-창업기업. 2022.1.10. (출처: 중소벤처기업부 보도자료).

업의 혁신성과 우수성이 전 세계에서 인정받았다는 뜻이자 청년창업의 성과가 두드러지게 나타나고 있다는 뜻이었다.

성과는 여기서 그치지 않았다. CES에 참여한 3개 회사가 최고혁신상Best of Innovation Awards을 받았는데, 그중 두 개 회사는 삼성전자, LG전자였고, '펫나우'라는 벤처 스타트업이 이들 대기업과 어깨를 나란히 했다. 사람에게 지문이 있듯이 개는 코에 독특한 무늬, 즉 비문이 있다. 펫나우는 비문으로 반려견을 등록하고 나중에 찾을 때도 활용할 수 있는 기술을 개발해 최고혁신상의 영광을 안았다.

그즈음 두 가지 낭보가 연이어 날아왔다. 하나는 세계경제포럼WEF이 '한국이 세계적 혁신 거점으로 거듭난 비결은 바로 스타트업'이라고 평가한 것이다. 또한 일본의 NHK는 세계적으로 주목받는 유니콘기업으로 한국 기업을 주목하고 한국의 창업 생태계를 취재해 보도했다. 이 모든 일이 내 중기부 장관 취임 1주년이 됐을 즈음에 일어난 경사였다.

나는 CES에서 상을 받고 돌아온 기업의 대표들과 간담회를 했

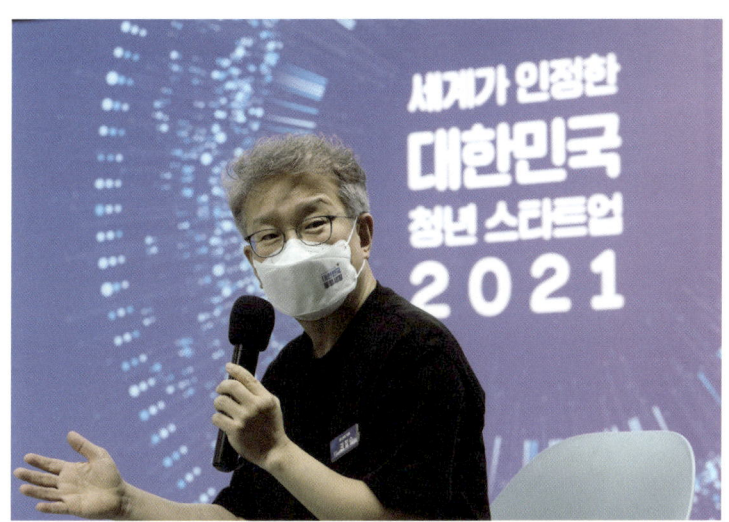

'세계가 인정한 청년 스타트업 간담회'에 참석해 축하 연설을 했다

다. 이때 그들의 성과를 축하하는 것에 그치지 않고 다시 한번 혁신 창업 생태계 활성화에 대한 의지를 분명하게 밝혔다.

"중기부는 이런 혁신 창업기업들의 우수한 성과를 발판 삼아 국내를 넘어 해외에서 더 크게 활약할 수 있도록 해외 진출 지원을 확대하고 이를 가로막는 규제는 과감하게 개혁하겠습니다."

입에 발린 이야기가 아니었다. 중기부를 비롯한 정부에서는 이미 국가적 전략으로 혁신 창업 생태계 활성화를 위해 각종 지원을 아끼지 않았고, 그 성과는 차츰 커졌다. 미국의 글로벌 창업 생태계 분석기관인 '스타트업 지놈Startup Genome'이 2021년에 발표한 〈글로벌 창업 생태계 보고서Global Startup Ecosystem Report 2021〉에서 서울은 16위를 차지했다. 전 세계 100개 나라의 280개 도시를 대상으로 한 조사에서

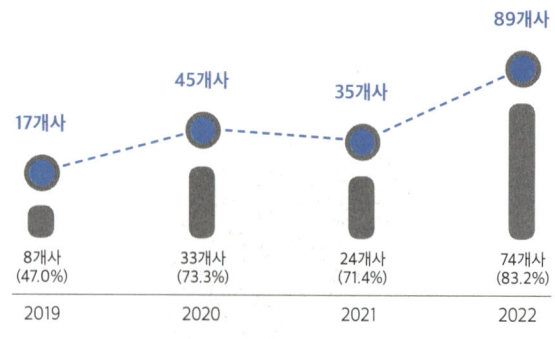

[그림1-4] CES 혁신상 수상 벤처 스타트업 수. (출처: 중소벤처기업부 장관 권칠승 활동백서)

2020년 20위를 기록한 데 이어 1년 만에 4계단 상승한 것이다. 보고서에 따르면, 서울의 창업 생태계 가치는 54조 원에 달하는 것으로 나타났다. 이 여세를 몰아 한국 경제의 체질을 다시 한번 바꾸어야 한다는 전략적 과제를 마음속 깊이 되새겼다. 제1벤처붐으로 지난 IMF 외환위기를 극복했듯이.

제1벤처붐이 외환위기를 극복하는 묘수였다면, 제2벤처붐은 혁신 창업 생태계를 만들어 4차 산업혁명에 대응하는 새로운 성장 동력을 확보하는 마중물이다. 제2벤처붐은 전임 장관인 박영선 장관 때부터 중기부와 문재인 정부의 중점 사업이었다. 문재인 정부는 '더불어 잘 사는 경제' 5대 국정전략을 통해 '중소벤처가 주도하는 창업과 혁신성장'을 목표로 삼았다. 목표 달성을 위해 2017년에 중소기업청을 중소벤처기업부로 승격하고 제2벤처붐이 더 빨리, 더 넓게 확산할 수 있도록 지원했다. 또한 창업기업의 사업화를 장려하고 혁신 분야 창업지원, 로컬 크리에이터 지원, 대학 연계 창업 기반 마련 등 다양한 사업으로 제2벤처붐의 지속성과 확장성을 위해 지원을 아끼지 않았다.

제2벤처붐은 스타트업이 유니콘기업으로 성장할 수 있는 기폭제가 됐다. 문재인 정부가 출범한 2017년에는 유니콘기업이 3개였는데 2021년에는 무려 18개가 됐다. 유니콘기업이 된 이후에 기업 인수 합병, 기업공개[IPO] 등으로 제외된 기업까지 고려하면 우리나라에서는 총 27개의 유니콘기업이 탄생했다. 탄생한 유니콘기업의 수는 '벤처붐'의 최종적인 성공의 지표로 평가될 수 있다.

문재인 정부 출범 이후 암울한 세계 시장의 전망과 복잡한 경제 상황에서 우리 경제가 나아갈 길은 무엇일까? 내가 장관으로 재직 중일 때도 전망이 그다지 뚜렷하지 않았다. 코로나19 팬데믹이 한창이었을 때 시장도 기업도 국민의 살림살이도 모두 얼어붙었던 시기였다. 이때 중기부 장관으로서 내 고민은 얼어붙은 시장에서 악전고투하고 있는 중소기업들과 소상공인들을 보호하는 것이었다. 그러나 현재 상황을 해결하는 데 매몰되어 미래 준비를 등한시할 수는 없었다. 어떻게 해야 취임 초부터 밝힌 제2벤처붐을 이어가겠다는 약속을 지킬 수 있을까? 나는 K-벤처가 살아야 우리 경제가 희망을 찾을 수 있다고 판단했다. 그리고 우리는 기존 관행을 혁신하는 방식으로 국내 경제의 위기를 극복한 성공의 경험이 있다. 바로 1997

〈표1-3〉 케이(K)-유니콘 프로젝트 선정기업

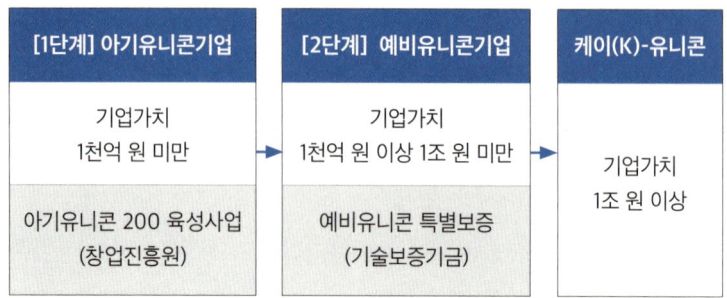

케이(K)-유니콘 프로젝트선정기업의 탁월한 성과(2022.1.27.) (출처: 중소벤처기업부 보도자료)

년에 발생한 외환위기를 극복한 과정이다. 이때의 성공 키워드도 바로 '벤처'였다.

　벤처 창업붐 조성을 위한 정책은 디지털·비대면·그린경제 등 선도형 경제 창업을 활성화하는 방식으로 이뤄졌고 혁신을 통해서 최종적으로 유니콘을 탄생시키는 것을 목표로 했다. 디지털·비대면 분야에서 혁신 벤처·스타트업의 창업 촉진과 성장을 가속하기 위해 K-비대면 혁신 스타트업 1,000개 발굴을 추진하는 한편, 스타트업이 아기유니콘, 예비유니콘을 거쳐 유니콘으로 성장할 수 있는 생태계를 조성하는 K-유니콘 등의 프로젝트를 진행했다.

　공단을 조성해도 입주기업이 없으면 아무것도 아니듯이 규제를 풀어도 새로운 산업 분야를 이끄는 기업들이 없으면 아무 일도 일어나지 않는다. 그래서 나는 아기유니콘, 예비유니콘을 위한 정책을 체계화하기 위해서 노력했고, 성과도 거둘 수 있었다.

(단위: 개)

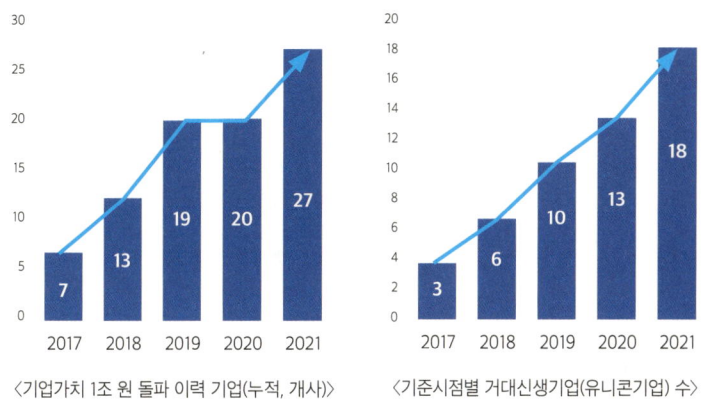

〈기업가치 1조 원 돌파 이력 기업(누적, 개사)〉　〈기준시점별 거대신생기업(유니콘기업) 수〉

[그림1-5] 제2벤처열기(붐) 속 국내 거대신생기업(유니콘기업)은 18개사(2022.2.15.) (출처: 중소벤처기업부 보도자료)

(단위: 개사)

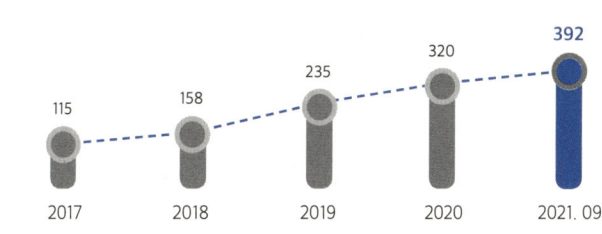

[그림1-6] 기업가치 1천억 원 이상 예비유니콘기업 추이. (출처: 중소벤처기업부 장관 권칠승 활동백서)

2021년 새롭게 유니콘기업이 된 기업들을 보면 직방(부동산 중개), 컬리(마켓컬리, 신선식품 배송), 버킷플레이스(오늘의집, 인테리어커머스), 당근마켓(중고거래 플랫폼), 리디(리디북스, 콘텐츠플랫폼) 등 총 7개 회사로 각자 분야에서 빠르게 성장한 창업기업들이었다. 이런 유니콘기업들은 우리의 생활 패턴과 경제 구조를 바꾸고, 더 나아가 새로운 경제주체로 성장했다. 또한 유니콘기업들은 일자리 창출에도 크게 기여했는데, 'K-유니콘 프로젝트'에 참여했던 176개 기업은 기업당 38.3개, 총 6,739개의 일자리를 창출했다.

최근의 CES와 글로벌 창업 생태계 평가기관 스타트업 지놈의 발표 자료를 보면, 우리나라 스타트업의 전망은 밝아 보인다. 이 기업들이 제대로 성장하고 또 스타트업을 넘어 예비유니콘으로, 예비유니콘에서 유니콘으로 성장하는 연결고리가 탄탄하게 만들어져 제2벤처붐이 영속성을 가질 수 있어야 한다. 그래야 먹구름이 잔뜩 낀 글로벌 경제에서 우리나라와 기업이 생존과 성장을 도모할 수 있다.

나는 자원이 부족하고 일본·중국이라는 제조 강국과 경쟁해야 하는 우리나라 유니콘기업들이 앞으로도 계속 살아남으려면 AI를 활용한 지식 산업의 성장이 필수적이라고 생각한다. 그래서 중기부 장관을 그만두고 난 이후 국회에 돌아와서는 의료·법률 등의 전문직 분야에서 AI가 적극적으로 활용될 수 있도록 제도 개선을 하고 싶었다. 그 가운데 한 가지는 독일의 법률서비스법을 우리나라에 도입하는 것에 관한 아이디어다. 독일은 변호사 외에도 재판 외 영역에서 법률서비스를 제공할 수 있는 자격에 관해 법률서비스법에서 규

'벤처생태계 활성화'를 위한 좌담회에 참석했다

정하고 있는데, 이를 우리나라에 도입할 방안을 모색하기 위해 법학전문대학교 교수들과 정책연구도 하고 토론회도 개최했다. 규제를 해소하고 예비유니콘들에 희망을 줄 수 있으면 좋겠다.

중소기업의 생존을 보장하는
납품단가 연동제와 상생 결제

납품단가 연동제는 납품 준비 기간 중 원재료 가격이 변동됐을 때 원청업체 사업자가 하청업체 사업자에게 변동분을 납품단가에 반영해주는 제도다. 나는 중기부에 있는 동안 중소기업과 대기업 간의 상생 프로세스를 마련하기 위한 방안으로 납품단가 연동제를 적극적으로 도입했다. 당시에는 법제화에 대한 저항이 있어서 공인된 국제 시세가 있는 원자재에 대해서는 표준계약서를 활용해 자율적으로 납품단가 연동을 유도하도록 했다. 원자재 가격의 변동이 생겨도 애초 계약한 금액 그대로 납품해야 하는 불합리한 구조를 개선하기 위해서였다. 납품단가 연동을 합의하면 협력업체인 중소기업은 원자재 가격이 크게 상승해도 납품단가에 이를 반영해서 제값을 받을 수 있다.

이 제도는 단지 중소기업만을 위한 것도 아니다. 대기업도 협력업체를 통한 원활한 공급을 유지할 수 있기 때문에 서로 상생할 수 있는 제도다. 이미 일부 대기업은 자율 계약을 통해 원자재 가격이 바뀔 때 납품단가에 자동으로 반영되도록 운영하고 있을 만큼 효과는 검증된 제도다. 그래서 내가 재직하는 동안에 자율적으로라도 운영할 수 있도록 시범제도로 도입했다.

내가 장관직에서 물러난 뒤 여러 논란 끝에 드디어 이 제도가 국회에서 입법화됐다. 나는 납품단가 연동제 적용 대상에 공공기관도 해당한다는 법제처의 해석을 인용해 공공기관이 먼저 나서서 제도를 개선하고 공공 영역에서 강제 조정권이 인정되도록 하는 등 여러모로 제도가 안착할 방안을 마련해야 한다고 강조했다. 그리고 오랜 노력이 헛되지 않아 마침내 법제화되는 결실을 맺었다. 중기부 소관 상생협력법은 2022년 12월 8일에, 하도급법은 2023년 6월 30일에 각각 개정된 것이다.

다만, 납품단가 연동제가 법제화된 이 시점에서 아쉬움이 남는 부분이 있다. 납품단가 연동제의 안착을 위해서 시급히 관련 조정제도를 활성화해야 한다는 점이다. 납품단가 연동은 계약 이후의 사실관계 변화를 근거로 계약 내용을 바꿀 수 있는 제도다. 그런데 그 공정성에도 불구하고 민법의 대원칙인 '자기책임의 원칙'과는 다소 모순되는 부분이 있어 관련 사례의 해결을 통해 보충해야 할 부분이 많다. 따라서 납품단가 연동과 관련된 실무가 정착되기 위해서는 이 분야 전문가들이 참여하는 조정제도를 통해 다양한 현장의 문제를 해결할 필요가 있다. 그런 과정이 축적되면 납품단가 연동제 관련 개정법률의 적용 시에 예상되는 혼선을 최소화하고 제도의 조기 정착에 큰 도움이 될 것이다.

나는 장관 재임 중에 조정제도가 중기부의 대기업과 중소기업 간 입장을 조율하는 정책적 목적을 달성하는 데 매우 효과적인 수단임을 알게 됐다. 그런데 중기부의 조정제도는 과 단위의 조직에서 운영하고 있어서 스케일이 크거나 법리적으로 전문성을 요하는 사건을 다루기에는 한계가 있었다. 그래서 개선방안을 마련하도록 독려했는데 결실을 보지 못해 아쉽다. 윤석열 정부 중기부에서 이 부분에 집중해 개선방안을 마련했으면 좋겠다. 특히 조정제도를 통합 운영하는 개선방안을 반드시 추진할 필요가 있다고 생각한다. 만약 납품단가 연동제가 제대로 뿌리내리지 못하고 유명무실해진다면 그것은 조정제도 개선을 미룬 것이 그 원인일 것이다.

상생 결제도 중소기업의 생존을 위한 정책이다. 소매에서의 거래와 달리 기업 간의 대금 지급은 어음, 즉 '외상'으로 이뤄지는 경우가 아주 많다. 이에 따라 하청에 다시 재하청을 받는 기업들은 대금을 언제 받게 될지 몰라 불안해한다. 어디 하나 펑크가 나면 그 아래 기업 모두가 부도 위기에 몰린다. 그만큼 취약한 구조이고 하부로 내려갈수록 위험이 전가되는 양상을 보인다. 이런 문제를 해결하기 위해 고안된 제도가 상생 결제다.

상생 결제는 2차 이하 협력업체가 받을 대금을 은행에 따로 보관해서 결제 날짜에 맞춰 현금 지급을 보장한다. 원청업체에 대금 지급을 요구하지 않아도 약속한 날짜가 되면 은행이 따로 보관해 둔 대금을 현금으로 협력업체에 지급하도록 한 것이다. 이 제도는 대금을 늦게 지급하거나 고의로 부도를 내는 것과 같은 어음 부작용을 막을 수 있는 대체 결제 수단이다. 과거에는 이런 피해를 겪는 협력업체 중소기업이 많았다.

나는 협력업체가 받아야 할 돈을 빠르게 받게 해 주는 상생 결제야말로 ESG의 최고봉이라고 수없이 강조했다. ESG는 'Environment', 'Social', 'Governance'의 머리글자를 딴 단어로, 기업 활동에 친환경, 사회적 책임 경영, 지배구조 개선 등 투명 경영을 고려해야 지속 가능한 발전을 할 수 있다는 가치를 말한다. 납품 대금을 제때 주고받을 수 있도록 하는 것은 ESG, 특히 사회적 책임 경영 실천의 출발점이다.

물론 대기업에도 혜택이 있어야 했다. 그래서 상생 결제를 잘하는 기업은 세무조사 유예와 정부 지원 사업 우대와 같은 인센티브를 제공하도록 했다. 그러나 여러 이유로 민간에서 기대만큼 제대로 작동되지 않는다. 물론 회사에 따라 상대적으로 잘 되는 곳도 있다. LG전자가 대표적이다. 협력회 회장사인 신성델타테크는 전체 결제금액의 81%를 상생 결제로 지급받는다. 2차 이하 협력사 대상 전체 상생 결제 지급 비중이 약 5%에 조금 못 미친다는 점을 감안하면 엄청난 수준이다.[5]

---

5) https://www.etnews.com/20210704000095

상생 결제 제도의 안착과 확산을 위해 지자체가 예산 집행을 할 때 사용하는 지방재정관리 시스템 'e호조'와 상생 결제를 연동했다. 또 관련 입법도 준비했다. 그리고 중소기업들의 경영관리 시스템 ERP과 상생 결제를 연동해서 민간기업이 상생 결제에 쉽고 편하게 접근할 수 있도록 준비했다. 상생 결제의 확대를 위해서 국가와 거래 실적이 있는 1차 거래기업이 국가로부터 지급받은 납품 대금을 은행에 별도 보관한 후, 대금지급일에 맞춰 2차 이하 하위 협력기업에 현금으로 직접 지급하는 안전한 결제 시스템을 구축하는 법안이 2021년 10월에 통과됐다.

상생 결제가 확산되면 대기업과 중소기업의 거래 관행이 투명하게 바뀔 수 있을 뿐만 아니라 국가 예산 집행에서도 그 효율성이 증대한다. 이처럼 상생 결제는 대기업·정부·지자체와 중소기업의 상생을 추구할 수 있는 생태계 조성에 초점을 맞추었다. 그리고 상생 결제를 전 세계적으로 강조되고 있는 ESG 경영의 실천 사례로 부각해 적극적으로 홍보하도록 했다. 상생 결제와 ESG 경영을 통합 추진함으로써 상생과 변화라는 두 마리 토끼를 한꺼번에 잡는 전략이었다.

자상한 기업으로
공존과 상생을 추구하다

'자상한 기업'이란 기업의 강점과 축적된 노하우 등을 협력사뿐만 아니라 비협력사 및 소상공인에게까지 공유하는 '자발적 상생 협력 기업'을 의미한다. 지금까지 대기업과 중소기업 간의 상생은 대부분 대기업의 협력사 등 직접적인 납품 거래 중심으로 이루어져 왔다. 하지만 최근 기술의 발전에 따른 4차 산업혁명의 가속화와 디지털 경제로의 전환 등으로 인해 경제 구조가 변화를 겪으며, 수평적 협업 관계, 특히 비협력사 및 소상공인과의 상생이 중요해졌다.

나는 '자상한 기업인의 밤'에서 자상한 기업은 법과 제도가 다루지 못하는 영역에서 자발적인 상생 문화를 확산하는 데 의미가 있다고 누누이 강조했다. 실제로 자상한 기업은 대기업이 먼저 참여하겠다고 알리면 중기부가 정부 정책과의 연관성을 조사하고, 현장의 수요와 실행 가능성 등을 고려해 상생 협력 활동 과제를 기업과 함께 설정한다.

　이때 중기부는 대기업과 중소기업의 네트워크를 맺어 주는 중매쟁이 역할을 충실히 한다. 민간이 주도하고 정부가 후원하는 자발적 상생 협력을 기본 추진 체계로 설정해서 상생협력기금 1조 5,600억 원을 활용해 중소 협력사의 기술개발과 생산성 향상, 성과 공유 등과 관련해 매년 2,000억 원 정도를 지원했다. 참고로 상생협력기금은 대기업 등이 중소기업과의 상생 협력을 위해 출연하는 민간기금이다. 상생협력법에 근거를 두고 있으며, 성과 배분과 기술협력 촉진, 인력교류 확대, 임금 격차 완화, 생산성 향상 등을 위해 사용된다.

　내가 장관이 되고 난 뒤에도 자상한 기업 프로그램은 당연히 계승됐다. 그뿐만 아니라, 또 한 번 업그레이드하기 위해 '자상한 기업 2.0'을 제안했다. 그동안 '자상한 기업'은 대기업과 중소기업 간 상생 협력의 지평을 넓혔다는 평가를 받고 있었다. 자금 지원과 컨설

〈표1-4〉 대기업과 중소기업 상생협력기금 연도별 출연 및 지원 현황(누적 기준)

(단위: 억 원)

구분	2014	2015	2016	2017	2018	2019	2020	2021	2022
출연금액	3,559	4,983	6,483	8,054	10,067	12,074	14,646	18,330	22,693
지원금액	2,545	3,993	5,436	6,951	8,790	10,494	12,788	15,362	18,788

팅을 비롯한 다양한 지원이 직접 밀착해서 이뤄지는 효과가 있었다. 그 덕분에 중소기업의 경쟁력을 높이고 상생의 생태계를 만들 수 있었다. 자상한 기업 2.0은 이런 생태계의 확대를 꾀하는 정책이었다. 1년, 아니 하루가 다르게 바뀌는 시장 환경까지 고려한 상생의 생태계를 만들고자 했다.

당시 내가 주목한 부분은 ESG와 한국판 뉴딜 등 변화하는 환경을 고려하자는 것이었다. ESG는 이미 선언적 수준을 넘어섰고, 유럽연합의 국가와 기업을 대상으로 비즈니스를 하려면 높은 수준의 ESG 요건을 충족해야 한다. 나는 자상한 기업 2.0을 준비하면서 ESG와 관련한 상생 모델을 염두에 뒀다. 벌써 글로벌 비즈니스의 표준이 되어 버린 ESG를 개별 중소기업이 감당하기에는 아직 무리가 있었다. 기존의 기업 시스템과 비즈니스 관행을 높은 수준의 ESG 기준에 맞추기 위한 관련 지식과 정보, 역량 등이 부족했던 것이 사실이다. 이 부분을 정부가 나서서 도와주도록 했다.

ESG 도입에 관한 논의의 속도는 점점 빨라지고 있는데 ESG와 관련한 대응은 중소기업의 자체적 역량으로는 거의 불가능해 보였다. 그래서 자상한 기업의 업그레이드 버전을 만들어 중소기업들이 대기업과 협력해서 ESG 관련 대응을 하도록 했다. 대기업은 자본력이나 경쟁력 등을 갖춘데다 글로벌 시장의 추이 분석이나 정보 획득에도 앞서 있다. 이 부분을 함께 공유하고 활용하자는 것이 자상한 기업 2.0의 핵심 추진 사업이었다.

가장 먼저 자상한 기업 2.0의 1호 기업으로 선정된 대기업은

SK E&S다. 이 기업은 중소기업의 탄소중립 실현을 위해 광범위한 협력 체계를 갖추었다. 300억 원의 기금까지 마련해 온실가스 감축 관련 기술 분야, 그리고 수소경제와 관련이 있는 혁신 중소기업과 벤처기업을 발굴해 연구개발을 지원했다. 그뿐만 아니라, 친환경 발전소 구축에 필요한 소재와 부품, 장비 등의 국산화도 지원하고, 우수 제품의 시범적 구매도 추진했다.

나는 ESG가 중소기업의 수출에 장벽이 될 것이라는 전망과 함께 국내에서도 목소리가 커진다는 점을 고려했다. 대기업과 중소기업이 시장과 사회의 요구, 그것도 당장 실천해야 하는 요구 앞에서 상생할 수밖에 없다고 본 것이다. 예를 들어 협력업체인 중소기업이 탄소중립과 관련한 기준에 미치지 못해 제품을 만들지 못하면 대기업도 타격을 받을 수밖에 없다. 그래서 대기업과 중소기업 간의 ESG를 매개로 한 협력관계 구축은 매우 중요하다. 당연히 정부도 수출 위주의 경제 구조를 갖춘 한국의 미래를 위해서라도 지원을 아끼지 말아야 했다.

자상한 기업 2.0은 탄소중립이나 ESG뿐만 아니라 한국판 뉴딜과 재기 지원 등으로 그 범위를 넓혔다. 대기업이 중소기업이나 소상공인의 디지털 전환을 돕는 것도 해당한다. 자상한 기업 2.0의 5호 기업인 NHN커머스는 이커머스 지원에 나섰다. 자체적으로 쇼핑몰을 구축하고 관리하는 데 어려움을 겪는 중소기업과 소상공인을 위해 자사 솔루션을 통한 오픈마켓 입점을 지원한다. 또한 창업 전문 교육기관인 NHN커머스 아카데미를 활용해 온라인 플랫폼에 관한 무료

SK E&S와 자상한 기업 업무 협약식을 열고 그 자리에 참석했다

교육을 하고, 결제 시스템 연동 수수료와 서버 비용도 무료로 해 주는 등 디지털 전환에 필요한 실질적 지원을 아끼지 않았다.[6]

　자상한 기업 프로젝트는 중소기업의 글로벌 시장 진출에도 도움이 됐다. 중소기업이 세계무대에서 1위를 한다는 것은 상상하기 어려운 일이다. 그런데 용접할 때 착용하는 안전 보호구를 만드는 '오토스윙'이라는 기업은 글로벌 기업을 제치고 1위를 차지하고 있었다. 자랑스러워할 만한 일이지만, 그 영광의 자리를 지키기가 쉽지 않았다. 10여 년 전부터 중국을 비롯한 개발도상국에서 만든 저가 제품

---

6) 상생을 디자인하다 2021년도 자상한 기업 백서, 중소벤처기업부

이 쏟아지면서 1위 자리가 위태로워졌다. 1위는커녕 생존을 걱정해야 할 처지에서 오토스윙은 '자상한 기업'을 만나 돌파구를 열 수 있었다. 삼성전자를 만나 부품 구입에서 그동안 수입하던 자재를 국산화하는 방법을 찾았을 뿐 아니라 필요한 기술도 이전받았다. 삼성전자는 멘토들을 파견했고 이들은 석 달 동안 공장에 상주하면서 혁신을 도왔다. 덕분에 엄청난 경쟁력을 갖추게 된 것이다.

자상한 기업은 전통적인 협력기업 위주의 거래 관계에서 머물지 않고 자사의 보유 역량과 노하우 등을 거래하지 않는 중소기업과 소상공인한테까지 공유한다. 나의 전임 장관이었던 박영선 장관 때 중기부는 상생과 공존의 가치를 실현하기 위해 자상한 기업을 발굴하고 선정했다. 당시 박 장관은 앞으로 선진국의 순위를 바꿀 수 있는 유일한 방법은 중소기업과 벤처기업, 스타트업을 어떻게 이끌어 가느냐에 달려 있다고 말했다. 여기서 주목할 부분은 '어떻게 이끌어 가느냐'이다. 즉, 중소기업이나 벤처, 스타트업이 자체적으로 생존을 모색하고 성장을 기대하는 데는 한계가 있는데, 그 한계를 돌파할 수 있도록 손을 건네줄 수 있는 상생과 협력의 파트너가 필요하다는 뜻이다.

중기부는 그 손을 다름 아닌 우리나라 대기업이라고 판단했다. 물론 국가도 나서서 해야 하지만, 국가는 급변하는 시장의 변화에 현장에서 생존을 걸고 대처해 온 기업보다 느릴 수밖에 없다. 다시 말해 삼성전자를 비롯한 대기업들이 시장에서 쌓아온 노하우와 개발 역량, 영업 경쟁력 등은 가치를 매길 수 없을 만큼 소중한 자산이다.

그 자산을 나누어 공존과 상생을 하는 방안은 과거의 패러다임에서는 상상할 수 없었다.

사실 대기업은 중소기업들을 먹여 살리는 협력자인 동시에 불리한 조건을 강요하는 냉정한 갑이기도 하다. 또한 중소기업의 기술을 탈취하거나 지나친 탐욕으로 권리를 침해하는 경우도 적지 않았다. 중기부가 고민했던 지점은 바로 이 부분이었다. 중소기업이 혼자만의 힘으로 경쟁력을 갖추는 경우도 물론 있지만, 대기업과의 상생과 협력으로 더 큰 가치를 창출하고 생존을 도모할 수 있는 길도 같이 열려 있어야 한다. 그런 상생과 협력의 기업 간 관계를 구축하기 위해 중기부가 내놓은 아이디어가 바로 '자상한 기업'이었다. 이른바 공존과 상생의 새로운 기준을 마련한 것이다.

공공의 선을 추구하기 위한
규제 개혁이 필요하다

4차 산업혁명에 따른 기술혁신은 예측할 수 없을 정도로 빠르게 진행되고 있다. 이를 선도하고 효율적으로 대응하기 위해서는 신기술을 활용한 새로운 서비스 또는 제품 등을 제약 없이 실증하고 사업화할 수 있는 기업환경 조성이 무엇보다 중요하다. 또한 규제혁신을 통해 신산업을 육성하고 발전시키고 국가의 경쟁력을 강화하기 위해서는 과감한 규제특례제도의 도입도 절실했다.

이에 따라 2018년에 정보통신·산업·금융·지역에 현행 규제의 전부나 일부를 적용하지 않는 '규제샌드박스' 도입을 위한 관계부처 합동 규제혁신5법(① 행정규제기본법 개정 ② 금융혁신법 제정 ③ 산업융합촉진법 개정 ④ 정보통신융합법 개정 ⑤ 지역특구법 개정)의 제·개정이 추진

됐다. 비수도권의 혁신성장을 위해 규제의 제약 없이 실증과 사업화를 할 수 있는 규제자유특구는 지역특구법의 개정으로 2019년 4월에 도입됐다. 이에 대해 당시 자유한국당(현 국민의힘)은 수도권을 역차별하는 법안이라고 반대했지만, 20대 국회에서 나는 우리나라 중소벤처기업 업계에 새로운 혁신의 기회를 주기 위해서 찬성했다.[7]

규제와 혁신은 마치 마주 보며 달리는 기차처럼 보인다. 규제와 혁신 중 어느 한쪽의 손을 든다는 것은 다른 쪽의 일방적 양보와 희생을 전제한다는 생각도 든다. 그러나 나는 이 두 가지가 일방적 양보와 희생이 아닌 공공선의 추구라는 개념으로 통합될 수 있다고 생각한다. 개혁은 기존의 기득권을 약화하고 소외계층에게 기회를 주며, 한쪽으로 쏠려 있는 이익이나 혜택을 좀 더 넓게 공유할 수 있게 한다.

기득권과 소외계층의 괴리를 완화하고 사회를 통합과 발전으로 이끌어야 한다는 것이 내 신념이다. 내가 수도권 지역인 경기도 화성의 국회의원이면서도 규제자유특구의 신설에 찬성한 이유는 기술혁신에 대한 관심도 있지만, 사회의 통합을 위해서라도 그것이 필요하다고 생각했기 때문이다. 나는 그간 지방이라는 이유로 경제적으로 소외됐던 지역에 기회를 부여하는 행위도 국가전략 차원에서 진행되는 공공선의 추구라고 본다.

장관이나 국회의원을 하면서 가장 많이 겪는 민원의 주제는 규

---

[7] http://www.kyeonggi.com/1459585

제 해제와 관련한 것이다. 국회에서 경제 관련 분야의 상임위 활동을 할 때부터 이 단어와는 떼려야 뗄 수 없는 관계였다. 지금은 규제의 끝판왕인 법사위에 있으니 규제와 일체가 된 느낌이다. 그런데 규제를 계속 다루다 보니 규제는 양날의 칼이라는 사실을 알게 됐다. 실제로 급속도로 바뀌는 시장 환경에 맞추려면 과감한 규제 해제와 혁신이 필요하다. 그러나 중소기업의 독자적 기술과 소상공인의 상권을 보호한다는 점에서 규제는 큰 역할을 하기도 한다. 즉, 규제에도 착한 규제와 불필요한 규제가 있다는 뜻이다.

아무래도 중기부 장관일 때는 벤처 업계의 요구를 대변해야 할 때가 많아 기업의 활동을 장려하는 탈규제나 혁신에 관심을 더 둘 수밖에 없었다. 환경이 바뀌고 상황이 변했는데도 한번 만든 규제가 마치 황금률처럼 적용되는 것은 문제가 있다. 자칫 시대의 거대한 흐름에 역행하는 걸림돌이 돼서 사회 전체의 생존까지도 위협할 수 있기 때문이다. 마치 명나라가 대양을 항해할 수 있는 선박의 건조 기술을 가지고 있었는데도 자유로운 항해를 막는 규제 때문에 대항해시대 이후에는 서구와의 경쟁에서 패배한 것처럼 말이다.

최근의 예를 들면 인공지능을 이용한 선거운동 관련 이슈에서 이런 걸림돌을 확인할 수 있다. 지난 제8회 전국동시지방선거에서 이른바 'AI 윤석열'이 특정 후보를 지지하는 딥페이크 영상으로 등장한 적이 있다. 이때 공무원의 정치적 중립과는 별개로 선거운동에 신기술을 접목하는 문제가 논란거리로 떠올랐다. 새로운 기술과 선거운동이 접목되는 속도를 법과 제도가 재빨리 따라가지 못해 생긴 문제였다. 그래서 나는 지난 2022년 6월에 다른 의원들과 함께 공직선거법 일부개정법률안을 제안했다. 이를 통해 인공지능 기술을 이용한 선거운동을 장려하되, 공무원의 선거 중립 의무는 준수하게 하는 등의 규제혁신을 이야기했다.

또 다른 사례는 중고차 판매업의 생계형 적합 업종 지정 여부를 둘러싼 논란이다. 중고차 시장은 대표적인 레몬마켓이다. 레몬마켓이란 제품에 대한 정보가 적은 소비자들이 속아서 살 가능성을 우려해 싼값만 지불하려고 해서 결국에는 저급품만 유통되는 시장을 말한다. 중고차 시장에서 판매자는 차에 관한 많은 정보를 갖고 있지만, 소비자는 차에 관한 정보가 거의 없는 상태에서 시장을 방문하게 된다. 그래서 차의 품질보다 가격을 기준으로 두고 구매할 때가 많다. 판매자들이 차에 관한 정보를 제대로 알려주지 않는다면, 차에 관한 정보가 없는 소비자들은 겉은 멀쩡해 보이지만 실제로 문제가 많은 싸구려 중고차를 사게 된다.

결국 레몬마켓의 특성을 가진 중고차 시장의 폐해는 고스란히 소비자에게 전가된다. 그러나 이 문제를 풀어가기는 쉽지 않았다. 국무총리 주재 경제 관련 장관 간담회에서 제기한 이슈인데, 생계형 적합 업종으로 주로 논의되는 두부, 콩나물 등과 다르게 자동차는 우리나라의 근간이 되는 주력 산업과 관련이 있기 때문이다. 주력 산업에 해당하는 자동차 관련 업종을 생계형 기준으로 판단하는 것이 이치에 맞는지 의문스러웠다. 게다가 국내 중고차 시장을 인증 중고차로 직접 관리하는 해외 유명 브랜드와의 형평성도 고려해야만 했다.

내가 장관으로 취임하기 이전 2년 동안 중고차 매매업을 생계형 적합 업종으로 지정할 것인지를 두고 갈등이 수습되지 못했다. 완성차 업체인 대기업의 중고차 시장 진출을 기존 중고차 판매업자들은 극심하게 반대해 왔다. 그러나 일반 국민의 정서나 중고차 시장의 고질적 병폐를 마냥 방치할 수는 없는 노릇이었다. 또한 자동차 수리 이력 기록에 블록체인을 활용하는 등의 새로운 기술을 앞세운 자동차 제조사 대기업의 중고차 시장 진출은 막을 수 없는 세계적 흐름이었다. 일본과 독일의 유명 자동차 브랜드도 중고차 시장에 진출해 있는 상황에서 우리나라 자동차 업계가 경쟁력을 갖추려면 중고차 시장 진출이 필요하다고 판단했다. 나름대로 시스템을 갖추고 브랜드 파워를 가진 대기업이 이 시장에 뛰어들면 어느 정도 시장이 친소비자적으로 바뀌지 않을까 하는 기대가 많았던 것도 사실이다. 많은 논란을 거친 끝에 중기부 생계형적합업종심의위원회는 중고 자동차 판매업을 생계형 적합 업종으로 지정하지 않기로 했다. 대기업으로서는 규제가 풀린 셈이다.

중고차 판매업을 생계형 적합 업종으로 지정하지 않은 이유는 대기업에 특혜를 주기 위해서가 아니다. 국민의 불편과 민원을 해소하기 위한 규제혁신이었다. 다만, 그동안 완전 독점에 의한 폐해 등을 고려해 대기업이 들어오지 못하게 규제했기 때문에, 그 규제를 어느 정도 수준으로 풀 것인지가 고민이었다. 그래서 대기업의 사업 개시 시점을 1년 연기하고 2023년 1월부터 4월까지는 월 5,000대 이내에서 시범적으로 판매하도록 제한했다. 또 시장 점유율도 대략 2~4%

규제자유특구 심의위원회에 참석해 중고차 판매업에 대한 규제를 논의했다

'혁신 스타트업 활성화 간담회'에 참석해 정부와 중기부의 입장을 밝히기도 했다

Part 01 공감과 혁신으로 상생하다

까지 순차적으로 늘리게 제한했다. 이 밖에도 대기업의 독점을 막고 작은 규모의 판매업체도 상생할 수 있는 여러 제도를 마련했다. 어쩔 수 없는 시장 환경의 변화에 따른 규제혁신이라고 해도 상생의 구조를 갖출 수 있는 여건을 마련하는 식으로 탈규제의 사각지대를 줄이려 했다.

지금까지 철옹성처럼 공고하던 각 분야의 기득권이 서서히 무너지고 있다. 기술의 발전 덕분이다. 산업혁명 이후부터 기술 발전은 기득권을 완화하고 해체하는 데 가장 강력한 무기였다. 또한 신기술로 무장한 세력이 새로운 기득권으로 등장하기도 한다. 이런 기술 발전에 따른 기득권의 완화와 해체는 4차 산업혁명 시대에 더욱 빨리 진행되는 경향이 있다. 스타트업들이 새로운 기술을 만들어 내고 있는데 그 기술들은 대체로 기존 산업의 질서를 무너뜨리고 새로운 질서를 세우려 한다.

대표적인 사례가 '로톡'과 같은 법률 관련 플랫폼과 '닥터나우'와 같은 의료 플랫폼이다. 이 플랫폼들은 그동안 접근하기 어려웠던 법률서비스와 의료서비스를 좀 더 확장하고 편리하게 이용할 수 있게 했다. 그러나 기존의 법과 제도로는 시장에 진입하기가 힘들다. 또 기득권을 가진 기존의 관련 이익단체의 거센 반대 때문에 매우 논란이 됐다. 장관으로 있을 때 국정감사에서도 이 문제가 지적된 바 있었다. 중기부가 이와 관련해 뭘 하고 있느냐고 따끔한 질책을 받았다.

당시 나는 이 플랫폼들이 새로운 형태의 사업이라 우리 사회의 기존 규정이나 법규로 규정하기 어려운 부분이 있다고 솔직히 고민

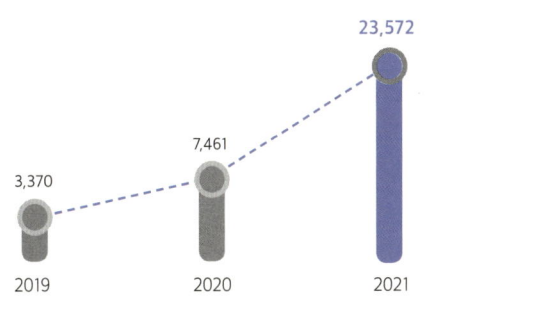

[그림1-7] 규제자유특구 투자유치 금액. (출처: 중소벤처기업부 장관 권칠승 활동백서)

을 토로했다. 플랫폼에 따라 어떻게 규율할지 합의가 필요하다고 오히려 다른 의원들의 협조를 요청했다. 사실 골목상권과 같은 영세한 환경에 놓인 곳에 대해서는 플랫폼 진입을 엄격하게 규제할 필요가 있다. 가뜩이나 힘든 마당에 새로운 기술과 자본을 갖춘 플랫폼이 골목까지 치고 들어온다면 상생은커녕 한쪽의 희생이 더 클 수밖에 없다. 그러나 전문직과 관련된 부분은 규제를 푸는 방향이 맞다. 소비자들이 쉽게 찾아갈 수 없는 법률이나 의료서비스와 같은 전문직 플랫폼은 오히려 치열한 시장 경쟁을 유도해 소비자들이 누릴 수 있는 혜택이나 권리를 더 많이 제공해야 한다.

  소외된 지방을 살리기 위한 규제자유특구, AI 기술을 활용할 수 있는 선거, 자동차 제조사도 참여할 수 있는 중고차 시장, 의료·법률 등 전문직 분야 플랫폼 등의 사례에서 나는 일부 지역이나 계층을 대변하기보다는 우리나라를 위한 공공의 선을 추구하고자 했다. 기술혁신을 적극적으로 수용해 공동체의 생존을 보장해 주면서 이 과정에서 피해를 입을 수도 있는 소외계층을 최대한 배려하려고 노력했다. 이는 결국 조화를 위한 균형점을 끊임없이 찾아가는 과정이라고 생각한다.

기술 탈취라는 악마는
디테일에 숨어 있다

지금 공존과 상생의 길을 마련하기 위한 노력이 필요하다고 강조하는 것은 그만큼 이전에 따로따로 길을 갔다는 뜻이기도 하다. 과거 대기업이 중소기업의 권리를 침해했던 사례는 지금보다 훨씬 더 많고 그 정도도 심했다. 그때마다 을이자 약자인 중소기업은 가슴만 칠 뿐 어떻게 할 수가 없었다. 심지어 회사가 망하기도 했는데, 이런 사태를 막기 위해서는 먼저 대기업의 횡포와 권리 침해부터 막아야 했다.

중기부는 이런 폐단을 없애기 위해 '의무고발요청제도'를 운영하고 있다. 의무고발요청제도는 공정거래위원회만 불공정행위를 검찰에 고발할 수 있는 전속고발권 행사를 보완하기 위한 제도적 장치다. 중기부는 중소기업의 피해 정도나 사회적 파급효과 등을 종합적으로 감안해 이 제도를 운영하고 있다. 피해 정도의 중대성이나 피해 기업 수 등을 평가하는 의무고발요청의 기준을 마련하고, 투명하게 대외적으로 공개해 심의위원회를 운영하는 등 공정성 확보를 위한 체계를 갖춰 운영한다. 중기부가 공정위로부터 사건을 접수하면 위반기업에서 소명 의견과 관련 자료를 제출받고, 심의위는 자료 검토에 따른 심의를 거쳐 결정하는 체계다.

이런 제도가 만들어졌다는 사실 자체가 대기업의 중소기업 권리 침해가 여전히 심각하다는 방증이다. 이런 절차와 체계는 당연히 투명해야 한다. 심의 내용에 전혀 개입하지 않고, 실력 있고 공정한 위원들을 추천하는 등의 원칙이 지켜져야 한다고 강조했다. 다만, 공정거래위원회와의 협조가 좀 더 잘 됐으면 더욱 좋았을 텐데 생각만큼 잘 안 돼서 아쉬웠다. 이는 부처 이기주의라고 볼 수도 있겠지만, 어쨌든 썩 만족스럽지는 않았다. 그래서 내가 공정거래위원장에게 직접 요청하기도 했다.

가령 공정거래위원회에서 고발하지 않은 건을 재심사할 때가 종종 있었다. 그때마다 나는 왜 위원회에서 고발하지 않았는지 그 이유나 자료를 우리에게 충분히 전달하고 설명해 달라고 요청했다. 중기부는 말 그대로 중소기업을 위한 부처다. 약자인 중소기업이 피해를 겪게 되면 당연히 도움을 주고 지원방안을 강구해야 한다. 하지만 부처 간 협조나 협의가 다소 원활하지 않아 답답할 때가 많았다. 정치인인 내가 봤을 때는 뿌리 깊은 '칸막이 전통'에 가로막힌 꼴이었다. 이런 실무적 부분은 제도 개선만으로는 고쳐지기 어려운 것이라 난감했다.

　이런 '칸막이 전통'을 철폐하기는 쉽지가 않다. 그러나 역으로 부처 간의 견제가 완전히 사라진다면 장기적 관점에서 봤을 때 정책을 사전에 교차 점검하는 수단이 없어지기 때문에 이 역시 바람직하지 않다. 그렇기에 나는 중기부도 공정위가 보내주는 자료에만 의존하기보다는 자체 조사역량과 입증체계를 갖추는 것이 더 중요하다고 생각했다. 여러 분야가 있겠지만 가장 시급하게 중기부가 그런 역량을 갖추어야 한다고 봤던 영역은 중소기업 기술 보호 분야였다. 정확히 말하면 대기업의 중소기업 기술 탈취를 근절하는 것이었다.

　나는 장관이 되기 전 20대 국회 초선 시절에 국회 산업통상자원위원회에 소속되어 있었으며 더불어민주당 중소기업특별위원회 위원장을 맡은 적이 있다. 그때부터 대기업의 중소기업 기술 탈취를 해결하기 위해서 노력했다. 입법 권한을 가진 국회의 장점을 살려 대기업의 중소기업 기술 탈취를 근절하기 위해 중소기업의 입증 책임을 완화하고 대기업에 징벌적 손해배상 의무를 부과하는 상생협력법 개정안을 발의했다.

　대기업과 중소기업을 규율하는 법으로는 공정거래위원회 소관 법률인 하도급법이 있었고, 중소벤처기업부 소관 법률인 상생협력법(대·중소기업 상생협력에 관한 법률)이 있었다. 두 법률은 중소기업의 입증 책임을 완화하는 방법이 달라지는 문제 때문에 20대 국회에서는 산업통상자원위원회에서 통과된 후 법사위에서 제2소위로 회부됐다가 국회의원 임기 만료로 폐기되고 말았다. 그러나 대기업과 중소

더불어민주당 중소기업특별위원회 주최 김상조 공정거래위원장 초청강연회에서 대기업과 중소기업의 공정경쟁과 상생에 관해 강연했다

기업 간의 기술 탈취가 근절되지 않는 구조적 이유가 소송절차와 깊은 연관이 있다는 점을 사회 전반에 알렸다는 점에서 의미가 있었다.

21대 국회의원으로 당선되고 2021년 중소벤처기업부 장관으로 임명되자 동일한 취지로 정부안으로 발의된 상생협력법 통과를 위해서 노력했다. 이 과정에서 법사위 전체 회의 법안 심사에 4차례나 출석하며 법안 통과에 심혈을 기울였다. 이때만 해도 공정거래위원회 소관 하도급법과 중소벤처기업부 소관 상생협력법이 서로 다른 입증책임 관련 규정을 가지고 있었지만, 결국 법원행정처의 동의를 얻어냈고 마침내 법안을 통과시켰다. 입법부인 국회에서 시작했던 기술 탈취 근절 관련 법률을 중소벤처기업부 장관이 되어 정부안으로 통과시킨 것이다. 돌이켜보니 감회가 새롭다.

　사실 특허청 소관의 특허와 영업비밀에 대한 침해와 달리 중기부·공정위의 기술자료 유용은 그 연원이 달라서 비슷한 것 같으면서도 아주 다르고 법제화가 까다롭다. 특허와 영업비밀은 모든 사람을 대상으로 주장할 수 있는 대세적 효력을 가지고 있으며, 행정권과는 관계없는 주관적 권리라고 할 수 있다. 하지만 기술자료에 관한 권리는 중소기업이 기술자료를 제공한 자에 대해서만 대인적 효력을 가질 수 있을 뿐이었고, 권리라기보다는 행정권 행사에 따라 중소기업이 반사적으로 얻는 혜택 같은 것이었다. 이에 따라 손해배상 청구, 금지 청구 등 주관적 권리에 가까운 구제 수단을 도입하는 것이 바람직한지에 관한 논의가 필요했고, 특허와 영업비밀보다 보호 정도를 높게 하지 않아야 하는 내재적 한계도 고려해야만 했다. 게다가 공정위와 중기부에서 동시에 기술 자료에 대한 관련 입법을 하고 있었기 때문에 통일적 적용, 소위 체계 정합성이 유지되지 않아서 집행 과정에서 혼란을 불러일으키는 문제도 있었다.

　이와 같은 상황에서 나는 위와 같은 이론적 논의보다는 우선 실무적으로 가장 필요한 입증이라는 문제를 해결하는 데 집중했다. 이런 입증 문제를 해결할 방안으로 제조 방법 관련 특허를 침해한 경우를 위해 특허법에만 도입된 '행위태양 제시의무'를 대기업에 부여했다.[8] '행위태양 제시의무'는 대기업이 중소기업의 기술자료를 유용해 제품을 제조했다고 의심되는 경우에 대기업이 자신의 제품을 제조하는 방법을 제시해야 한다는 내용이다. 이에 따라 기존 중소기업이 기술 탈취 전반을 입증해야 하는 책임이 완화됐다.

징벌적 손해배상, 금지 청구 같은 문제는 기술 탈취가 입증된 후에 고민해야 하는 문제일 뿐만 아니라 다른 지식재산권과의 형평성 문제 때문에 실제 집행 과정에서는 효과가 없을 가능성이 크다. 하지만 입증 문제는 집행으로 바로 직결되는 문제였고 실제로 양 당사자가 서로 더는 다투지 않기로 하는 합의, 조정을 끌어내는 데 큰 효과가 있었다.

법 개정 이전까지 대기업은 실력 좋은 변호사를 고용한 후 분쟁을 법원으로 가져가서 입증 곤란을 겪는 중소기업으로부터 항복이나 포기를 받아내거나 유리한 위치에서 협상으로 마무리 짓는 경우가 많았다. 하지만 행위태양 제시의무가 생기면서 대기업이 법원으로 기술 탈취 사건을 가져갔을 때 자신의 제조 방법을 공개해야 하므로 신중하게 대응할 가능성이 커졌다.

우리나라에는 공정을 표방하는 많은 제도가 있고, 실제로 문화도 많이 성숙해져서 이제는 대놓고 갑질을 하는 경우는 줄어들고 있다. 그러나 기술 탈취라는 악마는 겉으로 드러난 큰 제도로는 막을 수 없는 입증이라는 디테일에 기생하고 있다. 그런 점에서 입증 책임 완화 등을 내용으로 그 디테일에 일격을 가한 상생협력법 개정은 큰 의미가 있다.

---

8) 더 정확히 말하자면, 행위태양 제시의무를 '위탁기업'에 부여했다. 통상 상생협력법이 적용되는 관계에서 위탁기업은 대기업과 같이 큰 규모의 기업이 많고, 수탁기업은 중소기업이 많기 때문에 이와 같이 표현한 것이다.

분쟁 해결을 넘어
상생의 프로세스로 발전하다

상생협력법이 개정되자 대기업들도 공정위와는 다른 입증 절차가 필요한 중기부의 제도에 관심을 가질 수밖에 없었다. '행위태양 제시의무'라는 막강한 수단 때문에 법원으로 사건을 가져가는 것에 대한 득실을 분석하기 시작했다.

이런 여건의 변화는 갈등이 벌어지는 현장에 영향을 끼쳤다. 실제로 고질적 기술 탈취 사건의 전형에 해당하는 삼영기계와 현대중공업 간의 기술 분쟁을 해결할 수 있도록 했다. 내가 코로나19 관련 손실보상을 어느 정도 마무리하고 이 문제에 뛰어들었을 때만 해도 벌써 분쟁이 생긴 지 5년이라는 시간이 흐른 뒤였다. 그 5년은 중소기업으로서는 피가 말리는 시간이었을 것이다. 흔한 말로 다윗과 골

리앗의 싸움인데, 질질 끌수록 불리한 쪽은 약자일 테니까.

문제의 발단은 이랬다. 삼영기계는 엔진용 피스톤 분야에서 전 세계를 통틀어 3대 업체로 꼽힐 만큼 강소기업이었다. 국내에서는 현대중공업에 피스톤을 납품하고 있었던 최우수 협력업체였다. 들리는 말로는 삼영기계가 피스톤을 납품하지 않으면 현대중공업의 선박 건조일자가 미뤄진다는 우스갯소리까지 있을 정도였다. 하지만 이런 돈독한 관계는 현대중공업이 납품업체 이원화를 추진하는 과정에서 깨지고 말았다. 그 원인은 현대중공업이 삼영기계가 개발한 피스톤 제조 기술과 피스톤 설계 도면을 다른 중소기업에 제공했기 때문이었다.

대기업이 납품업체를 이원화하는 이유는 대체로 원가 절감을 위해서다. 아무래도 한 곳이 아니라 두 곳 이상으로 협력업체를 선정하면 납품단가 경쟁이 붙을 수밖에 없기 때문이다. 그러나 대기업의 이런 조치는 자사의 이익만을 고려한 행위일 뿐이고, 심지어 삼영기계의 사례처럼 협력업체의 경쟁력마저 약화시키는 결과를 낳기도 한다. 앞에서 말한 자상한 기업과는 거리가 먼 행태다.

삼영기계는 현대중공업의 행위를 기술 탈취라 여겼고 2019년 6월 중기부에 신고했다. 삼영기계의 신고로 쟁점이 된 이 사안은 상생조정위원회에 네 차례나 안건이 올라올 정도로 첨예한 의견 대립으로 이어졌다. 내가 장관을 맡았을 때까지도 문제는 해결되지 않고 양측의 입장 표명만 되풀이될 뿐이었다. 중기부는 이 사안의 심각성과 더불어 대립이 길어질수록 양측의 피해가 심해진다고 보고 조정을 시도했다. 조정을 권고하고 구체적 보상책의 가이드라인을 제시했을 뿐만 아니라 두 기업이 협의하는 자리를 8차례나 주선하는 등 문제 해결에 나섰다.

그러나 양측의 입장은 줄곧 평행선을 달리는 기차와도 같았다. 중기부가 다시 나서서 양측이 합의할 수 있는 중재안을 내놓았다. 위로금의 일시 지급, 양측의 거래 재개에 현대중공업이 적극적으로 나서는 협력안 마련, 삼영기계의 납품을 위한 신제품 개발 시 중기부의 지원 등을 골자로 한 조정안이었다. 마침내 현대중공업과 삼영기계는 합의했고 양사 사이에서 벌어진 기술 침해 분쟁이 중기부 조정으로 해결됐다. 내가 재임 중이던 2021년 4월 행정조사를 통해 조정을 권고한 데 이어 2021년 9월 27일, 중기부는 기술 침해 행정조사를 통해 양사의 분쟁을 해결하는 합의를 끌어내고 조사를 마쳤다. 나는 이 건을 상생조정위원회 안건으로 상정하는 등 관계기관의 협력을 요청했고, 중기부 기술 개발 지원 제도를 삼영기계가 활용할 수 있도록 관련 지침을 정비한다는 계획을 세웠다.

다행히 양측은 이 중재안을 받아들였다. 2018년 12월에 기술 침해 행정조사를 도입한 이래 조사 결과에 따라 분쟁이 해결된 첫 번째 사례였다. 그때 나는 두 업체에 신신당부했다. "비 온 뒤에 땅이 더 굳어진다."라는 말처럼 양측이 더 발전하는 계기로 삼으라고 말이다. 이 사례는 파국이 아닌 상생으로 분쟁을 해결하는 좋은 모범사례일 뿐만 아니라 분쟁 해결을 통해 상생의 프로세스를 발전시키는 계기가 될 수도 있다는 희망을 보여 줬다. 그때 나는 이렇게 분쟁을 해결

새로운 상생협력법으로 기술침해 행정조사에 따른 첫 분쟁을 해결하고 양사와 화해의 손을 잡았다

하는 방법의 중요성과 함께 '자상한 기업'이라는 문화가 확산될 필요가 있다는 점을 다시 한번 절감했다.

대기업과 중소기업의 상생과 공존에서 칼자루를 쥔 쪽은 대부분 대기업이다. 앞서 말한 분쟁 사례를 보더라도 갈등이 발생하면 중소기업으로서는 보상은커녕 눈 뜨고 코 베이듯이 속수무책으로 당할 수밖에 없는 경우가 많았다. 가령 예전에는 중소기업이 기술 침해를 당해도 그 피해 입증을 침해받은 쪽이 전부 다 해야 했다. 원래 손해배상을 입증할 때는 손해를 겪은 쪽이 입증하는 것이 맞기는 하다. 하지만 기술자료에 의한 기술 침해는 손해를 겪은 쪽에서 스스로 입증할 방법이 실무적으로는 사실상 없다고 봐야 한다.

그래서 법을 바꿔 침해를 안 했다면 대기업이 구체적으로 해명하도록 하는 행위태양 제시의무를 도입하고, 또 기술과 관련해 서로가 공개하지 않는 비밀유지협약서를 반드시 쓰도록 하는 제도도 도입했다. 이런 제도를 도입했지만, 결국 분쟁이 장기화하면 중소기업은 도산하거나 치명타를 입고 회사가 경영난에 빠지게 된다. 만약 현대중공업의 상생을 위한 의지와 결단이 없었다면 아마 삼영기계도 기나긴 법정투쟁의 블랙홀에서 헤어날 수 없었을 것이다. 제도뿐만 아니라 자상한 기업이라는 문화가 한몫을 한 것이다. 합의는 물론 양쪽 회사 모두의 대승적 결단이다. 두 회사에 다시 한번 박수를 보내고 끝까지 포기하지 않고 조정에 노력해 준 직원들에게도 감사의 말을 남긴다.

이렇게 법을 개정한 데 대해서는 검찰의 반응도 좋았다. 당시 관련 회의를 할 때였다. 검찰에서 온 한 간부가 법을 이렇게 만들어 줘서 너무 좋다고 했다. 이런 기업 간의 갈등에서 입증 문제는 수사하는 입장에서도 골치가 아팠는데, 합리적으로 문제를 해결할 방안을 중기부가 마련했다고 무척 반겼다. 그만큼 지금껏 약자인 중소기업이 피해자이면서도 구제받고 보호받을 수 있는 환경이 마련되지 못했던 것이다.

중기부는 창업 분야 등 특수 분야를 제외하면, 공정위·특허청·노동부·과기부·산업부·국토부 등 전문 부처가 정책을 실행하는 과정에서 중소기업을 배려하지 못하는 모순을 해결하는 역할을 해야 한다. 장관으로 재직하면서 사회적 갈등을 해소하고 강자 독식의 논리를 완화하는 데는 중기부의 조정기능이 중요하다고 생각할 때가 많았다. 전문성과 자금력이 부족한 중소기업이 겪는 기술 분쟁 부분도 공정위와 특허청이 미처 챙기지 못한 부분이라 앞으로 이에 대한 중기부의 역할이 점점 더 중요해질 것이다.

중기부가 중소기업과 관련한 여러 조정제도를 체계적으로 통합하고, 행정조사 조직을 강화해 기술 탈취를 상생으로 풀어내는 정책 능력을 더욱 완성해 나간다면 경제적 을의 위치에 있는 중소기업이 겪을 갈등을 해소하고 그에 따른 피해도 상당 부분 예방할 수 있을 것이다.

변화 앞에 정치인과 공무원은
늘 깨어 있어야 한다

정치를 하다 보면, 정치인들이 시장이나 경제의 변화를 국민보다 더 늦게 알게 된다고 느낄 때가 종종 있다. 우리 국민도 가끔 조롱하듯 말한다. 세상은 이미 저만치 앞서가고 상전벽해라는 말마저 무색한데 정치만 과거에 머물러 제자리에서 꿈쩍도 안 한다고 말이다. 오죽하면 어떤 대기업 회장은 정치는 4류이고, 관료는 3류라고 일갈했을까.

아직도 갈 길이 멀다. 국가와 기업뿐만 아니라 노동자의 삶까지 고려한 미래의 설계가 필요하다. 독일의 인더스트리 4.0은 디지털 경제에 맞춘 국가 전략이자 로드맵이다. 이 청사진을 내놓으면서 독일은 노사정 합의를 이뤄냈다. 사회적 관심과 구성원들의 능동적 대응으로 합의를 끌어낸 것이다. 우리도 그래야 한다. 디지털 시대에 맞춰 정부가 주도하는 로드맵으로 문재인 정부는 '혁신'과 '포용'을 내세웠다. 이른바 '혁신적 포용 국가'이다. 피할 수 없는 혁신 과제를 해결하는 데 국가의 자원과 전략을 집중하지만, 그 과정에서 소외되는 국민이 되도록 없게 하는 것이다.

앞에서 언급한 중소기업과 소상공인에 대한 지원은 이런 소외계층의 발생을 줄이자는 정책이다. 또한 기업뿐만 아니라 노동자도 독일처럼 재교육이나 직종 전환을 통해 새로운 경제 질서에 편입돼야 한다. 기존의 공장이 스마트 팩토리로 전환되면 일자리가 줄어들 수 있다는 우울한 예상을 하는 분이 많다. 물론 이는 우리나라뿐 아니라 전 세계적인 문제 제기이기도 하다. 2020년 기준으로 보더라도 스마트 팩토리는 2만여 개에 달할 만큼 많아졌고, 애초 목표치를 훌쩍 뛰어넘어 한 해 동안 1,500여 개가 더 만들어졌다. 그만큼 현장은 빠르게 바뀌고 있다. 이런 변화는 기업뿐만 아니라 노동자의 삶에도 큰 영향을 끼칠 수밖에 없다.

독일도 마찬가지였다. 그래서 기업이 업종 전환하듯이 일자리도 스마트 팩토리에 맞춰 바뀌도록 사회적으로 준비해야 한다는 것이 인더스트리 4.0의 핵심 중 하나였다. 우리나라도 이와 비슷한 고민을 안고 있으며 대책 마련이 시급하다. 재교육 프로그램과 평생교육 시스템 및 방향이 4차 산업혁명에 맞춰 재설계돼야 할 필요가 있다. 또는 실업계 고등학교를 졸업한 뒤에 회사에서 근무하다가 관련 공부를 위해 대학을 가는 사람이 많은 북유럽 국가들처럼 입시를 바라보는 시각도 바뀌어야 한다.

　기업의 지원도 적극적이어야 한다. 직원이 현장에서 전문적인 일을 하게 되면 그 분야의 전문가가 되는 셈이다. 그 분야에 필요한 공부를 계속해서 더 숙련된 전문가가 되도록, 또한 석·박사까지 공부할 수 있도록 과감히 지원할 수 있어야 한다. 그래야 바뀐 산업현장에 맞춰 전문가를 양성할 수 있다. 실제로 국내의 몇몇 기업은 해당 지역의 대학과 연계해 사내에 대학 교육 과정을 만들었다. 기업과 연계한 대학의 교수가 기업에 찾아와 일반 대학 과정처럼 강의를 진행하고 학기를 운영한다. 그리고 기준 학점을 충족하면 학위도 수여한다. 이와 같은 실질적 재교육과 전문가 양성 과정의 운영은 매우 바람직하다. 이런 프로그램은 기업이 노동자에게 제공하는 시혜가 아니라 기업의 생존을 위한 프로그램이라 할 수 있다.

　시장과 산업 환경이 바뀌고 있다. 나는 늘 정치와 국가행정은 슈퍼컴퓨터의 운영체제와 같다고 생각해 왔다. 이 슈퍼컴퓨터가 멈추는 순간 우리 사회는 블랙아웃 못지않은 재앙을 맞이하게 된다. 따라서 정치인이나 공무원도 늘 깨어 있어야 한다. 먼저 나서서 변화를 주도하지는 못할지언정 걸림돌이 돼서는 곤란하지 않은가. 지난 대선 때 '알이백'이란 단어가 화제가 된 적이 있었다. 바로 'RE100'을 둘러싼 해프닝이었다. 대선후보 토론 때 이재명 후보가 당시 윤석열 후보에게 RE100이 무엇인지 물었는데, 윤석열 후보는 그게 뭐냐고 되물었다. 이 장면은 당시 화제가 됐다. 나는 그 장면을 지켜보면서 우리 경제를 뒤흔들 급격한 변화와 전 지구적 문제와 관련한 이슈에 대해 대통령 후보가 잘 모른다는 점에 왠지 모를 불안함을 느꼈다.

그때의 불안함은 현실적 우려가 되고 있다. 친환경이나 재생에너지 등 전 세계에서 추구하는 에너지 정책과 거꾸로 가는 윤석열 정부가 걱정스럽다. RE100은 '재생에너지 전기$^{Renewable\ Electricity}$' 100%의 약자로 기업 활동에 필요한 전력의 100%를 태양광과 풍력 등 재생에너지를 이용해 생산된 전기로 사용하겠다는 자발적인 글로벌 캠페인이다. 왜 이런 정책이 한 나라가 아니라 전 세계가 추진해야 할 과제로 떠올랐을까? 이제 기후 위기는 전 인류가 걱정하는 심각한 문제이자 시간을 다투는 긴급한 사안이 됐다. 그래서 전 세계가 기후 위기를 극복하기 위해 RE100을 비롯한 여러 대안을 제시하고 실천하기로 한 것이다.

비록 각 나라의 강제적인 법이나 제도로 규정되지는 않았지만, 유럽과 미국에서는 이미 이 RE100을 탄소 관세로 활용하고 있다. 즉, 자발적 참여로 RE100을 추구한다고는 하지만, 실제로는 지키지 않으면 안 되는 암묵적 합의 기준이 됐다는 뜻이다. 똑같은 품질과 성능을 갖춘 제품이라고 해도 RE100을 지키지 못하면 탄소세를 더해야 하니 그만큼 가격이 오른다. 가격경쟁력에서부터 한 수 접고 들어가야 하니 경쟁에서 이길 리가 없다. 이는 특히 에너지만 다루는 기업과 시장만의 문제가 아니다. 앞으로 모든 기업이 신재생에너지 비중을 훨씬 더 높여야 할 것이 분명하다. 그렇지 않으면 탄소세와 같은 대가를 치러야 하고, 갈수록 더 혹독한 대가가 기다리고 있을 것이다. 새로운 형태의 무역 장벽이 생긴 것이다.

세상은 언제나 우리 생각보다 빨리 변한다는 사실을 인지해야 한다. 다가올 미래를 예견해서 앞서가지는 못하더라도 최소한 뒤처져서는 안 된다. RE100이 좋은 사례다. 우리 입장에서는 어려운 조건들이지만 달리 방도가 없다. 어느 정파가 주도한 의제이건 중요하지 않다. 미래 어젠다에 대해 좀 더 대국적으로 논의했으면 좋겠다.

나는 장관으로 있을 때 미리 만들어야 할 법이 있으면 서둘러서 진행하고, 사업하는 사람들을 만나면 법 때문에 어떤 점이 불편한지 묻고 이야기를 귀담아 들었다. 특히 공익에 부합하는 부분은 놓치지 않고 현장의 문제를 해결하는 데 주력했다. 2021년 9월에 '기양금속'이라는 중소기업을 방문한 적이 있다. 표면처리 전문 기업인 이 회사의 대표는 우리나라 1호 도금 명장 출신이다. 이 회사를 직접 찾아간 이유는 그전에 대한상공회의소에서 ESG 관련 간담회를 했던 것이 인연이 됐기 때문이다.

당시 간담회에서는 1시간이 넘도록 ESG 관련 설명도 하고, 전문가들이 와서 함께 토론이 진행됐다. 그런데 간담회에 참여한 기양금속 대표가 아주 불만에 찬 표정으로 이 무슨 말도 안 되는 소리냐는 듯이 화를 냈다.

"나는 ESG라는 말을 오늘 처음 들었습니다! 대체 이게 뭡니까?"

처음에 그는 그저 자기 일만 잘 하면 되지 않느냐고 했다. 그러나 ESG와 관련한 배경과 사업과의 관련성 등을 참을성 있게 설명하고 나니 그의 얼굴빛이 달라졌다. 당장 사업을 할 때 ESG 관련 기준을 지키지 못하면 협력업체의 요건에 못 미치거나 수출에 제한

이 걸리니 심각할 수밖에 없다는 내용의 사례 소개도 이어졌다. 간담회가 끝나고 나서야 그는 정말 이런 것이 있는 줄 몰랐다면서 심각한 표정을 지었다. 현장에서 뼈가 굵은 기업인답게 심각성을 금방 깨달은 것이다.

모든 기업이 변화에 능동적으로 대처할 수는 없다. 기양금속처럼 묵묵하게 자신의 일에 자부심을 가지고 몇십 년 동안 꾸준히 일해 온 사람들일수록 어쩌면 더 변화에 취약할지도 모른다. 어떻게 대응해야 할지 전혀 몰라 위기에서 쉽게 벗어나지 못한다. 기술력이나 열정은 있지만 다가오는 미래와 환경의 변화에 따른 위기 대응력은 떨어질 수 있기 때문이다.

중소기업이나 소상공인은 이런 장벽을 만나면 그 앞에서 어쩔 줄을 모른다. 이게 현실이다. 그런데 정부가 앞길을 틔워주기는커녕 정책을 뒤로 후퇴시키면 어쩌자는 것인가. 원전 문제도 마찬가지다. 나는 윤석열 정부가 원전 문제를 왜 그렇게까지 왜곡하는지 모르겠다. 원전은 우리나라가 전기를 갑자기 많이 써야 하는 산업사회로 가면서 필요했다. 이제 우리나라는 국제원자력기구의 자료 기준으로 전 세계 6위의 원전 국가다. 원전 의존도를 따지면 순위가 더 올라갈 것이다. 그러나 RE100 등 새로운 경향과 함께 전 세계적으로 탈원전 추세로 가고 있고, 원자력에너지의 위험성 등 때문에 문재인 정부 때 원자력보다 친환경 신재생 중심의 에너지 정책을 추구했다. 원자력 발전소를 당장 모두 없애자는 것도 아니었고 그저 새로 짓지 않겠다는 것이었다. 오히려 문재인 정부 임기 내 원자력 발전량은 2017년

14.8만GWh에서 2021년 15.8만GWh로 6.5% 증가했다.[9] 앞으로 50년, 60년 이후를 내다본 장기 프로젝트였고 방향의 제시였다.

지금이라도 국가 에너지 정책에 전환이 필요하다. 윤석열 정부가 선거 때 주장한 내용과 다소 배치되더라도 과감히 수정해야 할 일이다. 에너지 정책이 마치 이념화의 길을 걷는 듯해서 안타깝다.

---

9) https://www.mk.co.kr/news/business/10219966

낙수효과만 강조하는 Y노믹스,
실체가 없다

한때 사라졌던 용어가 정권이 바뀌자 다시 등장했다. 바로 '낙수효과 trickle down'다. 기업 관련 감세와 규제의 대폭 완화로 경제를 살린다는 논리다. 윤석열 대통령은 기업을 우선해야 중산층과 서민에게 도움이 된다는 말을 여러 번 했다. 그러고는 법인세 최고세율을 25%에서 22%로 깎았다. 문재인 정부에서 과세표준 3,000억 원 초과 구간을 신설하고 최고세율을 22%에서 25%로 올린 것에 역행한 정책이다.

낙수효과라는 말은 그럴싸하게 들린다. 윗물이 넘쳐야 아래로 흘러내린다는 논리다. 대기업들과 부자들의 소득이 늘어나면 투자와 소비도 늘어나서 일자리 확대와 경제 회생이 된다고 한다. 이명박 정부와 박근혜 정부 때도 비즈니스 프렌들리와 줄푸세(세금은 줄이고 규제는 풀고 법질서는 세우자)를 이야기하면서 낙수효과를 내세웠다. 가장 먼저 법인세부터 낮추고 부유층을 위한 소득세, 상속과 증여세, 종부세 등을 인하하고 규제도 대폭 풀었다. 그러나 달콤한 말과 달리 그 효과는 거의 나타나지 않았다.

기재부는 지난 2019년에 미국 의회 조사국에서 만든 자료인 〈2017년 미국 감세효과에 대한 보고서〉를 인용해 낙수효과를 반박한 적이 있다. 미국의 500대 기업을 분석한 자료인데, 감세 조치를 해도 기업의 투자는 그다지 증가하지 않았으며, 정작 기업은 보유 현금의 80%를 주주에게 배분했다. 즉, 실질적 투자는 20%만 하고 그들만의 돈 잔치를 한 셈이다. 결국 경제성장에 기여한 바가 미미했으며, 노동자의 평균 임금은 오르지 않았다는 사실이 입증됐다. IMF도 상위 20%의 소득이 1%p 늘면 경제성장률은 0.08%p 하락하고, 하위 20%의 소득이 1%p 상승하면 경제성장률은 0.38%p 증가한다는 내용의 정례보고서를 냈다.[10]

그런데 정권이 바뀌자 기재부는 입장을 바꿨다. 앞서 낙수효과를 반대했을 때 들었던 실질적 사례와 근거가 아니라 "법인세 인하는 투자 확대와 일자리 창출을 유도하고 세수 기반을 확대할 수 있는 장치"라는 주장만을 앞세웠다. 그러나 미국 의회와 IMF의 보고서에서도 알 수 있듯이 낙수효과는 별다른 효과를 거두지 못했다. 노벨경제학상을 수상한 조지프 스티글리츠도 낙수효과를 허상이라고 비판했

---

10) "Causes and Consequences of Inequality: A Global Perspective," IMF. 2015. 6

다. 우리나라도 압축 성장 시대에는 낙수효과의 혜택을 보기도 했지만, IMF 외환위기 이후에는 그 효과를 누릴 수 없게 됐다는 것이 전문가들의 대체적인 의견이다.

글로벌 공급망에서 벗어날 수 없는 한국의 경제 구조도 낙수효과를 기대하기 힘들게 한다. 해외에 진출한 대부분의 기업은 현지화 또는 해당 국가의 요청에 따라 그 나라의 기업 부품을 써야 할 때가 많다. 이 말은 국내 대기업의 매출이 늘어나더라도 그 윗물이 국내 중소기업으로 온전히 흘러가는 구조가 아니라는 뜻이다. 경제의 선순환에 도움이 되지 않는 낙수효과 논리가 부익부 빈익빈 정책을 옹호하는 수단으로 더는 악용되지 않기를 바란다.

윤석열 정부가 말하는 Y노믹스는 낙수효과의 강조 말고는 실체가 불분명하다. 마치 박근혜 정부 때 구호만 요란했던 줄푸세를 연상케 한다. 준비되지 않은 대통령과 집권 세력의 한계가 드러나는 것 같아 걱정스럽다.

더 우려스러운 점은 겨우 싹을 틔우고 성장 동력으로 삼은 벤처스타트업 업계에 대한 투자 축소다. 문재인 정부는 들어서자마자 추경예산에서 8천억 원을 벤처 투자 모태펀드의 재원으로 마련했다. 말뿐인 낙수효과보다 실제로 혁신적인 벤처 스타트업을 지원하는 실용적인 경제 정책을 펼쳤다. 또한 '비대면중소벤처기업육성법'으로 비대면 경제라는 새로운 경제 환경을 주도할 수 있는 동력을 마련하려 하기도 했다.

나는 중기부 장관으로 취임할 때 2025년까지 6조 원 규모의 '스마트대한민국펀드'를 조성하겠다고 약속했다. 한국판 뉴딜을 상징하는 대표 펀드로 비대면과 바이오, 그린 뉴딜 분야에 집중한 펀드다. 취임 100일 만에 네이버나 넷마블과 같은 기업이 멘토 기업으로 참여했고, 1조 6,000억 원의 재원 결성을 달성했다. 2021년 한 해만 봐도 코로나19의 장기화라는 불리한 상황에서도 벤처 투자가 역대 최대 실적인 7조 6,802억 원을 기록했다. 종전 최대 실적인 2020년의 4조 3,045억 원보다 무려 3조 4,000억 원 정도가 늘어난 것이다. 내가 장관으로 재직할 때 투자 확대와 관련해 이런 괄목할 만한 성과가 나와 보람이 더욱 컸다.

그러나 앞으로는 우리나라뿐만 아니라 전 세계 경제가 벤처를 새로운 경제의 중심으로 보고 투자를 확대하는 추세도 함께 고려해야 한다. 즉, 우리만 뭔가 새로운 성장 동력을 마련해 앞으로 치고 나간다고 낙관해서는 안 된다. 게다가 우리나라가 벤처기업 투자가 활발한 다른 나라처럼 투자 관련 제도 등과 같은 벤처투자 환경이 글로벌 기준에 맞는지 냉철하게 들여다봐야 한다. 아직도 국내 벤처 투자는 부족한 실정이다. 그래서 나는 벤처 생태계의 경쟁력을 확보하기 위해 실리콘밸리처럼 복합금융과 복수의결권 도입 등 제도적 보완을 하려 노력했다. 수도권에 몰린 벤처 투자가 비수도권으로도 갈 수 있도록 지역 투자 확대도 꾀했다.

이런 노력 덕분인지 장관 재임 중에 종종 들은 말이 "자금은 부족하지 않다."였다. 돈이 부족하지 않다는 것은 연구개발과 인적자원 확보에 유리하다는 뜻이기도 하다. 실제로 인재가 모이고 좋은 아이

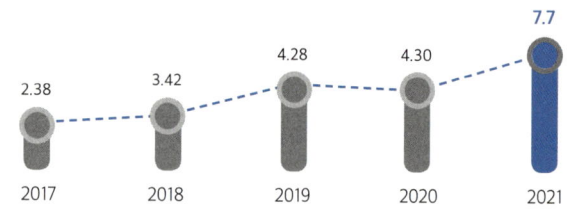

[그림1-8] 문재인 정부 기간 중 신규 벤처 투자 금액. (출처: 중소벤처기업부 장관 권칠승 활동백서)

템만 있다면 열심히 연구개발을 할 수 있을 정도로 돈이 부족한 업계는 아니라는 평가를 들었다.

재원 확보와 확보된 재원의 원활한 순환, 이 수레의 두 바퀴를 잘 돌아가게 하는 것이 최우선이다. 벤처 투자를 하다 보면 수억, 수십억 원의 돈을 날리는 일이 왜 없겠는가. 개별적 손해에 대해 책임을 묻고 규제를 만들기 시작하면 벤처 투자 업계의 역동성은 사라지게 될 것이다. 미지의 분야에 대한 공격적 투자, 실패의 축적, 그리고 성공이라는 비전을 놓쳐서는 안 된다. 최소한 정부는 이 부분에 있어 인내심을 가지고 긴 호흡으로 업계를 바라봐야 한다.

윤석열 정부가 들어선 뒤에 발생한 각종 참사나 경제 정책에서 보여 준 정부의 부실한 대응이나 책임지지 않는 자세에 대한 비난의 여론이 높다. 특히 전 정부 탓을 하는 경우가 가장 심각한 문제로 보인다. 공무원들에게 무슨 문제가 생기면 이런저런 면피할 명분만 찾는 부작용이 나타나는 것 같아서 우려스럽다. 국제 정세나 국내 환경을 보면 대한민국의 경제는 매우 심각한 위기에 처해 있다. 경제 살리기에 정부가 적극적으로 마중물이 되어야 한다. 더 늦기 전에 국회와 협의하고 야당과 대화하며 국가 경제와 국민의 삶을 돌봐야 한다. 그것이 정부가 해야 할 의무이자 과제다.

정부는 혁신생태계의 마중물을
마련해야 한다

문재인 정부는 촛불혁명으로 집권했고 적폐 청산이라는 시대적 과제를 수행했다. 그러나 그동안 계획했던 국가성장전략을 폐기하는 방향은 아니었다. 합리적이고 성장성이 보이는 정책은 계속 이어갔다. 창조경제혁신센터의 운영이 대표적인 사례라 할 수 있다. 이는 전 정권의 대표적인 경제 정책 중 하나였다. 들리는 이야기로는 정권이 바뀌자 이 센터와 관련된 정책의 운명도 끝났다는 말이 많이 돌았던 모양이다. 그렇지만 문재인 정부는 지역경제와 벤처 스타트업의 생태계를 활성화하고 키우는 것이 옳다고 판단했다. 그래서 이름조차도 바꾸지 않고 그 정책을 이어가고 확대했다.

창조경제혁신센터는 중기부 소관이다. 전국에 걸쳐 19개 센터가 있는데, 센터장들과 간담회를 한 적이 있다. 2022년 1월이었다. 창조경제혁신센터는 당시 기준으로 벌써 7년의 역사를 가진 기관으로 성장했다. 그때 보니 센터장들이 자질이나 경험에서 모자람이 없었다. 모두 역량 있는 분들이었다. 창조경제혁신센터도 지역의 혁신 창업 허브 기능을 충실하게 수행하고 있었다.

나는 간담회에서 창조경제혁신센터의 중요성을 새삼 강조했다. 특히 7년이라는 기간에 주목했다. 보통 7년은 창업기업이 자생력을 갖춰 나가는 업력 기준과 일치한다. 이때부터 기업은 본격적으로 성장성과 경쟁력을 갖추게 된다. 창조경제혁신센터도 그럴 시기가 됐다. 지역의 창업기업이 성장할 수 있도록 투자 생태계 조성과 공공 엑셀러레이터라는 역할에 더욱 충실해 달라고 부탁했다. 그리고 또 한 번 기관의 역할을 업그레이드해 지역적 한계를 벗어난 광역권 특화사업 발굴 등 센터의 경쟁력을 높이도록 해 달라고 당부했다. 이전 정권의 색채라고 해서 무작정 지우거나 그러지 않았다.

이런 사례는 또 있다. 박근혜 정부 때 팁스TIPS, Tech Incubator Program for Startup라는 것을 만들었다. 이 프로그램은 세계시장을 선도할 수 있는 기술 아이템을 보유한 창업기업을 집중적으로 육성하는 민간 투자 주도형 기술창업 지원 프로그램이다. 세계무대에 진출하려는 기술력을 갖춘 유망한 창업기업에 도전의 기회를 제공하려고 만든 제도다. 벤처 업계에서 성공한 벤처인 중심의 엔젤 투자사와 초기 기업 전문 벤처캐피탈, 기술 대기업 등 민간 투자기관을 '팁스 운영사'로 지정한다. 투자뿐만 아니라 보육과 멘토링을 해 주고 연구개발 자금까지 연결해 지원한다.

팁스는 2013년부터 운영했다. 열정적인 중기부 직원이 그 일에 매달려 우리나라에 도입해 정착시킨 제도다. 부처의 권한을 내려놓고 민간의 자율성과 효율성을 정책에 반영시키는 방안을 과감히 도입한 것이다. 아마 그 직원에게는 일의 성패에 따라 발생할 수 있는 책임소재에 대한 불안감도 있었을 것이다. 그러나 정책은 영속성을 가지고 추진됐다. 정권이 바뀐 뒤에 바꾸지 않고 오히려 키워 나갔다. 지금은 대표적인 기술창업 육성 프로그램으로 자리매김했다.

나도 이 정책에 관심을 많이 가졌다. 2021년 3월에 벤처 업계 협회장 간담회를 하면서 팁스의 확대 발전을 제안받은 적이 있었다. 그때 나는 중기부도 아직 창업 단계에 있는 부처라고 이야기하면서 혁신성과 신속성으로 정책 현장에 뛰어들 테니 현장의 고충과 제안을 들려 달라고 했다. 그러자 로컬 팁스를 만들어 비수도권의 창업기업을 돕는 방안이나 자연스럽게 투자의 기회를 넓히는 시스템의 확립 등 여러 요구와 아이디어가 쏟아졌다. 이제 팁스 2.0으로 업그레이드 하자는 주문이었다. 나는 그 자리에서 약속했다. 팁스 2.0을 중기부의 정책 브랜드로 살리겠다고 말이다. 제도의 연속성과 더불어 확대 발전시키는 것이 더 중요하다고 봤기 때문이다.

나는 전 정권의 대표적인 정책을 이어서 하는 것에 전혀 부담이 없었다. 오히려 그 일을 제대로 이어받아 성과를 키우고 발전시키면 현 정부의 성과도 되고, 좋은 것은 가져다 써야 당연한 일 아닌가? 혹시 사장된 정책이 없는지 찾아볼 정도였다. 팁스의 업그레이드

팁스타운에 입주한 업체 스케치소프트를 방문해 3D 스케치북을 체험했다

도 마찬가지다. 그 고민 끝에 나온 것이 '투자형 R&D' 정책이다. 이 정책은 민간 투자시장의 기업 선별, 육성 역량과 자본력을 적극적으로 활용하자는 것이다. 벤처캐피탈이 선투자한 기업에 대해 정부가 매칭해 지분 투자하는 연구개발 지원방식을 뜻한다.

　나는 취임 전부터 진행됐던 1년 동안의 운영 상황을 점검한 뒤 이 정책을 확대 개편했다. 먼저 2025년까지 중기부 전체 연구개발예산의 10% 수준까지 확대해 제조와 하드웨어 분야의 기술 유망 중소벤처기업에 집중적으로 지원하도록 했다. 더불어 지분투자 방식뿐만 아니라 정부 출연 방식으로 지원하는 투자연계형 팁스도 함께 확대해 2025년까지 투자 방식 연구개발을 전체 30%까지 강화하겠다고 했다. 또한 그동안 벤처캐피탈 투자에서 상대적으로 소외된 제조와 하드웨어 분야의 기술집약형 중소벤처를 대상으로 투자형 R&D의 80% 이상을 집중적으로 지원해 기업의 숨통을 틔울 수 있도록 하겠다고 밝혔다.

두 번째로는 연구개발 혁신 도전 프로젝트를 출제·공모해 정책지정형으로 과감하게 지원하도록 했다. 성공 확률이 높은 연구개발 프로젝트에만 주목할 것이 아니라 실패 확률이 높은 프로젝트에 지원 한도를 대폭 확대한다는 취지다. 사실 실패 확률이 높다는 것은 검증되지 않은 새로운 시장과 기술의 선도적 진출과 개발을 뜻하기도 한다. 성공하기 어렵지만, 성공만 한다면 퍼스트 무버 first mover가 될 수 있기 때문에 적극적으로 밀어줄 필요가 있다.

세 번째로는 기존의 일회성 과제 단위 신청을 운영사 방식으로 전환해 전문성의 축적과 관련 생태계의 성장을 꾀할 수 있도록 했다. 투자형 R&D 지원과제 중에서 50%를 팁스와 같은 운영사 방식으로 전환해서 유망기업을 꾸준히 발굴할 수 있는 동기를 부여하고, 이런 지원 경험의 축적으로 생태계가 성장할 수 있도록 뒷받침하는 것이다.

이 밖에도 인센티브 확대나 콜옵션 부여 대상의 탄력적 적용, 개발비 인정 범위 확대, 신속한 평가와 실시간 소통 등 지원의 효과와 효율성을 높이는 것을 목표로 했다. 이렇게 제도를 계승하고 확대 발전시켜 기술집약형 유망 중소벤처기업이 도전과 혁신으로 성장할 수 있는 투자 기반 연구개발 혁신생태계를 활성화하려는 정책을 내놓았다.

　나는 이처럼 민간의 전문 역량과 자본을 적극적으로 활용하는 데 주력했다. 시장친화적인 기업 지원을 통해 지속해서 성과가 창출될 수 있도록 했다. 혁신을 일으킬 수 있는 생태계를 만들어 주는 것이 정부의 입장에서는 가장 중요하다. 자금과 제도 지원 등을 어떻게 할지를 결정하고 분위기를 조성하는 것이 정부의 역할이다. 실제로 기술혁신은 전문가들이 해야 한다. 그런데 대기업 중심으로만 할 수가 없다. 오히려 이런 시도는 중소벤처기업이 더 잘 할 수 있다. 필요 없는 낭비 요소를 없애고 소량 생산 등의 기민한 구조로 움직이는 린^{lean} 방식이나, 요즘 유행하는 애자일^{agile}, 즉 민첩하게 운영하면서 개발 과정에서 수시로 유연하게 변화를 꾀하는 방식은 덩치 큰 공룡과 어울리지 않는다. 그래서 소단위 기업에서 많은 기술혁신을 하고 있다. 물론 대기업이나 대자본의 경우, 대규모 투자가 필요한 아이템을 발굴해 인수합병이나 제휴 등을 통해서 상품화와 산업화를 하는 데 큰 역할을 할 수 있을 것이다. 그런데 초기 단계에서 과감하게 시도하는 혁신적 활동을 기대하기가 힘들다.

　앞서 말했지만, 이전 정부의 정책이라고 해도 이어가고 발전시킬 것은 현 정부가 오히려 더 적극적으로 나서야 한다. 그래야 정책의 일관성도 갖출 수 있을뿐더러 국가 경제의 미래도 발전적으로 그려 갈 수 있다. 성과가 나오면 당연히 그 당시 정부의 공으로 평가받기 마련이다. 이런저런 불필요한 걱정을 할 이유가 전혀 없다.

　그런데 최근 경제지의 헤드라인은 '72% 감소한 벤처 투자', '바이오, 커머스 추락' 등 벤처 투자가 급감한 사실에 대한 우려가 주를 이루고 있다. 한 기업인은 언론사 인터뷰에서 "투자는 심리다. 투자심리가 들도록 하는 것은 정부의 역할이 아니냐?"라고 반문하면서 "어떻게 (벤처 투자가) 60% 줄어들 때까지 아무것도 하지 않을 수 있냐. 예전 같았다면 정부가 업계 관계자들과 여러 차례 머리를 맞대고 투자 활성화 대책을 냈을 것"이라고 말하기까지 했다.[11]

  벤처 투자는 미래를 위한 투자일 뿐만 아니라 생태계를 조성하는 기반을 다지는 일이다. 일부 경제적 상황이 나빠졌더라도 급격히 투자를 축소하면 생태계 자체가 파괴될 우려가 있다. 아무쪼록 정부는 이 부분에 다시 한번 관심을 가지고 지원하기를 바라며, 벤처스타트업 업계는 어려운 상황이라고 낙담하지 말고 반드시 살아남아 성공의 신화를 써 나가기를 빈다.

---

11) https://v.daum.net/v/20230418050016262?x_trkm=t

동북아의 균형자 역할을 할
경제적·정치적 역량이 필요하다

지난 2019년 여름, 무더위를 더 끓게 만드는 뜨거운 분노가 우리나라를 달구었다. 일본이 우리나라 대법원의 강제징용 배상 관련 판결과 관련해 감정적으로 대응하면서 한일 관계가 급속도로 냉각되던 시기였는데, 일본이 기어이 한국을 백색국가 리스트에서 지워 버리고 말았기 때문이다. 백색국가는 일본이 안보의 문제가 없다고 판단하는 안보 우방 국가를 뜻하며, 백색국가로 지정되면 제품을 수출할 때 허가 절차 등에서 우대를 해 준다. 일본은 2019년 7월 4일부터 반도체와 디스플레이 생산에 필요한 필수 품목의 한국 수출 규제를 강화했다.

그리고 8월이 되자, 일본은 한국을 아예 백색국가 리스트에서 제외했다. 대법원 판결에 대한 감정적 대응을 넘어 경제침략이라 부를 수 있을 정도의 공격적 조치를 취한 것이다.

처음에 일본은 일제강점기 때 강제징용에 대한 한국 대법원의 판결을 이유로 내세웠지만, 이후 계속 말을 바꾸었다. 한국의 전략물자 밀반출과 대북 제재 위반 의혹, 수출국으로서의 관리 책임 등을 내세우며 일본 정부의 조치를 정당화하려고 시도했다. 한국 정부는 감정적 대응으로 일관하지 않고 꾸준히 일본에 대화를 요청했다. 그러나 그때마다 일본 정부는 우리의 대화 요청을 외면했고 점점 더 막무가내로 대응했다. 대한민국을 대하는 일본 당국자들의 생각은 여전히 과거 식민통치 때와 다르지 않다고 느꼈다. 워낙 상식을 넘어선 일본의 대응에 놀랄 수밖에 없었다.

이런 상황에서 잠자코 있을 수만은 없었다. 당시 더불어민주당 당 소속 의원 중에서 독립운동가 후손들이 모여 기자회견을 하기로 했다. 당에서 일본경제침략대책특별위원회 산업통상분과장을 맡고 있었던 나는 회견장에서 이렇게 말하며 굳은 결의를 다졌다.

"대한민국 국민을 대표하는 국회의원의 한 사람이자 독립지사의 후손으로서 100년 전 만행이 다시 재현되지 않도록 막기 위해 모든 것을 다 바치겠다."

한 나라의 국회의원으로서 가져야 할 책임감과 더불어 개인적으로도 독립운동가인 외조부님의 뜻을 이어 일본의 경제침략에 맞서야 한다는 투지가 가슴속에서 끓어올랐다. 외조부이신 황보선 선생은 일제강점기 때 학생 독립운동을 하다가 옥고까지 치렀던 분이다. 경술국치에서 한 세기가 지난 현재 시점에서도 여전히 일본의 반성 없는 오만한 모습을 보시면 독립운동가들께서 얼마나 원통해하실까.

일본의 외무상은 "한국이 역사를 바꿔 쓰려고 한다면 그것은 불가능하다."라는 망언을 서슴지 않았다. 그들은 백색국가 제외와 핵심 부품 수출 규제로 한국을 무릎 꿇게 할 수 있다는 자신에 차 있었다. 마치 100여 년 전에 이 땅을 강탈했을 때처럼 말이다. 우리가 속수무책으로 당할 수밖에 없을 것이고, 급기야 백기를 들고 투항할 것이라고 예상했을 터다. 더군다나 국내에서도 일본의 경제침략에 부응이라도 하듯이 정부의 대응을 비난하는 일부 세력이 연일 목소리를 높이고 있었다. 그들은 100년 전에 머물러 있었는지 모르지만, 국민들은 달랐다. 일본 제품에 대한 불매운동을 전국적으로 확산시키며 의지를 불태웠다.

한국과 일본은 아픈 과거사를 갖고 있지만 경제 문제에서는 정경분리의 원칙을 지키며 모범적인 국제분업 형태를 유지하고 있었다. 반도체 분야는 더더욱 그랬다. 그런데 일본이 기습작전하듯이 신의성실의 기본 원칙을 어기고 우리의 목줄을 위협했다. 사태 초기만 하더라도 우리 정부는 대화로 문제를 해결하려 했다. 상황이 매우 급박하게 돌아가고 있었고, 예상하지 못한 그들의 전격적인 백색국가 리스트 제외 조치에 정부는 산업통상자원부 공무원들을 일본에 급히 보냈다. 그러나 일본은 이 공무원들을 회의장에서 만나지도 않았고, 외교의 격에 맞지 않는 직원들이 복도에 나와 우리 공무원들을 대했다. 원래 격식이나 의전을 따지는 일본의 관례를 고려해 보면 의도적 행동임이 분명했다. 게다가 우리 대기업의 수장이 이 문제를 해결하기 위해 갔을 때도 찬밥 신세를 면치 못했다고 한다. 일본은 우리가 완전히 머리를 숙이고 두 손 두 발 다 들기를 바랐던 것이다.

명백히 부당한 경제 제재인데도 아이러니하게도 우리 정치권과 언론 일부에서는 연일 일본이 아니라 우리 정부를 비난했다. 강제징용 같은 문제로 일본과 다투면 안 된다고 말이다. 이들은 도대체 어느 나라 사람인가 싶었다. 강제징용과 관련해 일본의 주장을 받아들이면 일본의 조선 지배를 합리화해 주는 꼴이 아닌가? 우리 정부와 국민들로서는 절대 받아들일 수 없는 내용이다. 일본의 백색국가 제외 조치로 인해 자칫하면 국론마저 분열될 판국이었다. 마침내 문재인 대통령은 더는 양보할 수 없다는 판단으로 '기술 독립'을 선언했다.

당시 나도 일본의 행태를 보고 어이가 없었다. 국가 간에 갈등이 생긴다고 해도 정치와 경제는 구분하는 것이 상식이고 원칙이다. 과거사와 관련된 외교 갈등만으로 실질적인 경제적 피해를 자초하는 일은 국제관례를 따져 봐도 매우 이례적이었다. 아주 큰 출혈을 감당해야 하기 때문이다. 정치와 경제의 구분은 자유무역을 하는 국가들이 암묵적으로 지켜왔던 규칙이 아닌가. 더욱이 3권 분립 국가에서 사법부의 판단을 행정부에 해결하라고 강요하는 것은 있을 수 없는 일이었다. 나는 이런 과정을 통해 일본은 과거 역사 문제에 대해 반성하거나 입장을 수정할 생각이 전혀 없다는 점을 확신하게 됐다.

강제징용 문제를 경제적으로 압박해 해결하려는 이유는 급속

더불어민주당 일본경제침략대책특위가 주최한 국내 소부장 산업 육성 긴급좌담회에 참석했다

도로 진행되는 일본의 우경화라는 그들 내부의 정치적 사정 때문이라는 것이 정설이었다. 어쨌든 결과적으로 일본의 백색국가 제외 조치는 우리가 결단을 내리는 계기가 됐다. 기술 독립이라는 과제를 국가적으로 안게 됐고, 나는 더불어민주당 일본경제침략대책특별위원회 산업통상분과장으로서 산업통상자원부와 함께 동향을 살피며 협업했다. 그때 산업통상자원부는 다행히도 단계적으로 실행할 수 있는 대책을 잘 세워 침착하게 대응했다. 국내의 소부장(소재·부품·장비) 기술과 기업의 현황을 분석했을 뿐만 아니라 관련 기업들과의 간담회 등을 통해 실질적 기술 독립이 가능한지 재빨리 판단했다. 그 결과는 정부와 기업이 협업만 잘 한다면 수입하고 있는 소부장의 대체가 가능하다는 결론이었다. 그래서 '소부장 강소기업 100 프로젝트'와 같은 기술 독립을 위한 대책을 추진할 수 있었다.

사실 당시 상황은 상당히 심각했다. 아무리 기술 독립을 외치고 일본의 망언과 비상식적 행태를 규탄한다고 해도 실제로 기술적 독립, 혹은 대안을 마련하지 못한다면 메아리가 퍼지지 않는 아우성에 불과할 뿐이었다. 우리가 이 부분과 관련해 어느 정도까지 의사결정을 할 수 있는지 면밀하고도 냉정하게 살펴봐야 했다.

일본 정부의 조치는 자국 기업들에게도 막대한 피해를 주는 상황으로 몰고 가는 일이었다. 반도체 부품과 관련한 일본 기업들에 한국은 가장 큰 수요처였다. 그래서 일본 정부의 규제 조치가 나왔을 때 일본 기업들도 엄청나게 반발했다. 경제란 원래 이렇다. 주고받는 것이다. 일방적 관계는 있을 수 없다. 그러나 갈수록 경색되는 한일관계에 대응하다 보니 대책을 세우며 버티기에 들어가는 국면이 되고 있었다.

사태의 시작은 일본의 백색국가 리스트 제외 및 반도체 소부장 수출 제제였지만, 문재인 정부가 이 문제를 국가적 차원에서 대응해야겠다고 결심한 이유는 또 있었다. 중국의 천인계획, 대국굴기, 중국제조 2025 등으로 인해 발생한 향후의 국가 간 협업구조 변화도 고려했다. 중국은 2008년부터 과학기술 분야 고급 인재 유치를 통해서 세계 최고 과학 강국을 만들겠다는 천인계획을 추진했고 2015년부터는 핵심기술, 부품 및 기초소재의 국산화율을 2025년까지 70%로 끌어올리려는 중국제조 2025를 추진하고 있다. 특히 중국제조 2025에 대해서 독일의 중국 연구 기관인 메릭스 MERICS, The Mercator Institute for China Studies는 한국 경제가 가장 큰 타격을 받을 것으로 분석한 바 있다.

한국은 지정학적인 특성상 미국, 러시아, 중국, 일본의 영향을 받을 수밖에 없다. 특히 인접 국가인 중국과 일본은 정치와 경제, 문화 등 여러 분야에서 아주 밀접한 관계를 맺고 있다. 그러나 원교근공遠交近攻이라는 외교의 대원칙을 보더라도 일본과 중국에 의존적이거나 굴종해서는 안 된다. 그러기 위해서는 균형자 역할을 할 역량을 경제적으로도 갖춰야 하는데 그 기반은 기술력에 있다. 그래서 '기술독립'을 표방한 것이다.

지금도 일본과 중국의 틈바구니에서 고전을 겪는 상황은 크게 달라지지 않았다. 오히려 윤석열 정부가 들어선 뒤에 한미일 삼각동

맹과 중국이라는 과도한 대결 구도를 고집하면서 더욱 위태로운 상황이 만들어지고 있다. 문재인 정부 때는 일본의 반도체 소재 분야 수출 제재, 중국의 산업구조 변화 등에 대응할 수 있는 국가적 전략이 필요했고, 그것이 '기술 독립', 특히 '소부장'에 대한 기술 독립이었다. 이처럼 국가의 현재와 미래를 대비하는 것이 정부의 존재 이유다. 그런데 소부장의 기반을 갖추게 하는 과학기술 분야의 연구개발 예산을 대폭 삭감하는 이 정부는 도대체 어떤 미래를 그리고 있는지 우려스럽다.

경제와 관련한 외교 문제도 심각하다. 지금 국제적으로 공급망 자체가 불안해진 이유는 미국과 중국 간의 갈등 때문이다. 예컨대 반도체를 둘러싼 패권 경쟁만 해도 민간기업과 시장만의 문제로 볼 수 없다. 21세기 패권 전쟁의 핵심은 이제 석유보다 반도체라는 말이 있다. 4차 산업혁명과 디지털 전환에 성공하려면 반도체가 있어야 한다. 그런데 이 반도체 패권 다툼에서 미국은 일본과 대만을, 중국은 자립을 이야기한다. 한국은 그 틈바구니에 끼어 있다. 미국이나 일본, 대만, 중국 등은 우리와 협력과 경쟁을 동시에 하는 나라들이다. 어느 한쪽으로 쏠릴 수 없다.

미국이 중국을 압박하고 봉쇄하기 위해 일본과 대만, 그리고 우리나라를 묶어 칩^{Chip}-4라는 반도체 동맹을 만들겠다고 나섰다. 반도체가 경제와 안보에 직결한다는 논리로 새로운 갈등 전선을 만들고 있다. 중국은 이에 굴하지 않고 자립하겠다면서도 한국의 대응을 지켜보는 중이다. 복잡하게 얽힌 사안만큼이나 우리의 계산도 골치

아프게 됐다. 한국의 반도체 수출 중 40%가 중국 시장이다. 그런데 우리의 대응은 그렇게 시장이 중요하다고 하면서 시장 논리가 배제된 철 지난 이념의 외교에 치우쳐 매우 우려스럽다. 그 피해는 고스란히 국내 기업으로 갈 것이 분명하다. 최소한 표면적으로는 이념이나 가치가 아니라 정경분리의 원칙을 주장해야 하지 않을까? 우리 경제의 앞날에 먹구름이 짙게 드리워진 듯해 걱정이다.

글로벌 시장과 외교는 단기적 이익과 시각으로 바라봐서는 안 된다. 이미 우리나라는 선진국의 반열에 올라섰기 때문에 더욱 중장기적으로 미래를 내다보고 정책을 펼쳐야 한다. 가치외교보다는 실리외교를 앞세워야 한다.

정부는 경제위기가 올 때
제대로 방향을 잡아야 한다

문재인 정부 때 일본이 수출 규제를 한 품목은 반도체 생산에 절대로 빼놓을 수 없는 필수 소재 세 가지였다. 그것은 불화수소[12], 플루오린 폴리이미드[13] 그리고 포토레지스트[14]이다. 이 중에서 하나라도 없으면 반도체 생산은 멈출 수밖에 없다. 이 3종의 수급을 어떻게 마련할 수 있을지가 문제 해결의 핵심이었다. 그중에서도 플루오린 폴리이미드가 가장 골칫거리였다. 자체적으로 생산해 방어하기가 좀 어렵지 않을까 하는 우려가 컸던 것이 사실이다.

그렇지만 이번에 이런 식으로 끌려가면 앞으로 일본에 대해서는 어떻게 해볼 수 없다는 위기감이 팽배했다. 또한 대한민국이라는 국가의 자존심도 걸려 있는 문제였다. 그래서 당에서 대책 회의를 주최해 관련 있는 대기업들과 중소기업들이 한자리에 모이게 했다. 그때 당시 중소기업을 대표하는 분들은 한목소리로 말했다.

"대기업에서 사용해 준다면 금방 만들어 낼 수 있습니다."

우리 중소기업들은 자체 기술력으로 짧은 시간 내에 관련 품목을 만들어 낼 수 있다는 자신감을 보여 줬다. 그런데 만들어 내도 정작 대기업이 사용하지 않으면 곤란하다는 것이었다. 개발비도 많이 들어가는 마당에 대기업과의 상생 협력 관계가 보장되지 않으면 기술 독립은 요원할 수밖에 없었다.

대기업들은 그들대로 고려해야 할 사정이 있었다. 그동안 일본에서 수급되던 품목은 안정성이나 리스크 관리 등이 검증된 것들인데, 과연 국내 중소기업의 기술력은 어떨지 불안한 구석이 없지 않았다. 그래서 이런 위험을 관리하거나 분산할 방안을 정부가 어느 정도는 함께 감당해야 한다고 요구했다.

대책 회의를 통해 중소기업들의 긍정적 태도를 확인한 것은 큰 성과였다. 구체적 해법을 마련할 수 있다는 희망을 볼 수 있었다. 중소기업과 대기업, 국가의 삼박자가 맞아떨어지면 일본의 경제침략에 대응이 가능하다는 생각이 들었다. 어디 그뿐인가. 지금까지 일본에

---

12) 불화수소: 불산플루오르화수소. 독성이 강한 부식성 기체로서 반도체 제조 공정 중 회로의 패턴을 형성하는 웨이퍼의 식각etching과 세정cleaning 공정에 사용되는 소재다.
13) 플루오린 폴리이미드: 불소처리를 통해 열 안정성과 강도 등의 특성을 강화한 폴리이미드[PI] 필름으로 플렉서블 OLED용 패널 제조에 필요한 핵심소재다.
14) 포토레지스트: 반도체 원료인 웨이퍼wafer 위에 도포하는 '감광액'이다. 빛을 조사하면 화학 변화를 일으키는 수지를 말하며, 자외영역紫外領域에서 가시영역可視領域 파장까지의 빛에 반응해 용해, 응고의 변화를 일으킨다. 웨이퍼에 포토레지스트를 칠하고, 노광露光장치로 IC의 회로 패턴을 소부해 약품으로 현상하면 빛이 닿은 부분 또는 닿지 않은 부분만 포토레지스트가 남는다.

다소 의존적이었던 기술력을 독립시킬 수 있는 절호의 계기를 마련한 셈이었다. '위기는 기회'라는 말이 저절로 떠오르던 순간이었다. 국가적 위기를 맞아서 대기업과 중소기업이 협업하고, 또 국가가 보호하는 상생과 협력의 모델을 실현할 수 있었다. 말 그대로 삼위일체였다.

싸움은 일본이 건 모양새였지만, 판의 흐름은 미묘하게 흘러갔다. 우리나라도 이제 호락호락한 나라가 아니었다. 3050클럽[15]에 진입한 내로라하는 강대국이 아닌가. 지난 2021년 5월에 산업연구원이 발표한 〈한국 제조업 경쟁력, 코로나19 경제위기 버팀목〉이라는 보고서에는 유엔산업개발기구^{UNIDO}가 2018년의 지표를 가지고 매긴 순위가 나오는데, 세계 제조업 경쟁력 지수에서 한국이 독일과 중국에 이어 3위를 기록했다. 그러니까 일본이 수출 규제를 했을 당시에 우리는 이미 상당한 경쟁력을 갖춘 셈이었다. 이런 상황에서 일본이 걸어온 싸움에 백기투항을 할 이유도 명분도 없었다. 정부와 당은 이런 사정을 배경으로 제대로 방향을 잡아 기업과 함께 원활한 협업 체계를 꾸려 대응했고 성공했다.

우리나라는 그동안 오랜 세월 제조업에 많은 투자를 했다. 연구개발도 많이 했을 뿐더러 일본의 수출 규제와 같은 악재에도 좀처럼 흔들리지 않고 버틸 수 있는 역량을 갖췄다. 앞서 말한 '소부장 강소기업 100 프로젝트'는 중소벤처기업부가 담당했다. 나는 장관이 된 후에 일본의 수출 규제에 대한 대응을 넘어 글로벌 밸류체인 변화가

---

[15] 3050클럽: 1인당 국민소득 3만 불 이상, 인구 5,000만 명 이상인 나라를 뜻한다. 대한민국은 2018년에 전 세계에서 7번째로 3050클럽 국가가 됐다.

급속도로 이루어지는 환경까지 고려해 '소부장 강소기업 100+ 프로젝트'를 추진했다. 일본의 수출 규제와 글로벌 시장 환경 변화에 적극적으로 대응하고 경쟁력까지 키우겠다는 것이었다.

일본의 수출 규제 조치 이후 정부는 '100대 핵심전략품목'을 선정해 수입선을 다변화하고 지속적인 연구개발을 통해 핵심기술 확보를 추진하는 등의 전략을 세워 기술 독립을 꾀했다. 그리고 더 나아가 전략물자와 같은 밸류체인 핵심 품목 중에서 기술 확보가 어려운 분야는 글로벌 소재·부품·장비 기업에 대한 적극적인 인수합병으로 문제를 해결하겠다고 선언했다.

나는 '소부장 강소기업 100+'를 추진하면서 선정 분야도 확대했다. 기존에는 반도체, 디스플레이, 전기·전자, 자동차, 기계·금속, 기초화학 등 6개 분야였다. 여기에다 바이오와 그린에너지 분야인 환경 및 에너지, 비대면 디지털 분야인 소프트웨어와 통신 등을 추가했다. 이에 해당하는 자격 요건으로는 총 매출액 중에서 소부장 분야 매출액이 50% 이상이고 기술개발 역량도 보유한 기업으로 정했다. 기업 심사 과정에는 전 국민의 관심과 눈높이를 반영해서 호평받았던 '국민평가단'을 최종 평가에 참여시켰다. 그렇게 해서 추가로 선정한 20개 사를 비롯해 소부장 관련 강소기업 모두가 꾸준히 성장할 수 있도록 기술개발부터 사업화까지 전 주기 지원을 확대했다.

또한 연구소와 대학과 함께 공동연구를 수행하는 전략 협력 기술개발 지원에 나섰고, 투자형 기술개발도 본격적으로 확대했다. 혁신적이고 모험을 불사하는 기술개발을 지원했을 뿐만 아니라 글로벌

'소부장 강소기업100 현장 간담회'에 참석해 문제 해결의 강력한 의지를 천명했다

소부장 기업으로 성장할 수 있게 금융 지원도 했다. '혁신 기업 국가대표 1000'에도 강소기업을 추천하는 등 소부장 강소기업들이 우리나라의 기술 독립을 선도하는 기업으로 성장할 수 있도록 지원을 아끼지 않았다. 소부장 분야의 기술 자립도를 높이고 미래 신산업 창출에 기여할 수 있는 소부장 유망기업들이야말로 우리나라의 미래를 책임질 역군들이다.

지금 돌이켜보면 이런 일련의 과정이 마치 일사불란하게 이루어진 듯하지만, 당시에는 시끌시끌했다. 심지어 일본 전문가라든가 반도체 전문가를 자처하는 사람들은 일본과 이런 관계로 가면 안 된다는 말을 여러 매체와 경로를 통해 주장했다. 정치권도 예외는 아니었다. 일본과 척지면 안 된다며 자존심이 상하더라도 조금 굽히고 들어가야 한다는 말이 적잖이 나왔다. 그럴 때마다 당에서는 최재성 특위 위원장이 중심을 잘 잡아 주었다. 일본이 이렇게까지 나오는데 우리가 굽히고 들어가면 진짜 나라가 아니라고 했다. 처음부터 올곧게 이런 입장을 견지했고, 나 역시도 마찬가지였다.

외교관계에서 무작정 자존심을 세울 수만은 없다. 만약 우리나라가 전혀 대응할 수 없는 상황이라면 눈물을 머금고라도 실리를 챙기는 방안을 모색해야만 한다. 그러나 당시 일본의 조치는 진짜 경제 침략이었고, 여기서 우리가 물러서면 경제적으로 종속될 뿐만 아니라 정치적으로도 끌려갈 수밖에 없었다. 그리고 일본의 수출 규제 조치로 일어난 갈등과 기술 독립은 결과적으로 우리나라 경제사에 새로운 분기점을 만들었다.

가장 가까운 이웃 나라인 일본과 영원히 등을 돌린 채 서 있을 수는 없다. 그러나 다른 나라와의 관계와는 다르게 전개됐던 역사적 배경을 한순간에 없던 것으로 할 수는 없지 않은가. 이런 배경을 감안해서 훨씬 더 고민하고 양국의 관계 설정을 해야 한다. 위안부 문제나 강제징용 같은 문제를 이미 지난 과거의 일이라고 해서 묻어두자고 하면 어떻게 되겠는가. 일단 우리 국민부터 이를 용납하지 않을 것이다. 언제든 다시 살아나는 불씨가 되어 양국 관계는 진정한 화합의 길로 가지 못할 것이다. 일본과 진정한 선린관계를 맺기 위해서라도 우리는 위안부와 강제징용 문제와 같은 과거사에 대한 진정한 사과와 보상을 받아야 한다. 그리고 기술 독립과 같은 발전적 전략으로 양국이 대등한 위치에 서게 됐을 때 비로소 우호적 관계를 맺을 수 있다.

우리나라에도 일본이 그만큼 사과했으면 됐다고 하는 사람들이 일부 있다. 하지만 이는 일본의 논리일 뿐이다. 일본이 진심으로 사과했다면 독도를 자기네 땅이라고 그렇게 우길 수 있을까? 게다가 전범을 추앙하는 야스쿠니 신사에 매번 그렇게 참배하면서 이웃 나라를 불쾌하게 만들까? 주변 국가의 국민들을 불안에 떨게 만들면서까지 핵 오염수를 그렇게 방류할 수 있을까? 일본 교과서의 역사 왜곡만 보더라도 그들의 사과는 의심받을 수밖에 없다. 사과했다고 하더라도 뒤돌아서서 곧바로 사과를 취소한 것이나 마찬가지다.

일본의 경제침략에서 문재인 정부가 기술 독립을 선택해 새로운 분기점을 만들었듯이 정부는 위기 앞에서 방향을 잘 설정해야 한다. 그런데 지금 윤석열 정부가 하는 것을 보면 일단 방향을 모르겠다. 어디로 가는지, 어떻게 갈지가 불명확하니 외교에서 자꾸만 문제가 생긴다. 특히 한미일 동맹을 강화해야 한다고 하면서 일본의 해외파병을 용인함으로써 한미 동맹을 미일 동맹에 종속된 구조로 만든 것은 이해가 되지 않는다. 한미일 삼각동맹을 강화한다고 해도 일본은 보급기지, 한국은 파병이 가능한 군사력, 이런 식의 역할분담론을 반드시 주장해서 관철시켰어야 했다. 이것은 박정희 대통령도 지켰던 전략이고, 노무현 대통령이 주창한 동북아 균형자론의 필수적인 요소였다. 그런데 윤석열 정부는 모르는 것인지 안이한 것인지 일본의 해외파병을 쉽게 용인했다. 그리고 그 대가는 정치와 외교에 국한되지 않고 중국과의 경제 마찰 등으로 확대되고 있다.

요즘 일본과의 관계를 보더라도 안타까움을 금할 수 없다. 기껏 대등한 관계를 만들어 놓았더니 다시 예전으로 돌아가는 것이 아닌지 우려스럽다. 정상외교 개최와 관련해서도 한국은 하기로 발표했지만, 일본은 곧바로 그렇게 합의한 적이 없다고 했다. 얼마나 굴욕적인가. 그리고 복도에서 잠시 만나는 것이 정상외교이고 정상회담이라고 할 수 있는가? 그 이후에는 일방적으로 일본의 주장과 이익에 끌려 다니는 꼴을 보인다. 누구를 위한 정부냐고 성토하는 목소리가 높아지는데도 윤석열 정부는 귀를 닫고 막무가내로 밀어붙이고 있다.

비단 외교뿐만 아니다. 정부는 방향 설정 능력과 결단력, 그리고 실행력을 갖추어야 한다. 예를 들어 문재인 정부 때, 포항에서 지진이 나는 바람에 수능을 일주일 미룬 적이 있었다. 이는 아마 관료 집단에만 대책을 맡겼더라면 나올 수 없는 결단이었다. 이런 전대미문의 의사결정을 실행했는데도 아무런 문제없이 수능을 치를 수 있었다. 혹시라도 문제지가 유출됐다거나 했으면 그 후폭풍은 국가 신뢰도를 뒤흔들 만큼 거셌을 것이다. 그러나 결국 아무 문제없이 연기된 수능을 마무리해 내는 결단력과 관리력을 보여 주었다.

이런 의사결정은 그것을 추동해 내는 정치력이 뒷받침돼야 가능하다. 만약 어떤 문제가 생기거나 예상되면 그것을 책임지는 곳이 바로 정치권이다. 지도부, 즉 정무라인은 어떤 문제가 생기든 스스로 책임을 지겠다는 생각으로 결단을 내리고 실행해야 한다. 그런데 2022년에 벌어진 이태원 참사나 홍수 사태 때를 보면 모두가 책임 전가할 구실이나 찾고 도망가기 바빴다. 일은 벌어졌는데 책임질 위치에 있는 사람들은 아무도 책임지지 않고 있다. 이런 대형 사건에서 담당 실무 공무원들만 책임지는 전례가 굳어지면, 공무원 조직은 복지부동하게 되고 국정 운영은 더욱 어려워지게 될 것이다.

국민만 바라본다

좋은 민주주의는 국민을 위한 민주주의여야 한다.
정치와 정당이 국민을 위해 복무할 수 있도록 제도를 만들어야 한다.
당장 선거에 유리하다고 이목을 끌기 위한 정치를 하는 것은
근시안적일 수밖에 없고 민주주의의 근간을 뒤흔들 수 있다.
좋은 민주주의가 되기 위해서는 좋은 대표를 뽑을 수 있도록 제도를 개선해야 하고,
그에 알맞은 정당의 역할과 선거 방식에 관해 끊임없이 고민해야 한다.

Part 02

평화적 정권교체를
몸소 체험하다

내가 정치권에 첫발을 들인 것은 1997년 대선 때였다. 새정치국민회의 김대중 후보의 선거기획단에 실무자로 몸을 담았다. 당시 아는 선배의 권유로 그 일을 시작했는데, 그때 나이가 33살로 한창 청년이었다. 그리고 김대중 대통령의 국민의 정부 때 새정치국민회의, 새천년민주당 등 민주당 법통을 이은 정당에서 중앙당 사무처 직원으로 근무했다.

당시 우리나라 정당 문화는 지금과는 비교가 되지 않을 정도로 권위적이었고, 일하는 분위기도 다소 어수선한 느낌이었다. 처음으로 야당이 선거를 통해 수권정당이 됐는데도 내가 기대했던 뭔가 세련된 정당의 모습은 아니었다. 아마 당시 새정치국민회의라는 정당이 오랜 세월 야당만 하다 보니 투쟁 일변도의 정치 과정이 크게 작용했을 것이라 짐작했다. 당시 오랫동안 여당을 했던 한나라당도 크게 다르지는 않았을 것이다. 대기업에 다니다 정당에 가서 실무를 하려니 처음엔 적응하는 데 여러모로 어려움을 겪었던 기억이 난다.

1997년은 한국 사회를 뒤흔들었던 IMF 외환위기가 터진 해이기도 했다. 그만큼 나라가 혼란스러웠다. 그때 DJP연합(나중에 김종필에 이어 박태준까지 연합해 DJT연합이라고 불리기도 했다)까지 동원해 천신만고 끝에 우리나라 최초의 수평적 정권교체가 이루어졌다. 나는 1997년 대선에서의 정권교체가 오늘날 대한민국이 산업화와 민주화를 동시에 이루는 데 결정적 역할을 했다고 본다. 빨갱이라고 모략 당하는 것은 물론이고, 납치되어 목숨까지 위협받으며 온갖 음해에 시달려 왔던 김대중 후보의 대통령 취임은 그 자체로 위대한 정치개혁이었다. 그런 의미 깊은 선거에 함께할 수 있었다는 점에 언제나 자부심을 느껴 왔다.

그해 8월경부터 나는 여론조사 실무를 맡았는데, 당시는 휴대전화가 보편화되어 있지 않아 전부 집 전화 대상으로 면접 여론조사를 했다. 응답률도 매우 높아 여론조사 신뢰도가 상당히 높았다. 그때와 비교하면 요즘 여론조사는 신뢰도가 좀 낮아지지 않았나 싶다. 당시 우리 팀을 이끌었던 사람은 김대중 후보의 처조카인 이영작 박사였는데, SPSS, SAS 등 설문조사 관련 통계 프로그램을 활용한 기법들을 직접 배울 좋은 기회였다. 당시 여론조사 실무와 보고서 작성 등을 하며 현안과 여론의 움직임을 면밀하게 살펴볼 수 있었다. 이때의 경험은 이후 정치 관련 실무를 하는 데 큰 바탕이 됐다.

밤 늦게 조사가 끝나고 보고서를 작성하고 나면 보통 새벽이었다. 일주일에 서너 번 이상은 조사를 했으니 워라밸과는 거리가 먼 생활이었다. 그러나 가끔 일을 마치고 새벽 포장마차에서 소주 한잔하던 기억은 아직도 아련한 좋은 추억이다. 젊은 시절 나름 대의를 위해 역할을 한다는 만족감도 컸다.

1997년 12월 18일, 운명의 제15대 대통령 선거에서 김대중 후보가 약 1.5%p의 근소한 차이로, 그야말로 간신히 승리했다. 꿈에 그리던 평화적 정권교체가 실현된 것이다. 나 자신도 믿기 어려웠다. 실제 마지막 여론조사 결과에서는 승부를 예측하기가 불가능할 정도로 각 후보 간의 차이가 미세했다. 선거 승리에 대한 기대는 했지만, 막상 눈앞에 펼쳐지니 실감이 나지 않을 정도로 박빙의 승부였다.

언론은 선거 전날까지만 해도 김대중 후보에 대해 비판 일색이었지만, 당선이 확정된 직후인 12월 19일 새벽부터는 인동초가 어떻고 하면서 찬양을 시작했다. 헛웃음이 나왔지만, 기분은 좋았다. 국가 살림을 거덜 내 IMF 외환위기를 초래한 정당의 대통령 후보에게 이렇게 아슬아슬하게 이겼다는 것이 한편으로는 믿을 수 없었고 화가 나기도 했다. 더군다나 당시 한나라당 이회창 후보의 아들 병역비리 문제로 온 나라가 시끄러웠는데도 말이다.

선거가 끝나고 마치 '연극이 끝난 후'라는 노래 가사처럼 일상으로 돌아온 후에는 약간의 무기력증도 느꼈다. 훨씬 더 나중에 깨달았지만, 선거가 끝나고 나면 언제나 그런 느낌이 들곤 했다. 선거

후유증도 극복해야 했지만, 그보다는 내 생활을 어떻게 꾸려 갈지가 더 고민이었다. 노사분규 때문에 이전 직장인 한국자동차보험회사를 그만둔 터라 회사생활을 다시 하고 싶은 생각은 그다지 없었다. 잠깐 장사도 해 봤지만, 특별히 재주도 없고 밑천도 없었던 터라 무엇을 할지 쉽게 갈피를 잡지 못했다.

그러던 중 1998년 5월쯤이었다. 여당으로 새롭게 태어난 새정치국민회의 사무처 당직자로 뽑혀 직업 정당인이 됐다. 월급 받는 정치실무자가 된 것이다. 지원할 때만 해도 특별히 아는 사람도 없고 해서 별로 기대하지 않았는데 의외였다. 아마 대선기획단에서 일했던 경력이 반영되지 않았나 생각했다. 운 좋게도 얼마 있지 않아 사무총장실에서 일할 기회가 생겨 정당 내부 정치 메커니즘을 조금 더 가까이에서 볼 수 있게 됐다. 개인적으로 바깥에서는 쉽게 알 수 없는 정당정치의 운영과 이면을 배우게 된 소중한 계기였다. 당시 전라북도 고창을 지역구로 둔 정균환 의원이 사무총장이었는데, 그때의 사무총장은 정책위의장, 원내총무와 함께 당3역으로 불렸다. 그중에서도 사무총장은 첫째가는 위상이었다. 정균환 의원은 아무 인연도 없던 나를 사무총장실로 불러 줬다. 두고두고 감사한 마음이다.

2000년에는 새정치국민회의가 새천년민주당으로 당명을 바꾸고 대대적인 인재 영입 등을 거쳐 총선을 대비하는 대형 정치 이벤트가 있었다. 이때도 나는 운 좋게도 인재 영입 및 공천과 밀접하게 관련된 실무를 맡았다. 워낙 민감한 업무인지라 티 나지 않게 일했지만, 신당 창당 및 공천과 관련한 일을 좀 더 알게 됐다.

민주당 사무처 당직자로 근무하던 시절의 모습

그때만 해도 공천 과정은 요즘과는 정말이지 너무나 달랐다. 밀실 공천이라 해도 무방한 방식이었다. 그 과정을 아주 가까이서 지켜봤는데, 공천에서 소위 '젊은 피' 수혈 과정도 생생하게 볼 수 있었다. 지금과는 너무나 달랐던 그 시절의 공천과 정치 세태는 이제 가끔 편한 자리에서 무용담처럼 이야기할 정도로 옛날 일이 됐다. 요즘은 민주 정당에서 그렇게 하려고 해도 할 수 없다. 과거의 유물인 셈이다.

새천년민주당이 처음으로 여당이 되어 치른 2000년 4월 제16대 총선거는 전체 의석수 273석 중에 한나라당이 133석, 새천년민주당이 115석, 자유민주연합이 17석을 각각 차지하며 여소야대의 형태로 귀결됐다. 새천년민주당이 집권했다고는 하나, 대한민국 사회의 소위 메인스트림은 아니라는 점을 실감하는 계기가 됐다. 당시 자유민주연합과 공동정부를 이루고 실제로 연합공천을 했던 지역도 있었지만, 큰 틀에서 보면 총선을 앞두고 각자도생의 길로 갔기 때문에 합쳐서 계산해서는 안 됐고, 합친다고 해도 한나라당에 1석이 모자랐다. 가시밭길이 예고된 선거 결과였다. 그러나 여소야대라고 해도 지금처럼 정치가 실종된 것은 아니었다. 오히려 야당과의 협치, 행정부와 국회 간의 견제와 협업이 나름 이루어지던 시기였다. 더군다나 IMF 외환위기로 여야 간의 갈등보다 국난 극복이 우선이었다.

김대중 정부는 출범할 때부터 IMF 외환위기 극복이 최대 과제였다. 호랑이보다 무서운 곶감을 능가하는 공포를 가져다 준 것이 IMF라는 말이 돌 정도였다. 그러나 대한민국은 세계가 놀랄 정도로 빠른 회복력을 보여 찬사를 받았다. 제2의 국채보상운동이라고도 불렸던 금 모으기 운동 또한 세계적으로 이목을 끌기도 했다. 알려진 바에 의하면 금 모으기 운동에 전국 누계 약 351만 명이 참여했고, 18억 달러어치에 해당하는 약 227톤의 금이 모였다고 한다. 지금도 우리나라 사람들이 IMF 외환위기 하면 가장 많이 떠올리는 장면이 바로 금 모으기 운동이라고 한다. 그만큼 인상적인 캠페인이었다.

그러나 IMF의 여러 요구조건을 수용하는 과정은 고통스러웠다. 순탄하지 않은 과정을 전 국민이 감내해야만 했다. 많은 실업자가 생기고 기업의 부도가 줄을 이었다. 공적자금 투입에 따른 구조조정으로 노사분쟁도 잦았으며 비정규직이 늘어나는 계기가 되기도 했다. 경제성장률은 최악의 마이너스 성장을 기록했고 환율도 사상 최고로 폭등했다.

IMF 외환위기는 많은 후유증을 남겼다. 또한 IMF로부터 도움을 받는 조건으로 무분별한 신자유주의로의 편입을 받아들였다는 비판도 많았다. 당도 국민들의 곱지 않은 시선을 받아야만 했다. 당시 은행 통폐합이 대대적으로 이루어지는 바람에 당사 앞에서 은행 노조의 대형 시위가 많이 벌어졌다. 그뿐만 아니었다. 이런저런 이유와 사연으로 많은 국민이 당사를 찾았다. 그때 당사 유리창은 달걀 세례로 깨끗할 날이 없었다. 그러나 이런 모든 진통을 겪으며 결국 2000년 12월 4일 김대중 대통령은 "우리나라가 IMF 외환위기에서 완전히 벗어났다."라고 공식 발표하기에 이르렀다. 이듬해 2001년 8월에는 IMF로부터 빌린 돈을 모두 갚고 IMF 관리체제를 예정보다 일찍 끝낼 수 있었다.

　　공식적으로 IMF 외환위기가 막을 내리게 되면서 당장 눈앞의 큰불은 껐다. 그러나 달라진 경제 체제는 이후 우리에게 수많은 과제와 논쟁거리를 던져 줬다. 갑자기 바뀐 경제 환경은 향후 심각한 양극화를 예고했다. 그러나 또 한편으로는 IMF 외환위기를 극복하면서 IT 강국으로 체질을 바꾼 것은 미래를 위한 현명한 정책이었다. IMF 외환위기 극복 과정은 20세기 한국 정치와 경제를 바꾸는 기폭제가 된 것이 분명하다.

남북 관계를 개선하고
권력 구조를 재편하다

남북 관계는 유리잔을 들고 줄타기를 하는 것과 같다. 무사히 줄을 타고 건널 때는 마치 훈풍에 돛 단 듯 순조롭고 평화의 기운이 물씬하다. 하지만 조금이라도 흔들리면 극단의 긴장이 발생한다. 나는 금강산을 떠올릴 때마다 이런 남북 관계의 복잡성을 곱씹곤 한다.

지난 2000년 제16대 국회의원 선거 직후 중앙당 당직자들이 단체로 금강산 관광을 한 적이 있다. 수려한 풍경에 입을 다물지 못했다. 특히 방문 직전에 비가 많이 내려 우리나라 3대 폭포 중 하나인 구룡폭포가 최상의 자태를 보였고, 상팔담 역시 압도적 경승이었다. 만경대, 천선대 등의 절경이 아직도 눈에 선하다. 안타깝게도 그 이후 한 번도 가보지 못했다. 이때만 해도 남북 교류와 평화적 관계에 대한 희망이 넘쳐 흘렀다. 그로부터 벌써 20년이 훌쩍 넘었지만, 이런저런 이유로 다시는 그곳에 가지 못했다. 이제는 가고 싶어도 갈 수 없게 됐으니 아쉬운 마음이 더 크다. 다시 한번 방문할 날을 손꼽아 기다린다.

한반도는 종전이 아닌 휴전 상태다. 즉, 전쟁은 아직도 진행 중이며 잠시 전투를 멈췄을 뿐이다. 긴장과 위기는 반세기가 넘도록 계속됐다. 국민은 전쟁의 위협에 시달려야 했고, 경제도 마찬가지였다. 이런 긴장과 위기를 극복하기 위해 김대중 정부는 대북포용정책을 펼쳤다. 소위 햇볕정책을 통해 남북정상회담, 금강산 관광 등 남북 관계에 일대 변화를 가져왔다. 그 이전 보수정권에서는 상상으로도 힘들었던 일이 실제 벌어진 것이다. 물론 그 이전 정권도 중국과 러시아와의 수교 등 북방외교를 통해 공산권 국가로 외교 지평을 넓히는 변화를 이루었으나, 북한 관련 문제에서는 큰 진전을 보지 못했던 것이 사실이다. 그러나 김대중 정부 이후 민주정권은 대한민국과 북한 간의 긴장을 완화하고 평화적 관계를 만들어 한반도의 항구적 안정과 번영을 모색했다.

하지만 현재 대한민국에서는 북한과의 관계를 어떻게 설정할지의 기준이 진보와 보수를 가르는 실체적 경계로 작용하는 것 같다. 그러다 보니 대북 문제만 나오면 지나친 이념 편향적 행위들이 돌출되고 진영논리와 정치적 논리가 난무한다. 이런 갈등 구조에서는 제대로 된 성과를 만드는 데 어려움이 너무 많을 수밖에 없다. 아쉽지만 사실이다.

국민들은 남북 관계뿐만 아니라 김대중 정부를 통해 많은 것을 새롭게 경험하고 지켜봤다. 대표적인 것이 특별검사제도와 인사청문회 제도의 도입이다. 대선 공약이었으니 당연하다고 생각할 수도 있지만, 정부와 여당으로서는 쉽지 않은 결단이었다. 정부와 여당에는 매우 불편한 제도이기 때문이다. 실제로 당시 이 두 제도의 도입에 난색을 보인 사람들도 상당했다. 하지만 나는 이 두 가지가 대통령의 권한을 가장 실질적으로 견제하는 제도라고 생각한다.

우리나라 최초의 특검은 이름도 기괴한 '옷 로비' 특검이었다. 이 특검은 1999년 5월 24일부터 시작됐다. 모 재벌그룹 회장의 부인이 당시 검찰총장 부인의 옷값을 대신 내주었다는 의혹을 밝히기 위해서였다. 정작 확인된 것은 유명 디자이너 '앙드레 김'의 본명이 '김봉남'이라는 사실을 밝힌 것이 전부라는 냉소적인 세평이 있기도 하지만, 정부와 여당이 받은 정치적 상처는 절대로 적지 않았다.

특검은 시작부터 끝까지 대통령의 권한을 엄청나게 제한한다. 하지만 특검이 본래의 취지를 벗어나 정치공세의 수단으로 전락했다고 지적하는 사람도 많다. 특검이 정치공세의 수단으로 악용될 때가 있다는 점은 안타까운 현실이지만, 좀 더 성숙한 정치문화와 국민의 여론으로 극복해야 할 과제일 뿐, 제도 자체의 문제는 절대 아니다.

대통령 권력의 견제 장치라는 측면에서 보면 특검보다 인사청문회가 더 막강한 힘을 발휘해 왔다. 일단 횟수가 훨씬 더 많고 진행 과정이 낱낱이 생중계된다. 게다가 인사청문회 대상은 점점 확대됐다. 예를 들면 김대중 대통령 때는 국무총리, 대법관, 헌법재판관 등에 한정됐지만, 노무현 대통령 때 국무위원은 물론 소위 4대 권력기관이라 불린 국정원, 검찰청, 경찰청, 국세청의 장£ 등으로 대상이 넓어졌다. 이후 정권에서도 계속 확대되는 추세였다. 참고로 우리나라 최초의 인사청문회 대상자는 김대중 대통령 때 이한동 국무총리 지명자였다.

인사청문회 제도가 강화되면서 장관 후보자를 구하는 것 자체가 쉽지 않은 일이 된 지 이미 오래다. 그만큼 인사청문회의 인사권 견제력은 막강하다. 행정부 자체 검증이 까다로워진 것은 물론이고 심지어 후보자를 수십 명 이상 접촉한 후에 겨우 적임자를 찾을 때도 허다하다. 본인 동의를 얻어내기도 만만치 않은데, 청문회장에 나서는 것 자체를 거부하는 사람이 부지기수이기 때문이다. 나도 국회의원으로서 여러 차례 인사청문회를 해 보기도 하고, 중기부 장관 후보자로서 인사청문회에 나간 적도 있지만 결코 만만한 제도가 아니다.

김대중 대통령은 권력의 분산과 견제 말고도 남북 관계의 긴장 완화와 평화 정착에도 크게 기여했다. 대표적인 사례가 바로 2000년 6월 남북정상회담이다. 이 정상회담을 시작으로 이후 노무현, 문재인 대통령 등 민주당 정권 시절에는 꾸준히 정상회담이 열렸다. 남북 간의 정상회담은 긴장을 해소하고 화해 무드를 만들어 가는 초석을 놓았다. 그러나 뒤이은 보수정권 집권기에 남북 관계를 진전시키지 못하고 퇴행시킨 것은 못내 아쉬운 일이다. 첫 정상회담이 열린 그해 12월 22일 김대중 대통령의 노벨 평화상 수상으로 국격은 더욱 올라갔다.

김대중 대통령 때의 경제는 IMF 외환위기의 극복과 벤처붐, 그리고 닷컴 버블이 혼재하며 희망과 좌절을 동시에 겪기도 했다. 하지만 2002년은 한일월드컵 4강 신화로 온 나라가 축제 분위기였고 새로운 기운을 맛보기도 했다. 그때 유행했던 응원 구호 '대~한민국'은 아직도 우리나라 전 국민의 응원 구호로 애용되고 있지 않은가?

당시 정권교체는 그 자체로서 우리 사회의 근본적인 개혁과 변화를 이루는 계기였다. 의약분업, 기초생활보장 제도 도입 등도 이전 정부와는 확연히 차이 나는 획기적 변화였다. 2001년 경에 나는 당 홍보위원회에서 당보에 기사를 쓰는 당보 기자 일을 하고 있었다. 당시에는 정당에서 발행하는 종이 당보가 있었는데, 서울역과 같은 공공장소에서 배포하는 행위가 중요한 정당 행사 중 하나였다. 당보 기자로서 쓴 글 중에는 남북 교류 관련 기사와 언론사 세무조사 관련 기사가 가장 기억에 남는다. 특히 언론사 세무조사 관련 기사는 당시 논란이 되기도 해서 애정이 가는 글인데 책을 쓰면서 아무리 찾아보려 해도 찾을 수 없었다. 무척 아쉽다.

'국민경선'으로 '세계 최초의 인터넷 대통령'을 만들어 내다

월드컵 4강으로 온 나라가 열광했던 2002년은 제16대 대통령 선거가 있던 해이기도 하다. 많은 사람이 기억하다시피 2002년 민주당의 대선 레이스는 정당 사상 최초로 대선 후보를 국민경선으로 선출하며 정당사에 일대 혁신을 일으켰다. 진정한 혁신의 본보기라 할 만했다. 민주당은 보수정당보다 앞서 혁신을 이뤘는데, 당시 혁신의 주체는 지금과 사뭇 달랐다. 요즘에는 여야 정당 가릴 것 없이 공천과 혁신 등 당의 운명을 좌우하는 일을 당 외부 인사에 맡기는 경우가 흔히 있는데, 당시 민주당 특대위는 모두 당내 인사로 구성됐다. 정당을 잘 아는 사람들이 진심으로 마음을 합쳐 고민할 때 제대로 된 혁신이 된다는 사실을 보여 준 사례가 아닐까?

특대위, 즉 특별대책위는 말 그대로 특별한 상황에서 만들어지는 기구다. 김대중 대통령 집권 말기에 민주당은 정치적으로 매우 힘들었다. 이런저런 게이트나 비리 사건이 터지며 소위 레임덕 증상이 나타나기 시작했다. 각종 재·보궐 선거에서 집권 여당은 패배를 거듭했고, 인적 쇄신 주장과 정풍운동이 힘을 받기 시작했다. 대선 전해인 2001년 11월 2일에는 민주당 최고위원 전원이 사퇴를 결의했다.

반면, 당시 한나라당은 대선 재수생 이회창 후보가 당 내부를 사실상 정리하고 단독 후보 태세를 갖추며 일사불란하게 움직이고 있었다. 민주당으로서는 초비상이었다. 마침내 2001년 '당 발전과 쇄신을 위한 특별대책위'를 만들고 이듬해 대선을 대비해 그야말로 특별대책을 강구하기 시작했다. 나는 이 '특대위' TF에 실무자로 파견되어 전 과정을 함께했다. 당시 위원장은 새정치국민회의 총재 권한 대행을 맡기도 했던 조세형 의원이었다. 간사는 김민석 의원이 맡았는데 회의 운영과 언론을 대하는 유연함과 노련함에 여러 번 감탄했다. 또 한 번 많은 것을 배우는 시간이었다.

나는 특대위에서 실무안을 만드는 일에 참여했다. 이때 만들어서 당무회의에 보고했던 안이 바로 그 유명한 '국민경선'이었다. 국민경선이라는 당시로는 획기적인 선출방식을 통해 노무현 후보가 당시 절대 강자였던 이인제 후보를 누르고 대선 후보가 될 수 있었다. 이 과정에서 '노사모'라는 사상 초유의 정치인 팬클럽이 생기고, 그들의 왕성한 활동이 주목받는 등 우리나라 정치문화의 패러다임이 바뀌는 계기가 됐다.

특대위의 국민경선(안)은 당무회의를 통해 확정됐는데, 그 과정도 순탄치만은 않았다. 내 기억으로는 2001년 연말부터 다음 해 1월까지 거의 매일 당무회의가 열렸으며 매번 뜨거운 논쟁이 벌어졌다. 당무위원들의 발언 하나하나는 생생한 정치 현장의 언어 자체였다. 이는 이후 정치인들의 언어를 해석하는 데 큰 도움이 됐다.

국민경선은 당대 최고의 히트작이었다. 이른바 '노풍'을 불러일으키며 우리 정치사에 한 획을 그었다. 2002년 대통령 선거 과정은 지금 생각해도 다시 보기 힘든 드라마 같은 과정이었다. 특대위에서 만든 국민경선은 전국 순회 방식으로 진행됐는데, 처음에는 누구나 이인제 후보의 압도적 혹은 무난한 대선 후보 당선을 예상했다. 그러나 경선이 시작되면서 이제까지 보지 못했던 소위 '노풍'이라는 새로운 조짐이 나타났다. 노무현 후보는 직전 총선 때 원래 자신의 지역구인 서울 종로구를 떠나 민주당 후보로는 당선이 사실상 불가능한 부산 지역을 선택했다. 이에 노무현 후보의 정신을 따르자는 많은 지지자가 생겨났고, 그들이 국민경선단으로 가입하면서 역전 분위기가 조성됐다. 제주와 울산에서 시작된 경선 결과를 중간 집계해 보니 이미 노무현 후보는 1위를 달리고 있었다.

당시 언론들은 예측불허의 혼전을 거듭하는 경선 과정을 앞다퉈 보도했다. 경선 초반에는 여론조사에서 밀리던 한화갑 후보가 1위를 하고, 울산 경선에서는 김중권 후보가 노무현 후보에 이어 2위를 하는 등 한 치 앞을 전혀 알 수 없었다. 언론은 예측과는 사뭇 다른 경선 과정을 두고 지역과 조직의 힘이라고 분석하며 앞으로도 이런 기조가 유지될 것이라고 보도했다. 그러나 실상은 달랐다. 돈도 당 내 기반도 모두 부족했던 노무현 후보가 대선 후보로 선출됐다. 노무현 대통령은 훗날 자서전 《운명이다》에서 경선 결과를 두고 '열정과 진심이 돈과 조직을 이긴 것'이라고 회고했다. 이런 사실은 3월 16일 광주 경선을 통해 입증됐다. 나는 우리나라 대선 후보 선출 과정 중에서 가장 드라마틱했던 순간이 바로 그때였다고 생각한다. 철옹성 같았던 '이인제 대세론'이 '노무현 대안론'으로 바뀌면서 호남이 밀어주는 영남 정치인이 탄생했기 때문이다.

광주 경선 이후 노풍은 더욱 무섭게 불었고, 그 열기는 대선까지 갈 것만 같았다. 그런데 정치는 그렇게 간단하거나 순진하지 않다. 그해 6월 지방선거에서 민주당은 서울과 부산 등에서 모두 지고 말았다. 노무현 후보는 후보직마저 흔들리는 신세가 됐다. 후단협(후보단일화협의회)이니 뭐니 하며 지리멸렬하는 내부 분열이 계속되면서 정권 재창출은 물 건너가는 것처럼 보였다. 나는 후단협의 행태와 그들의 탈당에 분노했다. 하지만 실무자 수준에서 할 수 있는 일은 없었다. 몇몇 당직자가 모여서 그냥 전단 몇 장 만들어 당사 여러 곳에 뿌리는 수준이었다.

당 여기저기서 공식적으로 선출된 대선 후보를 흔들어 댔다. 급기야 자당 후보가 아닌 인물을 지지해야 한다는 목소리가 후단협 중심으로 거세게 터져 나왔다. 지금 생각해도 뜬금없지만 당시 2002년 월드컵의 분위기를 타고 대한축구협회장이었던 정몽준 의원의 인기가 상승하기 시작했다. 코미디 같은 일이었지만 현실은 현실이었다.

정몽준 후보와의 단일화 압력이 거세졌고 노무현 후보도 결국 받아들였다. 여론조사 방식을 통해 단일화하기로 하고 11월 24일 자정에 여론조사 결과가 발표됐다. 노무현 후보로 단일화됐다. 그러자 탈당했던 이들도 다시 복당했다.

나는 그때 정몽준 후보와의 단일화 시도 자체를 받아들이기 힘들었다. 대선 후보 단일화 여론조사를 했던 날에는 사무처 당직자인 친구와 함께 초저녁부터 술을 마시면서 한탄하고 있었다. 그런데 밤 10시가 좀 넘어서 훗날 문재인 정부에서 문체부 장관을 지낸 후배 황희가 전화해서는 다급한 목소리로 우리가 이겼다며 빨리 대변인실로 오라고 했다. 노무현 후보를 지지하지도 않았던 사람들이 지금 사진 찍고 난리가 났는데 정작 형들같이 꾸준히 지지했던 사람들은 보이지 않는다는 것이었다. 그때 나는 '세상이 뭐 그렇지.'라는 생각이 들어서 가지 않았다. 그저 기분 좋아서 술을 몇 잔 더 마시고 집에 갔다. 이제 길었던 승부의 종착역에 왔구나 싶었다. 어수선했던 시간을 되돌아보니 사필귀정이라는 사자성어가 떠올랐다.

그런데 대선 후보 마지막 유세 날, 그것도 밤에 정몽준 의원이 지지를 철회하는 기막힌 상황이 벌어졌다. 예상치 못한 일에 모두 경악했다. 하지만 충격과 함께 깨달음도 얻었다. 그날 밤 사건에 대해서는 여러 분석과 증언이 있지만, 결국 노선과 정책에 대한 토론과 철학이 부재한 연합은 언제라도 쉽게 깨질 수 있는 유리잔과 같은 것임을 새삼 깨달았다. 아마도 노무현 후보는 그런 것이 두려워 단일화를 주저했을지도 모른다는 생각이 들었다. 후보 단일화의 철회는 어쩌면 제자리로 돌아가는 과정이었을 수도 있었다. 결국 우리 힘으로 이루어야 하는 것이다. 국민을 믿는 수밖에 없었다.

　노무현 후보의 당선은 말 그대로 극적이었다. 여론조사를 통한 지지율 추이를 보더라도 알 수 있다. 2001년 12월에 했던 여론조사에서는 이회창 후보가 24.4%, 이인제 후보가 19.6%였다. 노무현 후보는 고작 8.9%에 불과했다. 경선에서 대선 후보로 선출된 뒤 5월에 했던 조사에서는 43%로 32.9%의 이회창 후보를 앞서기도 했지만 잠시뿐이었다. 앞서 말했듯이 6월 지방선거에서 민주당이 패한 뒤로 지지율이 떨어졌다. 나중에 정몽준 후보가 출마한 뒤에 실시한 8월 여론조사부터는 이회창 후보가 줄곧 선두로 나섰고, 노무현 후보는 정몽준 후보한테도 뒤지는 결과가 나왔다. 후보 단일화 이후부터는 이회창 후보를 앞섰지만, 정몽준 후보의 단일화 지지 철회로 큰 위기를 맞게 된 것이다.

　선거 결과는 여야 모두 낙관할 수 없었다. 투표가 끝난 뒤에 결과를 보니 박빙의 승부였다. 노무현 후보가 48.91%로 당선됐다. 이회창 후보는 46.58%였다. 불과 570,980표 차이로 신승한 것이었다. 이런 천신만고의 과정을 거쳐 '세계 최초의 인터넷 대통령' 노무현이 탄생했고 민주당 정부의 정권 재창출이 이루어졌다. 세계 최초의 인터넷 대통령이라는 표현은 당시 영국의 〈가디언〉지가 한국의 대선 결과를 보도할 때 사용했다. 〈가디언〉지는 세계 최초의 인터넷 대통령이 로그인했다고 보도했는데 노사모의 활동 등을 보면 정말 적절한 표현이었던 셈이다.

노무현 대통령이 당선되는 과정은 그 자체로서 정치개혁이었다. 국민경선 자체와 경선 룰이 만들어지는 과정, 노사모의 출현 등이 대표적이다. 지금은 많이 잊혔지만, 돼지저금통 후원과 선호투표 제도의 도입도 눈길을 끌었다. 돼지저금통은 자발적 후원의 효시라 할 만하고, 선호투표는 우리나라에서 처음이자 마지막으로 적용된 개표사례가 아닌가 싶다. 예를 들어 5명의 후보가 있으면 순서대로 좋아하는 후보를 지정하는 방식이다. 논란은 당연히 있지만 선거 성격에 따라 고민해 볼 여지가 많은 방식이라고 생각한다. 특히 2인 이상을 선출하는 기초의원 선거의 경우는 더욱 그렇다고 본다.

노무현 대통령의 당선으로 정치에 있어 권위주의가 눈에 띄게 사라지고 선거문화는 획기적으로 바뀌었다. 여러 해 동안 국회의원들을 가까이에서 봐 온 나로서는 누구보다 피부로 실감할 수 있었다. 큰 시대의 흐름과 함께 서민적이고 탈권위적인 대통령의 등장이 시너지 효과를 낸 것이다.

봄이 와도 봄 같지 않은
한국 정치를 바꾸다

노무현 대통령은 혁신과 변화의 상징이었다. 또한 혁신과 변화를 추구하며 온갖 고초를 겪어야만 했다. 2004년 4월 총선을 앞둔 3월 12일에는 대통령 탄핵 의결이라는 초유의 사태가 발생했다. 당시 여당이었던 열린우리당은 9일부터 본회의장에서 탄핵소추안 통과 저지를 위한 철야농성에 돌입한 상태였다. 다수 의석을 차지했던 야당 연합 국회의원들이 노무현 대통령을 탄핵하기 위해 본회의장에 입장하는 것을 막으려고 열린우리당 당직자들이 국회 로텐더 홀에서 몸싸움하던 기억이 아직도 생생하다. 물론 나도 그 자리에 있었다.

당시 국회 본관에 진입하기 위해 어떤 사람들은 창문을 통해 들어가기도 하는 등 그야말로 난장판이었다. 그때는 국회선진화법이

노무현 대통령 탄핵 당시 국회 본회의장 모습

없었던 때라 몸싸움이 많이 벌어졌다.

도대체 노무현 대통령에 대한 탄핵의 이유는 무엇이었을까? 당시 야당 연합의 탄핵소추안을 보면 '노 대통령이 선거법 등 법률과 헌법을 줄곧 위반해 국법 질서를 문란케 했고, 노 대통령 본인과 측근들의 권력형 부정부패로 국정을 정상적으로 수행할 수 있는 법률적·도덕적 기반을 상실했으며, 국민경제를 파탄시켜 국민에게 극심한 고통과 불행을 안겨줬다.'라는 3가지 이유를 들고 있다. 내용만 살펴봐도 애초부터 정치공세였음을 쉽게 알 수 있다.

당시 열린우리당 김근태 원내대표는 "한나라당과 민주당은 대선 불복을 선언했고, 대통령으로 인정하지 않겠다는 속마음을 드러낸 것"이라며 "민주주의의 시계를 거꾸로 돌리려는 것에 참을 수 없는 모욕감이 들었고, 지난 80년 전두환 정권이 군홧발로 짓밟으며 내란음모죄를 만들었던 기억이 떠오른다."라고 야당 연합을 비판했다.

탄핵이 가결되자 당연히 정국은 더 혼란스러워졌고 반발도 거셌다. 당일 새벽 6시경에 국회 현관 앞에서 노무현 대통령 탄핵을 반대하는 40대 남성이 승합차에 불을 지른 뒤 달아나다 붙잡히는 일도 있었다. 결국 야당 연합 195명의 의원 중 193명의 찬성으로 노무현 대통령에 대한 탄핵안은 가결되어 헌법재판소로 넘어갔다. 헌정 사상 최초의 일이었다. 헌법 교과서에서나 보던 대통령에 대한 탄핵 절차가 실제 작동되는 모습을 보게 된 것이다. 그리고 5월 14일 헌법재판소에서 노무현 대통령에 대한 탄핵은 기각됐다. 그때는 10년쯤 후인 2017년에 우리가 정말로 대통령이 탄핵되는 광경을 보게 될 줄 아무도 몰랐다.

　탄핵안이 기각된 직후 수많은 시민이 국회 앞으로 몰려들었고, 야당들을 성토하는 대규모 집회가 열렸다. 국민경선에 이은 국민 참여의 현장이었다. 어마어마한 탄핵 역풍이 불어 2004년 총선 정국을 뒤흔들기 시작했다. 노무현 대통령과 열린우리당은 국민의 지지와 힘으로 당시 야당 연합의 횡포에 맞설 수 있었다. 열린우리당의 창당에 참여했던 나로서는 감회가 새로울 수밖에 없었다. 열린우리당은 구정치와의 결별을 선언하면서 만든 정당이다. 특히 정당명을 짓는 과정에 적극적으로 참여했던 터라 더욱 남다르게 다가왔다. 나는 창당준비위 기획단에서 일하고 있었다. 당명 확정을 위한 논의가 한창일 때, 나는 여러 차례 '우리당'으로 정해야 한다고 강력하게 주장했다. 이를 기억하고 있는 사람이 아직도 많이 있다. 그래서인지 열린우리당이라는 당명에 대한 내 애착은 남다르다.

　그때 창당기획단장은 이해찬 의원이었는데 처음으로 같이 일해 보는 관계였다. 당 내에서 이해찬 의원은 엄하고 업무에 철저해서 모시기 힘들다는 것이 중평이었는데 의외로 나는 여러 면에서 편하게 느껴졌다. 아마 인상이나 말투 등이 다소 딱딱해서 와전되고 과장되지 않았나 싶다.

　노무현 대통령 탄핵 정국 당시만 해도 비록 여당이지만 제3당에 불과했던 열린우리당은 2004년 4월 15일에 열린 제17대 총선에서 명실상부한 집권 여당으로서의 면모를 갖출 수 있게 됐다. 열린우리당은 총 299석 중 절반이 넘는 152석의 의석을 차지하는 대승을 거됐다. 야권의 무리한 탄핵에 대한 국민의 심판이었다. 국민을 믿고 정치해야 한다는 말을 확실히 깨닫게 해 준 좋은 사례였다. 당시 엄청난 탄핵 역풍에 박근혜 대표를 앞세운 한나라당은 천막당사, 회초리 광고 등 나름 전략적 대응으로 맞서 그나마 121석으로 선방할 수 있었다. 특히 천막당사는 지금 봐도 훌륭한 정치전략이었다.

제17대 총선은 선거 결과만이 아니라 선거제도 자체로도 큰 의미가 있었다. 정당과 인물을 따로 투표하는 1인 2표제가 처음으로 도입된 것이다. 그전에는 지역구의 각 후보가 득표한 수를 단순 합산하는 방식이라 현실적으로 모든 지역구에 후보를 낼 수 없는 군소정당에 크게 불리할 수밖에 없는 제도였다. 새로운 투표제도는 국회를 다양한 정치적 의견을 반영할 수 있는 구조로 만드는 데 기여했다.

결과적으로는 민주노동당이 가장 큰 혜택을 봤다. "살림살이 좀 나아졌습니까?"라는 멘트로 명성을 얻은 권영길 의원을 비롯해 조승수 의원까지 지역구 의원 두 명을 배출하고, 277만여 표에 육박하는 약 13%의 정당 득표로 8석의 비례대표까지 당선됐다. 민주노동당은 이 선거로 일약 원외 정당에서 원내 3당의 자리에 올랐다. 그동안 제도권 정치에서 소외됐던 진보 진영의 목소리를 공적으로 낼 수 있는 계기가 마련된 것이었다. 한국 정치는 이렇게 또 한 걸음 변화와 개혁을 향해 내디뎠다.

국정의 한복판,
청와대에서 일하다

2004년 총선 직후 나는 열린우리당 사무처 당직자 생활을 마치고 7월부터 노무현 대통령의 참여정부 청와대에서 근무하게 됐다. 당시만 해도 당 사무처 직원이 청와대에 들어가는 사례가 흔하지는 않았다. 아마도 경선 때부터 노무현 후보를 지지했기 때문이 아닌가 어림짐작했다.

그때만 해도 경험이 일천했던 나는 청와대에서 일할 기회가 생겼다고 하니 긴장할 수밖에 없었고 걱정도 많았다. 처음 발령지는 민정수석실 산하 민정비서관실이었다. 당시 민정수석이 문재인 대통령이었다. 그렇게 두 분의 대통령과 본격적으로 인연을 맺게 됐다. 지금 돌아봐도 나는 정말 운이 좋은 사람이다.

참여정부 민정수석실 재직 시절 직원 등산대회에 문재인 대통령과 함께했다

청와대에서 근무하면서 여의도 정당과 국회에서는 접하기 어려웠던 정보와 일하는 방식을 새롭게 알게 됐다. 특히 민정비서관실 특성상 정부 각 부처의 공무원들과 교류하면서 많은 것을 배웠다. 그곳에는 주로 검찰청, 경찰청, 감사원, 국세청, 국정원 등 이름만 들어도 조금 살벌한 기관 출신 공무원들이 파견 나와 있었다. 대부분 각 부처에서 소위 '에이스'라 할 만한 사람들이라 대화만 나눠도 공무원 조직을 이해하고 새롭게 느낄 수 있었다.

청와대의 일은 어느 부서에서 일하든 정무적 판단을 배제할 수는 없게 되어 있다. 정무적 판단이라 하면 일종의 이기적 차원의 정치적 판단으로 오해받을 때가 많다. 하지만 사실은 종합적 판단이라고 불려야 정확할 것이다. 구체적인 사건들이 모여서 조직의 상부로 갈수록 다른 사건과의 관계, 전체적 관점에서의 조정 등이 점점 더 중요해지기 마련이다. 청와대 경험은 그런 관점과 대응력을 높여주는 소중한 기회였다.

민정비서관실에서 근무하던 나는 이후 정무팀으로 옮기게 됐다. 이때부터 정부의 정무적 입장과 방향을 좀 더 집중적으로 정리하는 업무를 하게 됐다. 노무현 대통령의 깊은 고뇌를 조금이나마 살필 수 있는 좋은 시간이었으며, 이는 내가 정치하는 과정 내내 지침이 되고 있다. 참으로 귀중한 경험이 아닐 수 없다. 예를 들어 국무회의나 수석보좌관회의에서 가끔 던지시는 어록은 요즘 말로 뼈 때리는 경우가 많았다. "바다는 강물을 포기하지 않는다."라는 어록도 회의록에서 처음 본 걸로 기억한다.

참여정부 시절 정말 많은 논쟁과 화두가 난무했다. 많은 주제를 던지고 공론화를 촉발했던 분은 바로 노무현 대통령이었다. 직원들 간의 토론을 지나치다 싶을 정도로 강조하셨다. 앞으로 한동안 우리나라에서 토론할 주제가 더는 없을 거라는 우스갯소리가 있을 정도였다. 그중 대표적인 것이 공직사회 혁신과 저출산 고령화 사회 관련 주제가 아닐까 싶다.

당시 청와대는 이런 이슈와 관련한 논쟁만 벌이고 있지는 않았다. 굵직굵직한 사건도 많았기 때문에 정무적 대응이 그 어느 때보다 중요했던 시기였다. 특히 자이툰 부대 파견과 한미 FTA 추진은 지지층의 많은 비판과 반발을 불러일으켰다. 그때 노무현 대통령께서 "국민의 반대가 정부의 협상력을 올려주기 때문에 반드시 나쁘게 볼 것만은 아니다."라는 취지의 말씀을 공개적으로 하셨던 것이 기억난다. 참으로 품 넓은 지도자의 자세가 아닐 수 없다. 후쿠시마 원전 핵 오염수 방류와 관련해 지금 정부가 이런 정도의 입장을 취해 준다면 얼마나 좋을까.

노무현 대통령 임기 내내 정부는 언론과 매우 불편한 관계를 이어갔다. 소위 진보언론이라고 불리던 언론으로부터도 엄청난 비난의 화살을 견뎌야 했다. 노 대통령 취임과 동시에 정부 부처가 신문 가판[16]을 모니터링하던 오랜 관행을 없애고 소위 쿨한 관계를 추구했으나, 그게 그렇게 뜻대로 되지는 않았다. 당시 신문 1면에는 대통령을 비난하는 기사가 거의 매일 게재됐다. 노 대통령은 뉴스 보기가 겁난다고 말씀하신 적도 있었다. 그런데도 가끔 'PD수첩' 같은 시사 프로그램을 보시고 바로 다음 날 사실관계를 확인해서 보고하라는 지시가 내려오기도 했다. 이런 것이 바로 '불가근불가원'의 전형이 아닌가 싶다. 국회의원이 되고 보니 당시 그런 신문 헤드라인을 보며 노 대통령께서 얼마나 마음에 상처를 입고 불면의 밤을 보내셨을까 조금 더 이해가 된다.

참여정부 시절에는 바람 잘 날이 없었다. 2006년 5월 31일에는 제4회 전국지방동시선거가 있었는데 여당 후보가 당선된 광역단체

---

[16] 신문사가 처음 찍어내는 초판으로 다음날 발행하는 조간에서는 내용이 수정될 수도 있었다. 전날 오후 5시경에 서울 광화문 동아일보 사옥 주변의 가판대에 가장 먼저 배달돼서 가판이라고 불렸다. 이는 인터넷의 발달로 인해 사라졌다.

노무현 대통령과 정무팀 기념 촬영

장이 단 한 군데였다. 열린우리당의 참패였다. 예견된 실패였지만 모든 정치적 책임은 대통령에게 주어졌다. 우리나라 정치 현실에서 그것은 대통령의 숙명이다. 성공에 대한 영광은 별것 없어도 실패에 대한 책임은 엄중하다. 진보나 보수정권을 가리지 않는다. 그게 정치의 생리다. 대통령의 임기가 막바지로 가는 시점에서의 선거 패배는 더더욱 마음을 아프게 했다.

그러나 나는 선거문화의 관점에서 보면 2006년 지방선거는 위대한 업적을 세운 금자탑 같은 선거였다고 평가한다. 바로 선거비용 보전제도의 도입 때문이다. 선거공영제의 큰 걸음을 내딛었다고 생각한다. 지방의회 출마자들에게 합리적 대우를 해 주어야 하며 돈이 없는 사람도 출마할 수 있어야 정치가 바로 설 수 있다는 것이 평소 노 대통령의 지론이었다. 나도 이 법안의 통과를 위한 실무 작업에 동참했는데 그때 어쩌면 나도 출마해 볼 수도 있겠다는 생각을 잠깐 해 보기도 했다. 또 당시에는 지방의원들의 후원회 허용 문제도 검토됐는데, 17년이 지난 지금에야 제도가 마련됐다. 나는 지금도 정치활동의 자유를 보장하는 제도에 관한 한 노 대통령이 가장 급진적인 분이라고 생각한다. 이처럼 노 대통령은 구시대의 막내가 아니라 새 시대의 맏이로서의 역할을 묵묵히 수행했다.

2005년 6월 노무현 대통령은 야당인 한나라당에 '대연정'을 제안했다. 야당이 중·대선거구제를 받아들이면 총리와 장관 지명권을 주겠다는 것이었다. 우리나라 헌정사에 일찍이 없었던 혁명과도 같은 제안이었다.

먼저 여당인 열린우리당에서 많은 반발이 있었다. 청와대 내에서도 대통령이 이런 제안을 하실 것이라고 알고 있었던 참모는 거의 없었을 것이다. 나 역시 내심 동의가 안 됐다. 심지어 당시 한나라당 박근혜 대표에게 뭔가 결재받는 꿈까지 꾸기도 했다. 아직도 나는 완전히 동의하지는 않지만, 대통령제의 문제점과 한국 정치의 해묵은 극단적 대결 구도, 승자독식을 해결해 나가기 위한 노 대통령의 절박함만은 해가 갈수록 더 느껴진다. 어느 대통령이 제도 개선을 위해 권력을 통째로 내놓겠다고 공언하겠는가?

대연정으로 시끌시끌했던 정치는 곧바로 대선 정국으로 넘어갔다. 2007년 대선은 기억하기 싫은 선거 중 하나다. 청와대 정무팀에 있던 나조차도 여당의 당명이 무엇인지 당 대표가 누구인지 기억도 하기 힘들 정도의 구절양장九折羊腸을 거쳐 결국 대통합민주신당이라는 이름으로 대선을 치렀다. 득표 결과 46.7%를 얻은 한나라당 이명박 후보에게 정동영 후보는 26.1%라는 초라한 성적으로 대패하고 말았다. 사실 선거도 하기 전에 이미 승부는 끝난 것이나 다름없었다. 한나라당 당내경선 결과에 국민의 관심이 더 쏠릴 정도였다.

BBK 사건, 도곡동 땅 문제 등을 비롯한 한나라당 대선 후보에 대한 대형 이슈들이 넘쳐났지만, 당시 참여정부에 대한 부정적 기류와 '부자 되세요'와 같은 세속적 캠페인 한마디는 말 그대로 블랙홀이었다. 모든 이슈를 잠재우고 물질적 욕망을 부추기는 선거 구호에 여당은 힘 한 번 써 보지 못하고 패하고 말았다.

대선 패배 이후 청와대 분위기는 예상보다는 빠르게 정상을 되

찾았다. 노무현 대통령은 선거 결과와 무관하게 여전히 거세게 업무를 독려하셨다. 특히 문서 이관 작업에 대한 강조는 솔직히 지금 생각해도 끔찍하다고 여겨질 정도였다. 청와대를 떠나기 하루 전날까지도 문서 이관을 위한 전산 작업을 정말이지 눈이 빠지게 했던 기억이 지금도 생생하다. 이승만 대통령 때부터 김대중 대통령 때까지 작성된 문서보다 노무현 대통령 5년 집권 시기 문서가 몇 배로 많다는 이야기를 들었다. 청와대 근무 마지막 날 동료들과 경내에서 기념 촬영을 하고 다시 좋은 날에 만날 것을 기약했다. 그리고 후임 정권이 나라를 잘 이끌어 줄 것을 진심으로 기원했다.

그런데 그때 좀 이상한 느낌이 있었다. 국정을 다루는 헤드쿼터인 청와대에서 전임자와 후임자 간의 업무 인수인계가 없었다는 점이다. 그간 정권이 교체되든 재창출되든 유사한 상황이 반복되어 왔으니, 어떻게 보면 이상할 것이 없어 보일 수도 있다. 하지만 여러 가지 정황상 부자연스럽고 껄끄러운 상황이 예상돼서 뭔가 잘못됐다는 생각이었고, 지금도 그 생각에는 변함이 없다. 대결적 정치 지형이 낳은 부작용의 단면이 아닐까 싶다.

2008년 2월 25일 이명박 신임 대통령의 취임식이 있었다. 나는 청와대 동료들과 함께 봉하마을에 갔다. 그곳에서 노무현 대통령의 "야 기분 좋다!"라는 유명한 어록을 직접 들었다. 정말 행복해하시는 모습이었고, 그때만 해도 우리 모두 대통령님이 그렇게 고향에서 행복하게 사실 것을 믿어 의심치 않았다.

지켜주지 못해 죄송합니다

정권이 바뀌고 청와대 근무를 마치자 백수 생활이 시작됐다. 오랜만에 친구들도 만나고 이런저런 생각도 해 보고 여유를 즐길 수도 있었겠으나, 생활인으로서의 압박감 때문에 그럴 수는 없었다. 뭐든지 급하게 서두르면 망한다는 생각을 해 왔기 때문에 여유를 가져 보려 애썼으나 쉽지 않았다. 이 기회에 정치권을 떠나 보자 결심하기도 했다. 생계를 위해 이런저런 궁리도 하고 일도 해 봤지만 마음대로 되지 않았다. 이미 정치권 일에 익숙해 있었고 인맥도 대부분 정치권 사람이었다. 결국 탈출은 실패하고 말았다.

2009년 4월경 나는 평소 친분이 있던 서갑원 의원의 보좌관으로 근무하기 시작했다. 보좌관 생활을 해 보지 않은 나를 채용한 것은 어느 정도는 생활고에 시달리는 후배에게 생활의 방편을 주려는 의도도 있지 않았나 싶다. 보좌관 생활은 처음 해 보는 일이라 적응에 어려움이 있었으나 같은 방 후배들이 많이 도와줘서 그럭저럭 헤쳐 나갈 수 있었던 것 같다. 지금 생각해도 정말 고마운 후배들이다. 그중에는 나중에 내가 국회의원이 된 뒤에 내 보좌관으로, 장관으로 재직할 때 보좌관으로 같이 일해 준 사람들도 몇 있다. 참으로 소중한 동지들이다.

당시 서갑원 의원의 소속 상임위는 문화체육방송통신위원회였는데 지금과 마찬가지로 방통위가 문제였다. 그때 방통위원장이 이명박 대통령의 측근인 최시중 위원장이었고 방송정책과 관련해 여야 간 갈등이 최고조에 이르렀다. 물리적 충돌도 많았다. 주요 내용은 이렇다. 2009년 7월 22일 국회에서 신문법과 방송법이 개정되면서 신문의 방송사 겸업이 가능해지고, 기업의 방송사 지분 소유 허용에 대한 규제도 완화됐다. 그 결과 지금은 매우 익숙하지만, 당시에는 이름도 생소했던 종편이라 불리는 종합편성채널이 도입됐다.

당시 민주당은 2008년 총선에서 81석으로 쪼그라들어 원내 2당이라 하기에는 초라한 의석의 정당이었다. 의석 수가 절반이 넘는 여당을 견제하기에는 힘에 벅찬 상황이었다. 법안 통과 과정은 당시 여당인 새누리당의 일방적 강행 처리였다. 보좌관이었던 나는 본회의장 2층 방청석에서 다른 민주당 보좌관들, 당직자들과 함께 고성으로 항의하며 그 현장을 고스란히 직관했다. 본회의장은 그야말로 난장판이었다.

정권이 바뀌고 난 뒤에 벌어진 여러 논란과 정책 갈등만 문제가 아니었다. 도저히 상식적으로 받아들일 수 없는 정치보복이 광풍처럼 불기 시작했다. 2009년 초가 되자 검찰의 수사는 노무현 대통령을 직접 겨냥하기 시작했다. 4월 30일에는 마침내 노무현 대통령이 검찰에 출두하기에 이르렀다. 사저는 감옥이 됐고, 노 대통령은 "노무현을 버려라."라는 말씀까지 하셨다. 아무도 그 말의 참뜻을 이해하지 못했다. 많은 사람이 노 대통령께서는 워낙 군건한 분이라 어떤 어려움도 헤쳐 가리라 생각했을 것이다. 나도 그랬다.

2009년 5월 23일 아침, 어머니가 편찮으셔서 대구의 병원에 머물고 있었던 나는 노 대통령의 갑작스러운 서거 소식을 접하고 망연자실했다. 아침 뉴스를 통해 서거 소식이 알려지자 국민들은 그야말로 충격과 슬픔에 휩싸였다. 문재인 비서실장께서 노무현 대통령의 서거 소식을 담담히 읽어 나가셨던 모습을 떠올리면 지금도 가슴이 아려 온다. 나는 봉하마을로 달려갔다. 어마어마하게 긴 조문 행렬로 마을에 차가 들어가지 못하는 것은 물론이고 그 일대가 그야말로 바늘 하나 꽂을 틈 없을 만큼 추모객들로 가득 찼다. 그 작은 시골 마을이 생기고 그렇게 많은 사람이 온 일은 전무후무할 것이다. 게다가 비까지 세차게 내렸다. 슬픔과 분노가 뒤섞여 사람들의 표정이 무심하게 보이기까지 했다.

그날 나는 봉하마을에서 밤을 새웠다. 보좌진들은 물론이고 이름 모를 수많은 자원봉사자가 달려와 같이 밤을 새웠다. 이런저런 자질구레한 일을 각자 알아서 찾아 하는 식이었다. 갈수록 분노하는 모습이 격렬해져 갔다. 5월 23일 밤이었다.

아무도 예상치 못한 노무현 대통령의 서거는 정치보복이 불러온 우리나라 정치사의 일대 비극적 사건이었다. 서울시청 광장을 가득 메운 시민들과 만장, 그리고 노란 풍선은 이전에는 볼 수 없었던 추모 열기를 상징했다. 지금도 가장 인기 있는 역대 대통령에는 어김없이 노무현 대통령이 꼽힌다. 노 대통령의 서거는 많은 국민에게 '지켜주지 못해 미안하다.'라는 자책을 불러일으켰다. 그뿐만 아니라, '민주주의 최후의 보루는 깨어 있는 시민의 조직된 힘'이라는 그분의 가르침을 되새기는 계기가 됐다. 안주하려는 정치인들에게는 매서운 회초리가 됐으며, 국민에게는 강력한 각성제가 된 것이다.

나는 가끔 주위 사람들과 이야기한다. 그때 느꼈던 그 마음과 다짐을 잊지 않아야 한다고 말이다. 우리 모두 그때의 아픔을 잊지 말아야 한다. 비극을 되새기며 분노의 칼을 갈자는 것이 아니다. 민주주의를 파괴하는 무도한 정치보복으로 훌륭한 정치인을 잃게 되는 비극적인 일은 다시 없어야 한다. 정치철학과 가치, 국민을 위한 정치를 위해 여야와 다양한 사회적 목소리가 서로 다투는 것은 당연하다. 민주주의란 원래 그런 것이다. 그러나 마치 조선시대에 벌어졌던 사화처럼 극단적인 정치보복과 고장 난 레코드처럼 전 정권 탓만 하는 것은 우리 정치를 후퇴시키는 짓이다.

우리 국민은 저항과 촛불혁명으로 민주주의의 수준을 높였다. 외신에서도 우리 국민의 높은 민주주의 의식에 감탄하는 보도를 여러 번 했다. 그러나 최근 정치권은 퇴행을 거듭하고 있다. 정부가 보수냐 진보냐가 문제가 아니다. 보수와 진보가 정책 경쟁을 하며 국민의 삶을 돌봐야 한다. 그런데 지금은 가치와 방향을 좀처럼 알 수 없는 정치가 이루어지고 있다. 야당 대표에 대한 집요한 검찰수사, 국회를 무시하는 일방적 통치는 지금까지 쌓아 온 민주주의를 허물고 있다. 급기야 이해할 수 없는 이념을 설파하며 독립 영웅들마저 지우는 행태까지 벌어지고 있다. 이래서는 안 된다. 국민이 선택한 정권이 아닌가? 더불어민주당으로서는 뼈아픈 일이지만, 국민이 선택한 이 정부가 우리 정치와 경제를 보듬어 안고 국민의 삶의 질을 높이기를 바란다. 하지만 현실은 거꾸로 가고 있으니 통탄하지 않을 수 없다.

정치의 무대에 본격적으로 서다

2010년 4월에 나는 중앙당 상근부대변인에 임명됐다. 당시는 정세균 당대표 시절이었는데 예전에 중앙당 기조위원장으로 계실 때 모신 적이 있다. 아마도 그때 인연으로 나를 배려해 주시지 않았나 싶다. 당시 대변인은 우상호 의원이었다. 우상호 대변인은 지금까지도 명대변인으로 평가받고 있으니 내게는 좋은 스승이었던 셈이다.

내 첫 논평은 KBS 사장을 비판하는 것이었다. 당시는 이명박 정권 시절 방송 장악을 둘러싼 여야 간 설전이 극심할 때였고 때마침 '청와대에서 조인트 깐다.'는 내용의 기사들이 나와서 '국민들도 조인트 깔 수 있다.', '국민들의 심판을 두려워하라.'라는 차원에서 쓴 논평이었다. 방송국 관련 논평이라 당시에 언론사로부터 가벼운(?) 항의도 있었지만, 여과 없이 작성한 새내기 부대변인의 용기에 지금도 박수를 보내고 싶은 심정이다. 내가 상근부대변인으로서 처음 내놓았던 논평이기에 여기에 소개한다.

KBS 사장님! 국민들의 조인트는 무섭지 않습니까?

지난 4월 5일 KBS 김인규 사장이 직접 주재한 '임원회의' 결정 사항이 전국언론노동조합 KBS 본부를 통해 공개됐다.
무엇보다 그날 임원회의의 내용이 공영방송으로서 적절하였는지 의심하지 않을 수 없다. 김미화 씨는 발음이 부정확하다는 이유로 문제를 삼으며 내레이터 선정위원회를 구성하여 적임자를 선정하기로 한 것이다. 김제동 씨의 별안간 하차가 생각나는 대목이다.
봉은사 주지 명진 스님의 인터뷰가 나간 것은 부적절하므로 객관성 있는 심의가 필요하다고 지적했다. 〈국민의 마음을 모읍시다〉 프로그램에서 천안함 실종 장병들을 위해 열심히 기도하겠다는 명진 스님의 인터뷰가 무엇이 부적절한 것인지 도대체 이해할 수가 없다.
또, KBS 직원들이 MBC 파업에 동참 시 사규에 따라 철저히 대처하겠다고 한다. KBS 사장이 직원들을 '좌파', '우파'로 구별해서 청소하고, 큰집 불려 가서 조인트 까여도 직원들은 절대 파업하거나 항의해서는 안 된다는 것인가?
KBS 임원회의는 공영방송의 수장이 언론의 자유와 정치권력으로부터의 독립을 지키지 않겠다고 대놓고 말한 것으로밖에 보이지 않는다.
아무리 특보 출신이라 하더라도 공영방송의 수장은 조인트 깨질 각오로 언론의 자유와 방송의 공적 기능 수호를 위해 노력해야 하는 자리다. KBS 김인규 사장은 더 이상 자신의 조인트 보호에만 급급하지 않길 부탁드린다.
큰집뿐 아니라 국민들도 조인트 깔 수 있다는 점을 반드시 기억하시기 바란다.

2010년 4월 14일 민주당 부대변인 권칠승

대변인실은 현안에 즉각 대응해야 하기 때문에 긴장을 늦출 수 없는 곳이다. 현안에 대한 각 당의 반응, 여론의 추이 등을 보며 적절한 입장을 글로 표현하는, 그야말로 정당의 야전사령부와 같은 곳이다. 또 기자들과 같이 어울리는 자리도 많아 대변인실은 이래저래 힘든 보직이다. 그래도 정치의 최전선에서 근무한다는 자부심과 보람이 있는 생활이었다. 그런데 10년 이상 훌쩍 지난 지금은 당 수석대변인이 되었으니 만감이 교차하고 감개무량한 일이다.

그러나 내 상근부대변인 생활은 오래가지 못했다. 그해 6월 2일에 치러진 지방선거에 출마하게 됐기 때문이다. 예기치 못한 갑작스러운 출마였고 인생의 방향을 바꾼 대전환이었다. 바로 경기도 화성시를 지역구로 한 경기도의회의원 선거였다. 당시 화성을 지역구 민주당 위원장이었던 이원욱 선배가 출마를 권유했다. 나와는 당직자 생활을 같이 했던 인연이 있었다.

나는 그때 경기도 고양시에 살고 있던 터라 화성시에는 이렇다 할 연고도 없는데다가 갑작스러운 출마 권유에 적잖이 고민했다. 출마하더라도 당선 가능성이 있어야 할 텐데 좀처럼 가늠할 수가 없었다. 그렇지만 잘 모를 때 혹은 변화의 기회가 있을 때는 변화를 선택한다는 것이 평소 내 지론이었다. 눈 딱 감고 출마를 결심했다.

그동안 많은 선거 현장에 가 보고, 기획도 하고, 운동도 해 봤지만 본인 선거는 사정이 완전히 달랐다. 선거가 6월 2일인데 5월 8일 경부터 선거운동을 본격적으로 시작했으니 처음부터 경황이 없었다. 급하게 선거사무실을 꾸리고, 선거운동원을 모집하고, 사진도 찍고,

홍보물도 만드는 등 해야 할 일이 한둘이 아니었다. 돌아보면 그때도 나는 인복이 있었다. 처음 보는 사람들인데도 자기 일처럼 한결같이 진심으로 도와주었다. 그때 선거운동을 도와주셨던 분 중 이후 선거에도 많은 도움을 주셨거나 아직도 서로 연락하는 분이 많이 있다. 그때 도와주신 모든 분께 항상 감사하는 마음이다.

출마를 결심하고 화성시를 대면하니 모든 것이 새롭고 놀라웠다. 새로운 사람들도 만나고 지역 현안을 알게 되면서 미처 몰랐던 화성시의 매력에 빠져들었다. 그냥 막연히 연쇄살인 사건이라는 아픈 기억이 있는 도시, '살인의 추억'이라는 영화의 배경 정도로 알고 있었던 내가 부끄러워졌다. 화성시는 엄청난 힘을 갖춘 도시였다. 다만, 아직 그 힘의 봉인이 풀리기 직전이었다. 내가 선거에 출마할 무렵부터 화성시의 잠재력은 이제 막 웅비하려던 참이었다. 2010년 화성시 인구는 50만을 겨우 넘는 수준이었으나 2023년 말을 기준으로 인구 100만을 눈앞에 두고 있다. 이제 곧 특례시 출범을 앞두고 있다. 화성시는 전입 인구도 서울 강남구를 이기고 전국 1위를 기록하는 등 그야말로 비약하는 도시다.

화성시는 면적도 서울시의 1.4배, 수원시의 7배 정도 되는 큰 도시다. 인구 100만 명 이상인 수원, 용인, 고양, 창원 등 4개 특례시 다음으로 인구가 많은 도시로 성장했다. 인구 증가 속도가 전국 1위인 것은 물론이다. 이는 머지않아 내 정치 인생에 엄청난 영향을 미치게 됐다.

2010년 지방선거는 만만하지 않았다. 당시 당 지지도가 그리

높지 않았고, 그 와중에 야권은 이리저리 분열되어 있었다. 경기도지사 후보 선거에 국민참여당 유시민 후보와 우리 당의 김진표 후보가 출마했고, 야권 후보 단일화 과정을 거쳐 유시민 후보가 최종 야권 단일 후보로 나서게 됐다. 자당의 광역지자체장 후보가 없다는 점은 그 예하 선거출마자들에게 매우 불리한 여건이 될 수밖에 없다.

게다가 광역의원 선거에서는 야권마저 분열됐다. 국민참여당 후보도 출마하고 나도 출마했다. 구도상 만만치 않은 선거가 되겠다고 생각했고, 불안감도 없지 않았다. 더군다나 당시 국민참여당의 바람이 만만치 않게 거세게 불었다. 당시 내 지역구는 민주노동당 시의원 후보가 당선될 정도로 진보 성향이 강한 곳이었다. 선거운동을 하면서도 간간이 어쩌면 질 수도 있겠구나 하는 생각이 들었다.

물론 동물적 감각에 의한 체감이지만, 당시 내 화성시 지역구는 그래도 다른 지역보다 민주당에 대한 지지도가 높은 편이었다. 또 민노당 활동도 활발할 만큼 진보 진영에 대한 우호적 분위기가 있었다. 기본적으로 야권 성향이 있는 지역으로 보였다. 야권 분열 구도가 못내 불안했지만, 당선 가능성에 좀 더 무게를 두었다. 딱 부러지는 근거는 없었으나 희망이 보였다. 어쩌면 희망을 보려고 노력했는지도 모르겠다. 선거는 끝까지 본인이 이길 수 있다는 자기 확신이 필요한 '업業'이니까.

그러나 어느 순간부터 자연스럽게 선거 결과는 별로 생각하지 않게 됐다. 길가에서 인사하다 보면 마치 길거리 수행자가 된 듯한 느낌이 들었다. 2010년은 바로 직전 해인 2009년에 서거한 노무현 대

〈표2-1〉 제5회 전국동시지방선거 경기도의회의원 화성시 제3선거구 득표 현황

유권자 수: 104,703명

구분	정당	득표	득표율	당락	비고
권칠승	민주당	23,229표	45.81%	당선	
진재광	한나라당	20,104표	39.65%		
이연규	국민참여당	7,368표	14.53%		
합계		50,701표			

출처: 중앙선거관리위원회

통령에 대한 추모 분위기가 여전히 높을 때였다. 노무현 대통령의 참여정부 때 청와대에서 행정관으로 근무한 경력이 추모 분위기와 함께 상당 부분 표로 이어지지 않았나 싶다. 길거리에서 가끔 노 대통령 이야기를 하시며 당선을 기원해 주시는 분들을 만났다. 선거 막바지로 갈수록 야당에 유리한 선거 분위기를 감지할 수 있었다. 문제는 야권의 분열이었다. 그러나 이런저런 우려에도 불구하고 나의 첫 공직선거는 승리로 끝났다. 이방인이나 다름없던 나를 선택해 주신 유권자분들이 지금 생각해도 너무 감사하다.

　　지역구 의정활동을 시작하면 자연스럽게 지역 사람들을 본격적으로 만나게 되고 지역 현안도 살펴보게 된다. 처음에는 동네를 잘 모르니 처음부터 끝까지 배우는 것뿐이었다. 길조차 낯선 데가 수두룩했다. 가끔 도의원이 그런 것도 모르냐는 핀잔을 듣기도 했다. 그러나 지역구 의원을 하게 되면 아주 짧은 시간에 지역구에 대한 애

정과 이해가 생긴다. 이는 모든 선출직에 해당되는 사항일 것이다. 내가 보기에 선출직 1년이면 대강 10년 정도 그 동네에서 생활했던 주민의 인식이 생기는 것 같다. 조금만 지나도 지역의 현황에 대해 누구 못지않게 많이 알게 되고, 지역에 대한 애정도 깊어진다. 그게 선출직들의 운명이 아닐까 한다.

좋은 민주주의는
끊임없는 고민 속에서 탄생한다

 2014년 재선을 위해 선거운동을 할 때는 괴로운 심정이었다. 선거운동 시작을 한 달가량 남겨둔 4월 16일에 지금도 생각하면 한탄스럽기만 한 세월호 참사가 발생했기 때문이다. 온 국민이 비통에 빠졌다. 국가가 국민을 보호하지 못하는 현실을 두 눈으로 생생히 지켜본다는 것은 참으로 큰 고통이었다.

 지금도 그때가 선명하게 떠오른다. 아침 방송에서 배가 약간 기울어진 채 떠 있는 장면을 보고 밖으로 나섰다. 궁금했지만 신속히 사고 속보가 떴고 당연히 구조될 줄 알았다. 그리고 실제 얼마 있지 않아 학생들 전부가 구조됐다는 뉴스가 나왔다. 그때만 해도 배는 어떻게 될지 몰라도 사람은 다 구했으니 다행이라고 여겼다. 그렇게 편안하게 생각하고 있다가 사무실로 돌아왔다. 그런데 방송에서는 뒤집힌 배를 보여줬고, 그 안에 아이들이 그대로 있다는 속보가 계속 흘러나왔다. 충격이었다. 그로부터 한동안 우리 국민은 도저히 이해할 수 없는 국정 난맥의 민낯을 보게 됐다. 당시 박근혜 대통령의 구명조끼 발언은 많은 국민의 분노를 자아냈고, 이는 결국 탄핵의 요인 중 하나가 됐다고 생각한다.

2014년 지방선거는 4월에 일어난 세월호 참사 때문에 여러 곡절을 겪었다. 한동안 국민의 분노가 하늘을 찔렀는데, 한 달 정도 지나 선거에 가까워지니 분위기가 약간 이상하게 흘러갔다. 한쪽에서 세월호 참사 피로 이야기가 슬슬 나오기 시작했다. 선거를 앞둔 의도적 행위라고 생각했다.

그러나 화성시의 추모 분위기는 계속 이어졌다. 병점역 앞에 분향소를 차려 놓았는데, 추모의 발길이 끊이지 않았다. 화성시는 단원고가 있는 안산과 경계를 공유하고 있는 도시이기도 하다. 또 화성시는 중고생이 많고 젊은 도시라서 추모 분위기에 대한 공감도가 더욱 높았다고 생각한다. 선거운동 기간이 됐지만, 차량에서 음악을 틀거나 시끄러운 유세 같은 것은 생각조차 할 수 없는 분위기였다. 우울한 분위기 속에 선거가 치러졌고, 나는 재선 경기도의원으로 당선됐다.

선거가 끝난 뒤에도 세월호 참사의 여운은 이어졌다. 그러나 시간이 조금 지나자 이 참혹한 대형 재난에 대해 정치적 유불리를 의식한 발언들이 난무했고, 세월호 참사는 서서히 정치화의 길을 걷기 시작했다. 나중에는 이 세월호 참사에 대한 국회 진상조사 특위가 만들어지기도 했고, 오랜 시간 광화문 앞에서 유족들의 단식농성과 시위가 이어졌다. 당시 새정치민주연합 문재인 의원도 단식에 합류했다. 2014년 9월 세월호 유가족들의 단식을 조롱하는 일베 회원들의 반인륜적 대규모 폭식 투쟁이 있었다. 대체 정치적 입장이 뭐길래 사람에 대한 기본적인 예의마저 저버리게 하는지 안타까웠다. 하지만 속절없이 지켜보는 수밖에 없었다. 이후 이태원 참사 조문 현장에서도 이와 궤를 같이하는 일부 극우 유튜버들의 패륜적 행동이 있어 많은 사람의 분노와 안타까움을 자아냈다.

세월호 참사 이슈 외에도 민주당은 또 한 번 선거에 영향을 줄 만한 변화를 맞이했다. 2014년 6·4 지방선거를 앞두고 민주당은 새정치민주연합이라는 이름으로 재창당했다. 이때 안철수 대표는 정당 공천제 폐지 문제를 다시 쟁점으로 부각시켰다. 2012년 대선 과정에서 당시 안철수 후보는 "정치가 민의에 반하고 있다."라고 주장하면서 기초공천 폐지를 제안한 적이 있었다. 일견 그럴듯하게 보이지만 시류에 영합하는 포퓰리즘이 아닐 수 없었다. 정당 공천제가 공천헌금이나 지방정치의 중앙정치화라는 문제를 일으킨 것은 사실이다. 그러나 정당 공천제를 없애면 훨씬 더 큰 문제들이 발생하게 된다. 우선 정당의 선진화, 투명화를 기본으로 대의정치를 발전시킬 수밖에 없는 현대 민주주의의 실상을 도외시한 것이다. 즉, 정치인의 잘못과 정치의 잘못을 혼동한 것이며, 정당 운영의 잘못을 정당 자체의 잘못으로 이해하는 것과 같다.

그러나 당시 선거 현장에서는 만약을 대비해 실제 정당 공천이 없는 경우를 대비하지 않을 수 없었다. 기초의원 선거를 준비하던 후보들은 일대 혼란에 빠졌다. 공천 관련 절차는 사실상 중단되는 사태가 벌어졌다. 그러나 결국 기초의원 정당 공천은 없었던 일이 되고 원래대로 시행됐다. 결국 2014년 지방선거가 끝나고 이 이슈는 슬그머니 사라져 버렸다.

현재 제도에 문제가 있다고 해도 아예 없애는 것은 대안이 될 수 없다. 문제만을 지나치게 드러내서 포퓰리즘 방식으로 국민을 선동하는 것은 정치가 아니다. 좋은 민주주의는 국민을 위한 민주주의여야 한다. 정치와 정당이 국민을 위해 복무할 수 있도록 제도를 만들어야 한다. 당장 선거에 유리하다고 이목을 끌기 위한 정치를 하는 것은 근시안적일 수밖에 없고 민주주의의 근간을 뒤흔들 수 있다. 좋은 민주주의가 되기 위해서는 좋은 대표를 뽑을 수 있도록 제도를 개선해야 하고, 그에 알맞은 정당의 역할과 선거 방식에 관해 끊임없이 고민해야 한다.

대안을 제시할 수 있는 정치를 배우다

대부분이 그렇지만 광역의원 선거는 특히 전체적인 선거 분위기에 많이 의존한다. 그런 관점에서 민주당에 상대적으로 우호적인 지역 정치 지형이 내게는 큰 버팀목이 됐다. 2014년의 선거 결과는 52.7%의 과분한 득표였고 더 열심히 하라는 채찍으로 생각했다.

재선에 성공했다고 해도 초선일 때와 달라질 것은 없었다. 의회에서 의정활동을 하고 지역주민들을 만나고 지역 현안을 챙기며 일상을 살아갔다. 문화관광위원회로 배정받아 재선 도의원으로서 임기를 시작했는데, 그전에 있었던 기획위원회나 도시환경위원회와는 달리 주제가 다소 가볍고 재미있었다. 가평의 자라 축제와 재즈 축제 같은 곳에 직접 방문해 보기도 하며 일과 재미가 공존하는 느낌을 받았다. 이천 도자기 축제에 가서 도자기에 직접 글을 써 보는 체험도 했다. 그때 선물 받은 도자기를 쌀 보관용으로 아직도 잘 쓰고 있다(그때 '오동나무는 천년을 늙어도 그 가락을 간직하고 있다桐千年老恒藏曲.'라는 문구를 썼는데 지금 내 국회 사무실에도 같은 문구가 걸려 있다).

재미있는 의정활동을 하면서도 지역의 중요한 문제는 놓치지 않고 세심히 챙겼다. 대표적인 것이 교육 관련 의정활동이다. 광역행정의 주요 축 중 하나가 교육 관련 행정이기 때문이기도 했다. 지역구 차원에서 본다면 초중고등학교에 대한 시설 보완이나 등하교 관련 불편 해소 등과 같은 학부모들과 학생들의 민원 해결이 주요한 일이다. 내 지역구는 학교도 많고 학생도 많았는데 좋은 학부모님을 많이 만나게 되는 계기가 됐다. 의정활동도 하고 좋은 분들도 알게 되니 그야말로 일석이조였다.

이제는 많이 잊혔지만 2014년 경기도의회는 우리나라 정치사에 기념비적인 업적을 남겼다. 바로 경기도와 의회 간 '연정' 합의다. 2014년 8월 5일 경기도와 경기도의회는 연정 합의문을 발표했다. 솔직히 나는 그때 당시 남경필 지사가 매우 쿨한 사람이라고 생각했다. 집행권을 거머쥔 입장에서 연정을 받아들이기는 쉽지 않은 결정임을 잘 알기 때문이다. 우여곡절이야 당연히 있었지만, 연정은 1회에 그치지 않고 2016년 9월 2차 연정 합의까지 이어졌다.

당시 연정은 정치적 환경이 낳은 산물이자 협치의 중요성을 일깨운 것이었다. 다음은 당시 경기도 제3연정위원장이었던 양근서 경기도의원의 〈경기도 연정의 한계와 과제〉라는 보고서의 일부다.

"2014년 6·4지방선거에서 새누리당 남경필 후보는 2위인 새정치민주연합 김진표 후보에 0.87% 차이로 신승했다. 경기도의회는 새누리당이 50석(39%)을 차지해 78석(61%)을 차지한 새정치민주연합에 압도적인 열세의 여소야대 상황이 됐다. 남 지사로서는 안정적인 도정 운영을 위해 연정이 절실히 필요했다는 것이 연정 제안의 배경으로 회자된다. 나 역시 이와 같은 인식을 가지고 있었으나 남 지사는 새누리당 후보로 공천되는 날 이미 경기도 연정을 공약으로 제시했다. 정치는 결과로써 평가하는 책임윤리의 영역이라는 측면에서 '선의'와 '진정성'에 의존하는 정치만큼 위험한 것도 없지만, 아무튼 정치인 남경필의 연정 제안이 정치적 수세 국면을 타개하기 위해 어쩔 수 없이 수용한 것이라기보다는 자신의 정치철학을 반영한 적극적인 정치 신념이었다는 점은 인정해야 한다."

경기도와 경기도의회의 연정 실험에 대한 성공 여부를 판단하기는 어렵다고 본다. 그러나 최소한 절반의 성공은 있었다고 생각한다. 노무현 대통령의 대연정 시도는 야당의 거부(물론 여당도 소극적이었다)로 아무런 진척이 없었지만, 경기도 연정은 대한민국 최초로 실제 연정에 필요한 모든 과정을 제대로 실행한 사례였다. 그 결과 우리나라 정치사 최초로 연정부지사가 탄생했다. 1기 연정 때는 전 열린우리당 국회의원이었던 이기우 부지사가, 2기 때는 지금 안양시 국회의원인 강득구 부지사가 맡았다. 경기도의 연정 실험은 3년 6개월 만인 2018년 2월에 공식적으로 마무리됐다.

연정 기간 동안 함께한 경기도의회 의원으로서의 의정활동은 내 귀중한 정치적 자산이 됐고, 이후 국회의원으로 의정활동을 하는 데 밑거름으로 작용했다.

그리고 경기도의회 의정활동 중 가장 기억에 남는 것은 예산결산위원장으로 일한 것과 삼성전자 불산 사고 민관합동조사위원회 공동위원장을 맡은 것이었다. 의회 예산결산위원장 활동은 개인적으로 아주 큰 경험이었다. 경기도청과 교육청 예산의 수립과 배정, 집행에 대한 전체적인 대강의 모습을 조망할 수 있는 자리이기 때문이다. 또 예산안을 두고 어떻게 정당 간에 합의해야 하는지도 배웠다. 의원 4년 차에 예산결산위원장을 맡은 터라 다음 해가 선거였지만 일을 게을리할 수는 없는 노릇이었다. 의회 사무실에서 밤늦게 혼자 예산서를 들여다보는 날도 많았다.

예산결산위원장을 하면서 지역구 의원들에게는 미안했지만 가능하면 비합리적인 각 지역구의 예산 이기주의에 영합하지 않으려고 노력도 많이 했다. 개별 지역구에는 좋은 일이나 경기도 전체로 봤을 때는 비합리적인 사례가 얼마나 많았겠는가. 나는 사심을 빼고 공익적 관점을 관철하기 위해 나름대로 노력했다.

당시 경기도는 예산결손이 발생해서 추경 시 감액해야 할 부분도 많았기에 합리적 조정에 많은 어려움을 겪었다. 2013년 10월에는 경기도 1차 추경 의결에서 316억여 원이 감액되는, 그야말로 사례를 찾기 어려운 일이 벌어졌다. 원인은 당시 경기도의 재정결손 때문이었다. 공무원들의 업무추진비를 일괄 삭감하는 등 말 그대로 뼈를 깎는 고통의 과정이 있었다. 부정확한 세수 추계, 인건비와 같은 필수적인 비용을 당초 예산에 모두 반영하지 않는 등의 잘못된 관례와 도세수가 부동산 경기에 지나치게 의존하는 구조적 문제에도 그 원인이 있었다. 당시 기사를 보면, 경기도의 재정난 원인을 가지고 도의회 민주당과 지자체인 경기도가 두 달 동안 대립하며 겨우 추경을 확정했다고 나와 있다. 나는 인터뷰를 통해 경기도가 그해에 보장된 지방채 2,878억 원을 적절히 활용해서 위기를 극복해야 하는데도 사용처가 분명한 기금을 재원으로 돌려쓰려 하는 바람에 예산을 삭감했다고 입장을 밝히기도 했다.

예산결산위원장을 맡았다고 하면 이리저리 인심 쓰는 모양새를 은근히 기대할 수도 있는데, 나는 그와 정반대 경우였다. 당연히 평소보다 민원도 많았고 의원들의 요구도 다양할 수밖에 없었다. 그러다 보니 스트레스를 심하게 받았고, 결국 거의 쓰러질 지경으로 체력이 바닥났다. 얼마나 스트레스를 받았는지 어느 날 전철 안에서 심한 현기증을 느껴서 병원에 갔는데 고혈압 진단을 받았을 정도였다. 그 이후로 혈압약을 먹고 있다.

본예산은 더 어려웠다. 직전 연도보다 예산이 줄어드는 사업이 많았다. 예산이란 것은 모두 연원이 있고 그 사업과 연관된 많은 사람과 단체가 있기 마련이다. 이해를 구하고 합의하는 일이 결코 쉽지 않았다. 그러나 돌이켜보면 예산이 풍부해서 인심 쓰는 것보다는 어려운 예산 환경에서 허리띠를 졸라맨 것이 더 보람도 있었고 배운 점도 많았던 것 같다.

또 하나 인상 깊었던 사건은 2013년에 발생한 삼성전자 화성캠

퍼스의 불산 누출 사고다. 유해화학물질인 불산이 유출되고 사망사고까지 일어나자 화성시는 그야말로 난리였다. 구미 불산 사고, 심지어 사망자가 2만 명 이상 추정되는 1984년 인도 보팔시 대참사까지 소환됐다. 그때 나는 경기도의회에서 구성한 민관합동조사위원회 공동위원장으로 참여했다. 조사 과정은 쉽지 않았지만, 기업의 사회적 책임은 물론 삼성전자와 같은 큰 기업이 인근 지역과 실무적으로 상생하는 방법과 필요성에 대해 깊이 고민하게 되는 계기가 됐다. 어쩌다 보니 국회의원도 쉽지 않은 영국 〈파이낸셜타임즈〉 인터뷰까지 하게 됐다. 당시 취재하러 온 영국 기자가 삼성에 대한 부정적 멘트를 따기 위한 질문을 여러 번 했는데 외신이라는 점이 부담스러워서 매우 우회적으로 답변했던 기억이 난다.

당시 상황을 살펴보자면, 안전관리와 관련된 업무가 하청에 재하청으로 이어지며 사용하는 유해화학물질에 대한 기초적인 교육조차 제대로 되지 않고 있었다. 반도체 회사는 겉으로 보면 깔끔하고 조용하며, 내부를 봐도 모든 것이 자동화되어 있어 전혀 위험해 보이지 않는다. 하지만 반도체를 만드는 과정은 실제로 많은 화학 공정을 거쳐야 하고, 수많은 화학물질이 사용된다. 이런 사실을 주민들에게 알리고 회사에도 안전관리의 의무를 부여해야 옳다고 판단했다. 외국에서는 이런 사실을 적극적으로 알린다는 것, 징벌적 손해배상도 어마어마하다는 것을 그때 알았다. 그래서 사건의 전반을 조사하고 지방자치단체 최초로 유해화학물질관리조례를 제정했다.

이 과정에서 경기도의회 직원들의 많은 연구와 도움이 있었고,

나 또한 의원으로서 현안이 생길 때 어떻게 문제를 풀어야 할지 많이 배우는 계기가 됐다. 그저 항의하고 규탄하는 것을 넘어 대안을 제시하는 정치를 경험한 것이다. 그리고 이 조례는 이듬해 한국지방자치학회에서 우수조례 개인 부문 대상으로 선정되면서 나는 수상의 영광도 누렸다. 이 상은 해마다 매번 선정해서 주는 것이 아니라 수상자가 없는 해도 있을 만큼 엄격한 심사를 거치는 권위 있는 상이었다. 그런데 내가 발의한 조례가 대상으로 선정됐으니 나름대로 의원으로서 활동을 제대로 하고 있다는 자부심으로 받아들였다. 실무적으로 큰 도움을 줬던 당시 경기도의회 직원들에게 감사드린다.

알면 알수록 매력적인 화성에서
국회의원이 되다

무한 발전의 도시 화성!

 사랑하는 내 지역구다. 2000년대 초중반만 해도 도내에서 5위 안에도 들지 못하는 변방도시 '화성'이 왜 무한 발전이라는 별칭을 얻었을까? 인구 통계만 봐도 알 수 있다. 2001년에 시로 승격될 때만 해도 화성시의 인구는 19만 명이었다. 수도권의 중소도시에 불과했던 화성시가 2023년 9월을 기준으로 외국인까지 포함해 99만 명이 넘는 대도시가 됐다. 이제 곧 특례시 승격을 눈앞에 두고 있다. 더 고무적인 사실은 젊은 도시라는 점이다. 청년층이 대거 유입되면서 평균 연령이 37.8세다. 100만 명을 기준으로 이렇게 젊은 도시는 찾기 힘들다. 화성시는 왜 이렇게 젊은 대도시가 됐을까? 화성시는 교통수단이 육해공을 모두 아우르는 산업입지의 최적지다. 서울의 1.4배에 달하는 넓은 지역과 최적의 물류로 기업들이 모여들었다. 산업단지만 해도 25개에 총 면적은 554만 평이나 된다. 2020년 기준으로 보면, 화성시의 제조업 업체는 1만 9,544개로 경기도에서 가장 많다. 관련 종사자도 25만 명에 가깝다. 일자리가 많고 성장과 발전 가능성이 큰 도시이기 때문에 사람들이 끊임없이 유입되는 것이다. 해가 거듭될수록 젊어지고 커지고 있다. 덕분에 재정자립도는 전국에서도 1~2위를 다툴 만큼 높다. 한국 지방자치 경쟁력지수 평가에서 5년 연속 전국 1위를 했다.

　　화성시의 CI를 보면 사통팔달을 뜻한다. 서해안 시대의 중심으로 활짝 열린 창을 통해 교역하고 무한한 가능성이 열린 곳이라는 의미를 담고 있다. 그 의미대로 화성시는 다양한 산업과 생활문화 등이 복합적으로 어우러진 새로운 도시로 거듭나는 중이다. 동탄 신도시뿐만 아니라 병점, 봉담, 향남, 남양 등 각각의 생활권과 경제권이 형성되어 무한 발전을 추구하고 있다. 또한 대기업과 중소기업의 도시이자 농업과 어업이 발달한 복합도시이기도 하다. 경기도에서 쌀 생산량 1위이고, 경기도에서 가장 긴 해안을 끼고 있어서 어업도 발달한 곳이다.

　　이런 성장하는 도시에서 나는 경기도의원을 거쳐 화성병 지역구를 정치의 터전으로 삼았고, 재선 국회의원으로 활동하고 있다. 그렇지만 나는 화성 토박이가 아니다. 현재 이곳에 사는 많은 주민처럼 나 또한 타지에서 태어나고 자랐다. 내가 태어난 곳은 경상북도 영천

시다. 시내에서도 청송군 방향으로 한참 더 올라가야 하는 전형적인 시골 촌마을이다. 그러나 태어난 곳만 그렇고 초등학교부터 고등학교까지는 대구에서 살았기 때문에 '대구 사람'이라고 해야 더 정확할 것 같다. 화성시와 생물학적 인연은 전혀 없는 사람이다.

이곳과 인연을 맺게 된 것은 지난 2010년 지방선거에 경기도의원으로 출마하면서부터다. 당시 화성을 지역구 위원장이었던 이원욱 의원의 권유로 광역의원으로 출마해 당선됐다. 나는 당시 중앙당 상근부대변인으로 근무 중이었는데, 당시 대변인은 우상호 의원이었다. 유은혜 전 교육부 부총리도 상근부대변인으로 함께 일하고 있었다.

내가 총선에 출마한 것은 지방선거에 출마한 만큼이나 예상치 못한 일이었다. 언제나 그렇지만 지방선거 2년 뒤에는 총선이다. 총선이 다가오면 지방의원들도 자기 선거는 아니지만 총력전을 펼친다. 총선이야말로 정당이 사활을 걸고 뛰는 선거이기 때문이다. 그런데 예상치 못하게 내게 총선 출마의 기회가 생겼다. 2014년 10월 헌법재판소가 선거구 간 인구 차이를 최대 3배까지 허용한 기존의 선거구별 인구 편차는 불평등하므로 관련 법 조항을 2015년 말까지 개정하도록 했다. 당시 3:1 이내였던 국회의원 선거구 인구비례 규정이 헌재 판결로 인해 2:1 이내로 바뀐 것이다. 이에 따라 인구가 빠르게 늘어나는 화성시에도 선거구 분할의 가능성이 커졌다.

마침내 내가 광역의원으로 있던 지역구를 중심으로 새로운 국회의원 선거구가 새로 만들어졌다. 나로서는 중앙정치에 도전할 수 있는 문이 열린 셈이다. 쉽지 않다고 생각했지만 도전해 보기로 결심했다. 주위에서 이런저런 이유로 말리는 사람이 많았다. 고민은 많았지만, 결단을 내렸다.

마침내 2016년 1월 도의원 사퇴서를 내고 본격적인 경선 준비에 나섰다. 물론 한가득 걱정이 들었다. 무엇보다 본선은 고사하고 과연 경선 무대를 밟아 볼 수나 있을까 싶었다. 통상 새롭게 생기는 신생 지역구에는 대부분 전략공천을 할 때가 많다. 전략공천이란 경선 과정 없이 외부 영입 인재를 단수 공천하는 것으로 당의 선거전략 차원에서 이루어지는 일이고 당으로서는 당연한 일이기도 하다. 실제 실무자 시절 전략공천 업무도 해 봤기 때문에 두려움이 더 컸을지도 모르겠다. 그러나 결국 경선 지역구로 지정되어 경선의 기회를 얻었다.

당시 선거는 본선보다 예선, 즉 당 내부 경선이 더 관건이었다. 새롭게 생긴 선거구였기 때문에 기존 국회의원이 없어 무주공산이나 마찬가지였다. 그래도 본선보다 더 치열한 경선을 통과해야 했다. 도의원 지역구에서 봉담읍이 하나 추가됐기 때문에 낯설거나 어색하지는 않았지만, 현역 광역의원을 중도에 사퇴하고 출마하는 바람에 경선 득표 수 집계에서 감산 10%를 안고 가야 하는 불리한 입장에서 시작해야 했다. 당시 경선 규정이 그랬다. 가뜩이나 경쟁이 심한 상황에서 페널티까지 안고 가는 바람에 더 힘들었다.

3월 18일에 경선 개표 때 보니 딱 한 표 차이로 경선에서 이겼다. 믿어지지 않았다. 캠프 내의 많은 사람이 같이 울어주기도 했다. 나도 마음이 울컥했다. 여기에서 일일이 실명을 거론하기는 어렵지만 고마운 사람이 너무 많았다. 그 이후 이런저런 불가피한 이유로 잘 못 보게 된 분들도 있고, 어쩌다 보니 관계가 어려워져 불편해진 분들도 있다. 모든 것을 떠나서 그때 도와주신 모든 분께 감사하다는 말씀을 드린다. 정치를 하다 보면 이렇게 신세만 지는 경우가 허다한 것 같다.

나는 가끔 그때 내가 경선에서 이긴 것은 정말 하늘의 뜻이라고 생각한다. 지역구에 사는 고등학교 동기는 중국 출장을 가서도 휴대폰으로 경선에 참여하기도 했다. 우리나라 최초로 안심번호 경선이라는 새로운 경선 방법이 도입됐기 때문에 가능한 일이었다. 통신사의 협조를 받아 특정 지역에 사는 사람들에 대해 휴대전화를 통해 여론조사를 하는 방식이었다. 아마 안심번호 경선이 아니었다면 내가 경선에서 이기기는 어려웠을 것이다. 그리고 여론조사 때 들려주는 경력에 노무현 대통령비서실 행정관이 없었다면 역시 어려운 경선이었을 것이다. 나는 지금도 노무현 대통령의 후광으로 국회의원이 됐다고 누구에게나 말한다.

경선 과정은 수많은 사연의 연속이었다. 다시 한번 말하지만 각별한 인연이 없는데도 도와준 많은 분의 덕분이다. 내가 국회의원이 되더라도 특별히 개인적 도움을 주는 사람이 아님을 잘 알면서도 나를 위해 선뜻 함께해 주신 분이 많이 계셨다. 당시 상황이 내 편을 들기에 매우 여의찮았던 점을 생각하면 더더욱 고마운 분들이다. 뭐든지 원칙대로 해야 한다는 교훈을 얻었고, 1표가 얼마나 소중한지 뼈저리게 느꼈다. 아마 1표의 가치를 나보다 더 뼈저리게 느껴본 정치인도 그리 많지 않을 것이다. 그때의 그 기억을 잊지 않으려고 회상하는 날들이 제법 있다.

　본선보다 힘들다는 경선을 겨우 통과했는데 사실 본선도 만만치 않았다. 상대 후보가 화성시장 출신이고 지역 토박이라 나름대로 선거 기반이 탄탄했다. 게다가 야권에서 국민의당 후보가 출마하는 바람에 야당 성향의 표가 분산될 수밖에 없는 선거 구도였다. 상당한 변수였으나 어쩔 수 없는 일이었다. 실제 안철수 대표가 이끌었던 국민의당은 광주와 전남 지역을 석권하다시피 하며 38석으로 원내 교섭단체를 이루는 기염을 토했다. 그나마 내가 기댈 수 있었던 것은 광역의원으로 활동하면서 친분이 생긴 지역주민들과 상대적으로 민주당에 유리했던 지역구 여론이었다.

　당시 정치 상황은 유권자들이 여당에 환멸을 느낄 때였다. 세월호 참사에 대응하는 정부와 여당의 태도는 물론, 당 대표가 공천 과정에 불만을 품고 당무를 거부하며 당의 인장을 들고 지역구로 사라지는 등 여당의 공천 과정이 매우 혼란스러웠다. 여당의 행태는 국정을 책임지는 것이 아니라 방치하는 꼴이었다. 사실 선거 전에는 민주당이 불리할 것이라는 예측도 많았다. 하지만 선거 결과는 민주당이 123석, 여당보다 딱 한 석이 더 많았다. 여소야대가 된 것이다.

　민심은 늘 그렇듯이 정치권의 계산 방식과 달리 단호한 심판이 필요할 때는 여지없이 그 심판을 내린다. 나는 민주당에서 20대 총선에 출마한 현직 경기도의원 출신 중에서 유일하게 당선된 기록까지 남기면서 국회의원이 됐다. 득표율은 50.68%였다. 당시 선거 로 고송으로 들국화의 '걱정말아요 그대'라는 노래를 많이 듣고 다녔다.

하지만 정작 당선되고 나니 유권자들을, 국민들을 어떻게 걱정시키지 않을 수 있을까 하는 걱정이 시작됐다.

광역의원 때와는 달리 지역구와 관련해서 국회의원은 중앙정부나 기관들과의 협조를 끌어내는 것이 주요 과제로 추가된다. 지난 2015년에 맥킨지 글로벌 연구소는 2025년이 되면 화성시가 세계 10대 부자 도시가 될 것으로 예견했다. 이때 맥킨지는 화성시가 세계 4위에 오를 것으로 전망했다. 그 정도로 미래 전망이 밝다. 흔히 잘 쓰는 말로 포텐셜이 풍부한 도시다. 무엇보다 제조업 기반이라는 것이 안정적인 성장을 기대할 수 있도록 해 준다. 지금보다 앞으로가 더 가능성이 많은 도시라는 의미다.

제조업이 산업의 기반이면 안정적 성장을 기대할 수 있다. 생산과 공급의 원천이기 때문이다. 제조업은 실질적인 성장 동력이다. 서비스 업종도 제조업의 바탕이 없으면 성장하기 어렵다. 어느 도시든 제조업의 경쟁력을 계속 갖춰 나간다면 앞으로도 충분히 미래 성장을 기대할 수 있다. 고용의 안정화와 GDP 향상 등으로 건강한 경제 생태계가 만들어진다. 경기가 어려운 상황이 닥쳐도 제조업이 강한 도시는 타격이 훨씬 덜하며 특히 실업을 방어하는 데는 제조업의 역할이 지대하다. 그런 점에서 화성시는 큰 강점이 있는 도시다. 그러나 제조업은 환경 문제, 교통 문제를 비롯해 주택, 산업단지 조성 등 수많은 현안과 직접적으로 얽혀 있다. 이런 문제들은 일개 지방자치단체의 노력으로는 해결될 수 없으며 중앙부처, 기관들과의 긴밀한 협조가 필수적이다. 이제 그런 숙제에 직면한 것이다.

선거로 인연을 맺은 뒤부터 화성시에 대해 알면 알수록 이 도시는 매력적이고 밝은 미래가 기다리고 있다는 것을 알 수 있었다. 심지어 아직도 가끔 연쇄살인 사건을 언급하며 무서워서 어떻게 사느냐고 묻는 사람들이 있는데 그때마다 코웃음이 나온다. 이 도시는 그런 어두운 과거와 결별한 지 오래다. 나는 그런 우려를 들을 때마다 한번 다녀 보고 말씀하시라고 한다. 이미 화성은 엄청나게 발전한 도시이자 또 한 번 성장과 발전의 탄탄한 대로를 걷는 도시다. 그 길은 여전히 앞으로 쭉 뻗어 있다.

교육과 보육은
국가의 미래 동력이다

화성시는 인구 대비 어린아이의 비율이 높은 도시다. 그런데 교육이나 보육 환경이 썩 만족스럽지 못했다. 이는 어쩌면 급속도로 발전하는 도시의 명암일지도 모른다. 도시는 커지고 인구는 늘어난다. 요즘 지자체마다 인구를 늘리는 것이 최우선 과제라는 점을 생각하면 화성시는 복에 겨운 도시다. 하지만 살기 좋은 도시, 아이들을 키우기 좋은 도시, 생업을 하기에 좋은 도시를 만들지 못하면 금세 다시 빠져나갈 것이 뻔하다.

2016년 20대 총선에 출마할 때만 해도 지역구 주민들의 가장 큰 걱정거리는 보육과 교육과 관련한 문제였다. 나는 이 문제를 해결하지 않고서는 지역구를 비롯한 화성시의 미래를 기대하기 어렵다

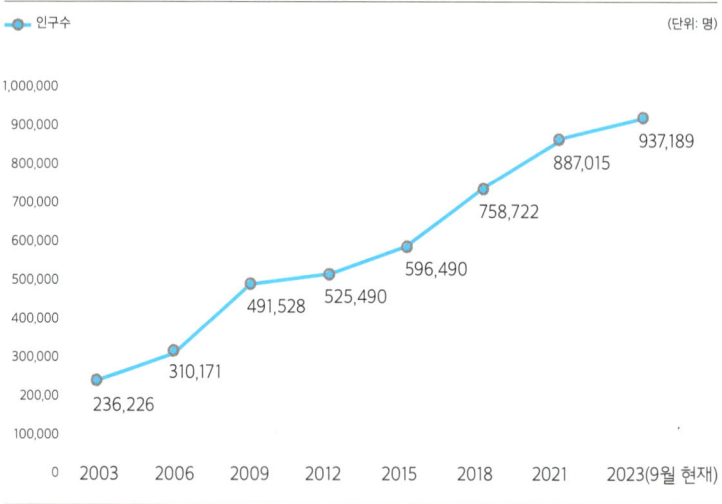

[그림2-1] 화성시 인구 추이(내국인 수 기준) (출처: KOSIS 국가통계포털)

고 봤다. 처음 총선에 출마하면서 가장 먼저 보육과 교육을 내세웠던 이유다. 보육과 교육은 화성뿐만 아니라 인구소멸을 걱정해야 하는 현재 대한민국의 미래를 위해서도 절대적으로 해결해야 할 과제이지 않은가.

국회의원이 만드는 법률은 대부분 특정 지역이 아니라 국가 전체에 그 효력이 미친다. 그런 점에서 좀 더 대국적 관점의 정책 방향을 고민해야 하는 자리에 오른 것이다. 나는 평소에도 보육과 교육은 국가의 미래 동력이라고 많이 강조한다. 20대 총선에 나섰을 때도 당시 대표 슬로건이었던 '걱정말아요'의 민생 공약 중에서 가장 우선순위가 '보육 대란 재발 방지 입법화'였다. 당시 박근혜 정부에서 발생한 보육 대란을 의식한 공약이었다. 또 당에서도 시급하게 처리해야 할 긴급현안 3대 법안 중 하나라고 주장했다.

보육과 교육은 내 1호 공약이었다. 아이를 키우는 환경은 열악하고 저출산과 노령화는 국가의 위기를 초래할 정도로 심각한 수준이라고 거론될 때였다. 위기라고 이야기하면서도 정작 국가의 대응은 아주 미흡했다. 박근혜 정부는 보육과 관련해 국가책임을 강조하며 무상보육을 공약으로 내걸고 출범했다. 그러나 말뿐이었다. 정부가 출범하자마자 보육 대란이라는 말이 끊임없이 나왔다. 누리과정 시행에 필요한 예산을 확보하지 못하는 바람에 큰 혼란을 불러일으켰다. 국가가 책임지기는커녕 아예 재정적 부담을 시도교육청에 떠넘겨 버린 것이다. 어느 지방의회는 어린이집 누리과정 지원예산을 아예 전액 삭감해 버리기도 했다. 나라 전체가 보육과 관련해서 혼란에 빠지고 말았다.

경기도도 예외는 아니었다. 2016년 누리과정 관련 예산은 총 4조 원이었는데 17개 시도의 예산편성 현황은 그 절반인 2조 원이 전부였다. 총선 직후 확인해 보니 당장 두 달 정도 있으면 또 보육 대란이 일어날 지경이었다. 문제가 해결될 기미는 보이지 않았다.

나는 국회의원으로 당선되고 난 뒤에 1호 법안으로 보육 대란을 방지하기 위한 '보육 대란 재발 방지 관련 3+1법'을 발의했다. 이는 영유아보육법 일부개정안, 유아교육법 일부개정안, 지방재정법 일부개정안이라는 세 가지 법률과 지방교육재정교부금법 일부개정안까지 더해 만든 법 개정안이다. 이 법안을 통해 어린이집 누리과정에 들어가는 재원의 부담 주체를 국가로 명확하게 했다. 그리고 만 3~5

세 무상교육의 내용과 범위에 대해서도 시행령에서 위임하는 사항을 유치원으로 구체적으로 못 박았다. 두 번 다시 보육 대란이 일어나지 않도록 지방재정법에서 무상보육과 같은 국가가 수행해야 하는 일을 지자체에 무책임하게 떠넘기지 못하도록 했다. 만약 지자체에 위임한다면 비용을 별도로 마련해야 하고, 교부금 총액교부의 취지에 반하지 않아야 한다는 단서도 새로 만들었다. 거기에다 지방교육재정교부금법상에 내국세 교부 비율을 20.27%에서 22.77%로 상향하는 방안도 포함했다. 재원 마련의 현실성을 고려한 것이다.

보육에 이어 교육도 해결해야 할 현안이었다. 나는 지역구를 분석하면서 화성시의 고교평준화도 매우 중요한 문제라고 봤다. 평소에도 고교 비평준화에 따른 여러 문제점을 인지하고 있던 터라 이 문제를 어떻게든 해결하고 싶었다. 사실 이 사안은 내가 도의원을 할 때부터 큰 노력을 기울인 숙원사업이었다. 그러나 아직도 고교평준화를 위한 여러 조건을 맞추는 데 어려움을 겪고 있다. 가장 큰 문제는 학교가 부족하다는 것이었다. 인구가 빠르게 늘어나는 지역이 흔히 겪게 되는 단골 민원이다.

내 지역구인 화성시 봉담읍에는 고등학교가 하나밖에 없었다. 초선 국회의원 당시만 해도 인구가 7만 명 정도 됐으니 작은 군郡 2~3개를 합친 정도가 되는 큰 지역이었다. 봉담읍 인구는 2023년 9월을 기준으로 이미 9만 명을 넘어섰다. 그런데 고등학교가 하나밖에 없으니 아이들이 다른 지역의 고등학교에 가야만 했다. 수능을 준비하느라 시간을 쪼개어 공부해야 하는 마당에 외지로 통학을 한다는 것은 여러모로 문제가 많았다. 오죽하면 이 지역의 학부모들은 아이가 중학교를 졸업할 즈음에 심각하게 이사를 고민할 정도였다. 그래서 고등학교의 추가 신설은 주민들의 숙원사업이기도 했다.

과밀학급과 원정 통학 등으로 교육 여건은 경기도에서 가장 심각했다. 당시 봉담읍의 유일한 고등학교인 봉담고등학교는 1학년부터 3학년까지 전 학급의 정원이 40명이었다. 요즘은 찾아보기 힘든 과밀학급이다. 원정 통학도 학생들의 피로도와 안전 문제에 악영향을 끼치고 있었다. 나는 직접 원정 통학을 체험하기도 했다. 봉담에서 향남읍까지 원거리를 오가는 한 고등학생과 1시간 30분이나 걸리는 통학길을 함께 다녀보기도 했다. 이때 그 긴 통학길을 영상으로 담아 교육부에 제출하고 학교 신설의 필요성을 강력하게 주장했다.

전국의 학령인구가 줄어드는 것과 반대로 봉담읍은 학령인구가 꾸준히 증가했다. 2016년에는 6,000세대에 가까운 입주 가구가 들어올 예정이라서 이곳으로 전입하는 학생도 그만큼 많아질 것이 분명했다. 그렇게 되면 과밀학급 문제가 더 심각해질뿐더러 봉담읍 중학교 졸업생 1,200~1,500여 명이 버스를 타고 왕복 2시간 혹은 그 이상 길에서 시간을 보내야 했다. 그들의 안전 문제도 간과할 수 없었다.

누가 봐도 고등학교 추가 신설은 필요한 일인데도 여러 이유와 조건 등에 막혀 실현되지 못했다. 교육부는 지역별 특성을 제대로 고려하지 않고 매번 현실과 동떨어진 기준을 내세우면서 번번이 재검토 타령만 읊었다. 주로 인근인 수원과 향남읍에 분산 배치가 가능하다는 이유였는데, 인근 배치라고 말하기 힘든 현실과 인구가 계속 늘어나고 있는 상황을 무시한 의견일 뿐이었다. 학교 설립 허가는 계속 미루어졌고 결국 학교 용지로 지정됐던 토지가 기한을 넘어 용도가 바뀌는 최악의 상황까지 이르렀다.

그러나 다행히도 내 국회의원 임기 첫 해였던 2016년에 천신만고 끝에 봉담1고(가칭) 신설이 최종 확정됐다. 새로 개발되는 동화지구 내 토지였는데 조합에서 개발하는 주택단지였다. 그러나 기쁨도 잠시, 그 이후 상당 기간 조합 내부의 소송 등 분열로 인해 토지소유권 이전이 제때 이루어지지 않았고, 그로 인해 정말이지 많은 과정과 노력이 추가로 들었다. 속 졸이는 순간은 물론 사업 자체가 무산될 뻔한 위기도 여러 번 있었다. 토지소유권을 교육청으로 넘길 수 없는 상황이 장기화되면서 거의 무산 위기까지 몰리기도 했다.

공무원들조차 다른 부지를 알아봐야 하는 것 아니냐는 의견을 내놓았다. 말하기야 쉽지, 다른 땅을 찾는다는 것이 만만한 일이 아니었다. 그 많은 절차를 처음부터 다시 한다는 생각은 아예 상상조차 하기 싫은 악몽이었다. 예산은 벌써 확정해 놓고 설계까지 마쳤는데 토지 소유가 넘어오지 않으니 그야말로 환장할 노릇이었다. 지역주민들의 커뮤니티에는 비난 댓글이 난무했고 진짜 물 건너갈 것 같은 불안감마저 생겼다. 앞으로 조합토지에는 학교 신설을 절대로 추진하지 않겠다고 속으로 몇 번이나 다짐했다.

우여곡절 끝에 늦어지긴 했지만, 최종적으로 토지소유권이 교육청에 양도됐다. 너무 기뻤다. 나는 우리 지역 도의원들, 시의원들과

2023년 3월 개교한 와우고(가칭 봉담1고)의 전경

함께 자축연을 가지기도 했다. 그만큼 노력이 많이 들어간 학교였다. 마침내 2023년 3월 (가칭)봉담1고는 와우고등학교라는 이름으로 개교했다. 주민들의 만족도도 높아 보람이 크다. 그러나 봉담2지구를 중심으로 인구가 계속 늘어나는 것을 고려하면 여전히 봉담 지역의 고등학교 수는 부족했다. 다행히 봉담2지구에 고등학교 추가 신설도 확정되어 한숨 돌릴 수 있게 됐다. 2023년 6월에 착공해 2025년 3월에 개교를 목표로 사업이 진행 중이다. 토지공사 소유의 땅이라 특별히 걱정할 것도 없어 보인다.

그나마 봉담 와우고는 어려움 끝에 결실이 있었지만, 학교 신설 문제가 아직도 해결되지 않아 어려움을 겪고 있는 곳들이 있다. 대표적으로 진안동에 속해 있는 행정동 지명 능동에 추진 중인 능1초 신설이다. 이 지역은 2015년 7월 화성 능동지구에 아파트가 들어서면서 (가칭)능동1초 학교 용지로 결정해 놓은 부지가 있었다. 교육청으로서는 향후를 대비한 당연한 조치였으나, 이것이 당연히 학교 신설을 담보하는 것은 아니었다. 하지만 입주민들은 초등학교가 당연히 들어선다고 생각할 수밖에 없었다.

교육청의 학교용 부지 확보는 마땅히 칭찬받아야 할 행정이었지만, 예상대로 학교가 만들어지지 않자 많은 민원에 봉착하게 됐다. 2016년부터 2017년까지 무려 4차례에 걸쳐 교육부 중앙투자심사를 의뢰했으나 모두 재검토 결정, 즉 부결당하고 말았다. 결국 상대적으로 학생 수가 적은 진안중학교를 벌말초등학교 자리로 이전하고 벌말초등학교를 능1초 예정 부지로 이전하는 거대한 프로젝트를 기획하고 실행에 옮겼다. 사실 이는 병점 및 진안 지역의 효율적 학교 배치를 위한 좋은 방법으로 보인다. 그러나 그 방법은 힘든 과정이 기다리고 있었다. 교육부와의 조율은 물론 행정 절차상 이전 대상이 되는 해당 학교 학부모들의 동의가 필요했기 때문이다.

결국 2018년 병점 지역 학생 배치 종합계획을 수립하고 2019년 6월부터 7월까지 학부모 설문조사에 들어갔다. 당시는 소위 '적정 규모 학교 육성 추진 찬성률 70% 이상'이 조건이었다. 한 학교에서 찬성 조건을 맞추지 못해 결국 학교 이전 문제는 없던 일이 되고 말았다. 아쉬움이 컸지만 어쩔 수 없는 일이었다. 이후 교육청과 중앙투자심사를 통한 단독 설립을 여러 차례 상의해 봤지만, 여전히 전망이 없다는 입장이었다. 그러던 중 찬성 기준이 60%로 완화됐고, 이듬해인 2021년 5월 다시 한번 진안중과 벌말초 학부모들을 대상으로 설문조사를 했으나 또다시 부결되었다. 학교 인근 주민들로서는 선뜻 동의하기 어려운 부분도 있다고 생각한다. 당장은 어렵겠지만 새로운 실마리가 잡히길 간절히 고대한다.

인구절벽과 아이 돌봄 문제는
국가의 과제

요즘 인구절벽이라는 말을 심심치 않게 듣는다. 우리나라는 세계에서도 가장 낮은 출생률을 기록하고 있다. 작년 우리나라 출생률은 0.78이라는 매우 낮은 수치를 보였다. 인구성장률은 1985년에 1% 이하로 떨어졌고, 2030년부터는 마이너스 성장할 것으로 보인다. 2020년은 우리나라가 처음으로 절대인구가 줄어든 해다. 총인구는 약 2035년 정도까지 정체를 보이다가 2045년 이후부터는 급격한 감소세를 보일 전망이다. 2067년에는 4,000만 명 이하가 될 것으로 예상된다.[17]

---

17) 《통계로 보는 사회보장》, 2020, 보건복지부, 한국보건사회연구원

양육 관련 보조금 정책으로는 저출산을 막을 수 없다는 비판이 많다. 획기적 방법을 찾으라고 하지만, 그게 말처럼 쉽지는 않다. 이미 아이를 가지는 것 자체가 선택의 문제로 문화가 바뀐 듯하다. 이런 문화야말로 단시간에 고쳐지지 않을 것이다. 출생률만의 문제도 아니다. 낮은 출생률과 함께 결혼 자체를 하지 않는 사람의 증가, 즉 기혼율 저하 현상과 아이를 낳을 수 있는 젊은 여성의 숫자 감소도 심각한 문제다. 우리나라의 평균 첫째 출산연령은 꾸준히 상승해 2009년 29.8세에서 10년 만인 2019년에는 32.2세까지 높아졌다.

그뿐 아니라 노령인구가 급격히 증가해 2025년에는 65세 인구가 전체 인구의 20%를 넘는 초고령 사회가 될 것으로 추정된다. 잘 알다시피 고령인구의 증가는 여러 사회적 비용을 증가시키고 경제활동 가능 인구의 부담을 높인다. 이제 우리 눈앞에 다가온, 말 그대로 정해진 미래이지만 우리가 자체적으로 인구 문제를 극복하기는 어렵다고 보는 사람이 많다. 전문가들도 대개 그런 의견인 것 같다.

그래서인지 이민정책을 통해 인구절벽 상황을 극복하자는 의견도 많다. 그러나 이 또한 쉬운 주제가 아니다. 특히 우리나라처럼 단일민족이라는 의식이 강하고 외모가 다른 외국인들에 대한 경계나 이질감이 강한 나라에서는 더 어려운 문제다. 당장 문제 해결에는 도움이 되겠지만, 이민은 당대만이 아니라 다음 세대와 그다음 세대에서 예기치 못한 상황을 발생시키기도 한다. 예를 들어 프랑스의 축구 국가대표 선수들을 보면 아프리카계가 많다. 외모도 전형적인 프랑스인과는 다르다. 이민자의 후예들이기 때문이다. 한때 세계 최고의 미드필더로 우리에게도 잘 알려진 프랑스의 축구 국가대표 선수 지네딘 지단도 본인은 프랑스에서 태어났지만, 부모는 알제리 출신이다. 또한 현재 최고의 축구선수로 평가받는 킬리안 음바페도 아버지는 카메룬에서 프랑스로 이민 온 축구선수 출신이다. 그러나 이들처럼 프랑스에서 성공한 이민자는 극히 드문 사례라 할 수 있다. 대부분은 저소득이나 실업으로 가난에 허덕이며 이런저런 차별에 노출되어 있다. 그렇다 보니 프랑스 사회는 이민자들이나 옛 식민지 후예들과 프랑스 주류 사회 간의 갈등이 심각한 수준에 이르렀다.

얼마 전에도 프랑스에서 내전 수준의 엄청난 시위가 있었다. 카메룬 출신 아버지와 알제리 출신 어머니 사이에서 태어난 17세의 이민 2세 아이가 경찰의 검문을 피해 달아나다 경찰의 총에 맞아 숨진 사건이 시위의 원인이었다. 프랑스 내의 해묵은 인종차별 문제가 터져 나온 것이다. 불행의 진짜 걱정거리는 이런 일이 드물지 않다는 것이다. 심심치 않게 뉴스에 등장한다. 유럽 곳곳에서 일어나는 많은 테러나 시위, 폭동 사태는 이민 문제에 그 연원을 두고 있는 경우가 많다. 이민은 두고두고 긴 세월 동안 우리 사회에 많은 어려운 문제를 던질 것이다.

양육비 보조나 이민으로는 인구절벽의 근원적 원인을 해결하기가 어렵다. 사실 젊은 부부가 아이를 안전하게 키울 수 있도록 하고 양육의 경제적 부담을 덜어줘야 한다. 그래서 나는 아이의 돌봄에 관심을 기울였다. 국가가 보육 문제를 해결해 줄 수 있을 때 출산과 양육의 부담을 덜 수 있다.

초등 저학년이나 아직 초등학교에 들어가지 못한 아이에 대한 돌봄은 현대 사회의 라이프스타일을 고려할 때 매우 중요하다. 요즘은 대체로 맞벌이가 많기 때문이다. 한 가정의 생존과 관련된 경제 활동을 보장하기 위해서라도 국가는 보육 문제를 적극적으로 해결해야 한다. 경제 활동을 하는 부모들이 일에 집중할 수 있는 여건을 마련해 줘야 한다.

재선이 되고 나서 나는 2020년에 범정부 차원에서 수요자 맞춤형 보육체계를 구축하는 내용으로 '온종일 돌봄 체계 운영·지원에 관한 특별법'을 발의했다. 학교가 아이들 돌봄의 중심이 될 수 있도록 정부와 지자체가 협업할 수 있는 구조를 짜는 것이 핵심 내용이었다. 대체로 학교는 그 지역에서 가장 접근성이 좋은 곳에 있다. 특히 신도시의 학교들은 대부분 가장 요지라고 할 수 있는 곳에 있다. 부모들과 아이들의 접근성이 아주 좋다. 그런데 학교 수업을 마치고 모두 집이나 학원으로 뿔뿔이 흩어져야 할 시간에 아이들을 돌볼 수 없는 부모가 많다. 맞벌이 부부에게는 이럴 때가 가장 난감하다. 어린아이들을 길거리에 내놓는 것과 다를 바 없기 때문이다. 그래서 그 아이들을 학교가 맡아서 돌보는 시스템을 구축하자는 것이었다. 물론 학교가 져야 할 여러 가지 책임의 문제는 최소화하도록 해야 할 것이다.

법안 내용을 구체적으로 살펴보면 다음과 같다. 먼저 사회부총리 겸 교육부 장관이 범정부 차원에서 통합적인 온종일 돌봄 체계를 구축해 장기적이며 체계적인 정책을 수립한다. 그리고 지자체가 주체가 되어 지역 특성과 여건에 맞는 돌봄 서비스를 제공할 수 있도록 관련 사항을 규정하는 내용 등이 포함되어 있다.

이 법안을 발의한 뒤에 학교 선생님들로부터 엄청나게 공격받았다. 나는 아직도 좀 의아하다. 방과 후 활동에 대한 부담이 있을 수 있겠지만, 학교의 책임은 최소화하고 다른 활동의 장소로 학교를 활용하는 방안 등은 충분히 고려할 만하다. 또 그런 방안을 찾아서 돌봄의 질을 높이고 환경을 구축하는 것이 중요하다. 학교가 정규수업만 하는 곳이어야 한다고 생각하지 않는다. 시대가 바뀌고, 저출산과 관련한 돌봄과 보육의 문제는 사회의 미래와 관련한 중요한 이슈다. 그런데 과거의 시각으로 사회 문제와 인프라를 바라본다면 문제를 해결할 수 없다. 학교를 활용하는 방안을 찾아야 한다.

이 법안을 두고 마치 모든 돌봄의 업무를 기존 학교 선생님들이 맡아야 하는 것으로 오해한다. 그러나 법안에 따르면, 예산을 확보해 외부에서 돌봄 강사를 별도로 구해서 프로그램을 운영하게 된다. 학교에서는 나름 여러 가지 부담이 있을 수 있다. 책임의 문제도 그렇고 시설 관리 등 고려할 점이 많이 있을 것이다. 하지만 어떻게든 방법을 찾아야지 그런 이유로 안 한다는 것은 정말 이해가 되지 않는다. 심각한 저출산에 허덕이는 대한민국, 돌봄의 획기적 방법이 나와야 할 때다. 모두가 힘을 모아야 한다.

촛불혁명으로 국격을 높인
국민이 자랑스럽다

초선 국회의원으로 활동하면서 가장 인상에 남는 것은 뭐니 뭐니 해도 촛불집회와 대통령 탄핵 결정이다. 그전까지 내가 기억나는 우리나라 대형 촛불집회는 주한미군 장갑차 사고로 사망한 '효순이 미선이 사건'이다. 이 사건은 2002년 한일월드컵이 한창인 시기에 발생해 그냥 묻히는 듯했다. 그러나 그해 11월 가해자들이 무죄판결을 받으며 시민들의 자발적 촛불집회로 이어졌다. 이후 이명박 정부 초기 광우병 파동 때도 대형 촛불집회가 있었고, 널리 알려지지는 않았지만 시위 현장 곳곳에서 촛불을 동반한 집회는 면면히 이어져 왔다. 그러나 이제 촛불집회라 하면 단연 박근혜 대통령 탄핵 요구 집회를 일컫는 말이 됐다. 규모나 호응 면으로 봐도 그렇고 성공까지 했으니 더는 이론이 있을 수 없다. 한마디로 대명사가 된 것이다.

　박근혜-최순실 국정농단 사건으로 시작된 촛불집회는 2016년 10월 29일부터 매주 토요일 광화문 거리는 물론 전국에서 그야말로 들불처럼 일어났다. 아마 대한민국 역사상 최대 규모의 집회였을 것이다. 실제 12월 3일 제6차 집회, 그날은 기억에 남을 정도로 추운 날이었는데도 경찰 추산 43만 명, 주최 측 추산 232만 명이 운집했다. 경찰의 통계로도 최대 규모 촛불집회였고, 정부 수립 이래 사상 최대 규모의 군중이 모인 집회로 알려져 있다. 나도 거의 매주 우리 지역 지인들과 당원분들과 함께 광화문 집회에 갔다. 갈 때마다 어마어마한 군중의 규모에 놀라곤 했다. 화장실이라도 갔다 오려면 제자리로 돌아오기가 힘들어 큰 낭패를 볼 정도였다.

　박근혜 대통령의 퇴진을 주장한 촛불집회에서 가장 자주 등장했던 구호는 아마 '이게 나라냐?'가 아닐까 싶다. 최순실과 관련한 국정농단, 세월호 참사 때 보여준 정부의 무능함과 무책임 등에 대한 촌철살인이었다. 87년 6·10 항쟁 때의 '호헌철폐, 독재타도!'라는 구호와 비교해 보면 격세지감이 있다. 그러나 과거와 비교해서 구호보다는 집회에 나온 시민들의 공권력에 대한 태도야말로 근원적 차이라 할 수 있다. 과거와는 비교할 수 없는, 그야말로 천양지차였다. 나는 이런 부분을 매우 집중해서 봤다. 우선 수많은 군중이 모였는데도 폭력 자체가 완전히 사라진 집회였다. 성숙한 집회 문화의 덕도 크지만, 이미 시민들은 공권력을 두려움의 대상으로 의식하지 않고 있었다. 주권자로서의 권리의식이 성장했기 때문이 아닌가 싶다. 예를 들면 시위 현장에 유모차를 끌고 나오거나 아이들을 데리고 나온 젊은 부부가 무척 많았다. 과거의 반정부 집회를 생각한다면 감히 상상도 할 수 없는 현상이었다. 그만큼 시민들의 힘에 대한 확신, 부당한 공권력의 폭력적 행사는 불가능하다는 믿음 등이 광범위하게 깔려 있었던 것 같다.

당시 시위 현장에는 많은 깃발이 등장했다. 무슨 모임이니, 동지회니, 학교 동기회까지 다양한 깃발들이 어지럽게 춤을 추었다. 물결치는 깃발들은 촛불과 함께 집회의 생동감과 다양성을 불어 넣었다. 그런데 아주 재미있고 매우 인상적인 깃발이 하나 있었다. 바로 '혼자 온 사람들'이라는 글귀의 깃발이었다. 대부분 이런저런 지인들과 같이 오는 상황에서 혼자 온 사람끼리 모여 보자는 취지였을 텐데, 그 번뜩이는 재치와 유머가 너무 재미있었다. 그보다 더 재미있던 것은 그 깃발 아래 상당히 많은 사람이 모여 있었다는 점이다. 정치집회에서 흔히 봐 오던 엄숙함, 비장함 등이 아니라 웃음을 주는 해학, 유머가 촛불집회를 더 풍성하고 지구력 있게 하지 않았나 생각한다. 그뿐 아니라 깨끗한 뒷마무리도 인상적이었다. 100만 명이 모였던 집회 현장이라고는 절대 믿을 수 없을 정도의 질서와 각자가 쓰레기를 치우고 돌아가는 모습은 성숙한 시민의식의 표본이라 할 만했고, 전 세계에서도 칭송할 수밖에 없었다. 촛불집회를 통해 국격이 더욱 올라간 것이다.

2017년 4월 29일 23차 집회를 끝으로 공식 촛불집회는 마감됐고, 이후 2017년 5월 24일 박근혜 정권 퇴진 비상국민행동 측도 공식 해산을 선언했다. 이처럼 거대한 촛불집회는 헌정사상 초유의 대

2016년 겨울 촛불집회 현장을 가득 메운 시민들의 모습

통령 탄핵으로 이어졌다.

　2016년 12월 9일 오후 4시 10분, 탄핵소추안이 국회에서 가결됐는데, 당시 국회 담장은 분노한 시민들로 몇 겹이나 둘러싸여 있었다. 나는 국회에서 그 모습을 보며 만약 탄핵안이 부결되면 국회를 벗어나지 못할 수도 있겠구나 하는 막연한 걱정을 하며 투표용지를 촬영이라도 해놓아야 하나 고민해 보기도 했다. 예상컨대 그날 탄핵안이 부결됐다면 촛불에 기름을 붓는 결과가 되어 성난 시민들의 분노를 가라앉힐 수 없었을 것이다.

　탄핵안 가결을 위해서는 국회의원 재적의 3분의2, 즉 200인 이상이 찬성해야 한다. 투표 결과 234명의 찬성으로 탄핵안이 가결됐다. 당시 여당 내에서도 상당한 이탈표가 있었기 때문이다. 2017년 3월 10일, 마침내 헌법재판소는 피청구인인 박근혜 대통령을 대통령직에서 파면했다. 재판관 전원일치로 현직 대통령에 대한 탄핵을 인용했는데, 우리나라 헌정사상 처음 있는 일이었다. 헌법에 규정된 대통령 탄핵 절차가 실제로 눈앞에서 완결된 것이다.

　박근혜 대통령 탄핵 결정으로 말로만 무성하던 조기 대선이 실제로 치러지게 됐다. 정국은 급속하게 대선 국면으로 접어들었다. 19대 대통령 선거는 촛불집회에 이은 선거라 '어대문', 즉 '어차피 대통령은 문재인'이란 말이 유행할 정도로 민주당의 승리를 점치는 여론이 높았지만, 그래도 대선은 긴장해야만 했다. 그때 당시 문재인 후보를 둘러싼 온갖 가짜 뉴스들이 난무하고 유튜브와 같은 매체들을 통해 광범위하게 퍼져 나갔다. 지금도 기억나는 대표적인 가짜 뉴스

중 하나는 문재인 후보 집 마당에 엄청난 금괴가 묻혀 있다는 것이었다. 구체적인 양까지 언급되는 등 그 수준이 기가 막힐 지경이었다. 과거와 같은 관권선거나 동원선거, 금권선거가 줄어드니 이런 가짜 뉴스가 선거문화를 망치고 있었다. 이제는 선거가 아닌 시기에도 정치와 관련된 가짜 뉴스의 발호가 새로운 문제로 자리 잡고 말았다.

이런 우여곡절 끝에 2017년 5월 9일 문재인 후보가 41.08% 득표로 대통령으로 당선됐다. 바로 다음 날부터 대통령 임기가 시작됐기 때문에 취임 전 인수위 활동기간도 없었다. 취임식도 국회 로텐더 홀에서 아주 약식으로 치렀다. 나도 현장에 있었는데 문재인 대통령이 선서문을 읽을 때 가슴이 뭉클했다.

촛불혁명은 이전 집권 세력에 대한 준엄한 심판이었다. 촛불혁명은 우리 국민의 높은 민주주의 의식과 시민의식을 보여준 역사로 자리매김했다.

촛불혁명에 대한 외국의 반응도 뜨거웠다. 미국 〈뉴욕 타임스〉도 촛불혁명을 매우 높이 평가했다. 지난 2017년 3월 9일 기사에서 "시민들은 단지 임기가 1년 남은 대통령의 퇴진만을 요구하는 것이 아니었다. 수십 년간 한국을 지배해 온 정치적 질서에 저항한 것이고, 그 질서는 이제 국내외적 압박으로 인해 깨지고 있다."라고 보도했다. 같은 해 5월 19일에는 〈워싱턴포스트〉가 "한국은 민주주의 체제의 가장 까다로운 과업을 수행했다. 극도의 압박 속에서 법치를 통해 권력을 이양한 것이다. 유혈 쿠데타 없이 정권을 이양하는 것은 민주주의를 독재와 구별하게 만드는 신호다. 특히 지난 몇 달간 거리를 가득 메운 시민들의 비폭력 시위가 많은 기여를 했다."라는 기사를 실었다.

유럽에서도 매우 긍정적인 평가를 했다. 독일의 〈디 자이트〉는 2016년 12월 14일 기사에서 "감격적인 것을 봤다. 만약 한 시민이 부정과 무능에 대항하여 싸워야 할 때, 민주주의가 심각한 위기에 놓여있을 때, 국민과 국회는 어떻게 국가의 꼭대기를 바로잡을 수 있을 것인가. 이에 대한 사례가 바로 한국에 있다. 유럽과 미국인들은 서울의 용감한 그리고 열정적인 민주주의자들을 배워야 할 것이다. 그들의 투쟁은 오직 찬미해야 한다."라고 했고, 영국의 〈파이낸셜타임즈〉는 "한국은 전 세계에서 민주주의가 가장 번창하는 나라라는 신뢰를 강화했으며, 세계에서 위협받고 있는 자유민주주의에 힘을 불어넣었다."라고 극찬했다.

촛불혁명을 경험한 국민들은 독재를 그대로 바라보고만 있지 않을 것이다. 또다시 평화로운 저항과 높은 수준의 선거문화를 통해 심판할 것이 분명하다. 촛불혁명으로 국격을 높인 국민들이 정치권의 오만함과 독선으로 국격이 나락으로 떨어지는 상황을 그냥 보지는 않을 테니 말이다. 정치 현장에 있는 사람들은 촛불혁명이 지니고 있는 전환적 시사점을 깊이 새겨야 한다.

충돌하는 이해관계 속에서
국민만 바라본다

국회의원을 하다 보면, 이해관계가 충돌하는 현장의 한가운데에 있을 때가 많다. 특히 입법 활동을 할 때는 이해관계의 충돌을 피할 수 없다. 나도 여러 번 겪은 적이 있다. 대표적인 사례가 의료법과 돌봄 관련 법안이었다. 앞서 저출산과 관련해 언급했던 돌봄 관련 법안을 냈을 때였다. 그 법안을 발의했다는 이유로 엄청난 문자 폭탄을 받았다. 이 법안을 냈을 당시에 교육계의 저항이 거셌다. 내가 대표 발의한 '온종일 돌봄체계 운영·지원에 관한 특별법'은 문재인 정부의 '공적 돌봄체계'를 지원하기 위한 법안이었다. 21대 국회의원 선거 때 당의 공약이기도 했다. 나 또한 지역구에서 직접 지켜본 돌봄과 보육 문제의 심각성 때문에 1호 법안으로 내겠다고 약속했다.

나는 이 법안을 통해 아이를 키우는 가정에서 좀 더 마음 편하게 양육하고, 또 부모들의 일과 육아 병행이 현실적으로 가능해지는 기반이 마련되기를 바랐다. 그런데 교육계의 반발이 심해 문자 폭탄과 같은 곤욕을 치러야만 했다. 하지만 이에 대해 나는 굽히느냐 아니냐로 접근하지 않았다. 무엇보다 대안 마련이 우선이어야 한다고 여겼다. 법안에 문제가 있으면 안 된다고만 할 것이 아니라 다른 대안을 만들어야 한다고 말이다. 나는 돌봄과 관련한 대안을 여러모로 고민했다. 우리 사회에서 어떻게 하면 돌봄을 현실적이며 효과적인 체계로 구축할 수 있는지 거듭 연구하며 대안 마련을 모색했다. 학교의 위치와 환경도 당연히 고려했다.

의료법도 이해관계의 충돌이라는 측면에서 마찬가지였다. 2020년 6월에 나는 살인이나 성폭행, 강도, 인신매매 등 강력범죄를 저지른 의료인의 면허를 취소하고, 의료사고와 범죄행위 등으로 징계를 받은 의료인의 정보를 환자가 조회할 수 있도록 하는 '의료법 일부개정법률안'을 대표로 발의했다. 내가 이 법안을 낸 이유는 지난 2007년에 발생한 경남 통영의 사건처럼 어이없는 일 때문이었다. 당시 수면내시경 치료를 받으러 온 여성 환자들을 성폭행했던 의사는 징역 7년형을 선고받았다. 그런데도 의사면허가 유지돼 다른 지역에서 병원을 운영하고 있었다. 2011년에는 서울의 한 의사가 여성을 성폭행하고 위협해 징역 1년에 집행유예 2년을 선고받았지만, 의사면허가 취소되지 않았다.

이는 다른 전문 직종과 비교해 봐도 형평성이 전혀 없는 일이다. 변호사나 법무사, 세무사 등도 범죄 유형에 상관없이 금고 이상의 형을 받으면 면허가 취소된다. 거기에다 단순 징계를 받아도 실명과 범죄 내역 등의 정보가 공개된다. 그러나 의사면허는 다르다. 지난 2000년도 의약분업 당시 국민 의료 이용 편의와 의료서비스의 효율화를 내세우면서 의사면허 취소 기준이 의료법 위반에 한정되도록 법률이 바뀌었기 때문이다. 해당 의료인은 병원 이름만 바꿔 계속 운영할 수 있고, 다른 병원에 취업하는 것도 제한이 없다. 이는 대부분 선량하고 환자를 위해 최선을 다하는 의사들에 대한 심각한 명예훼손이기도 하다.

더불어민주당 남인순 의원의 자료에 따르면, 성폭행이나 강제추행과 불법 촬영 등 성범죄로 검거되는 의사는 해마다 증가했다. 성 관련 범죄로 검거된 의사의 수가 2022년 기준으로 지난 5년간 매년 평균 160명이나 됐다. 국정감사 자료로 제출받은 '최근 5년간 의사 성범죄 검거 현황'에 따르면, 총 717명의 의사가 관련 혐의로 검거됐다고 한다. 하지만 성범죄로 행정처분을 받은 것은 고작 5건에 불과했다. 그것도 자격정지 1개월 처분이 전부였다. 실제로 범죄를 저지른 의사들을 전혀 제재하지 않은 것과 마찬가지였다.

나는 법률 개정안에서 '특정강력범죄의 처벌에 관한 특례법'에 따른 특정강력범죄로 금고 이상의 형이 확정된 후 일정 기간이 지나지 않은 자는 의료인이 될 수 없도록 규정했다. 특정강력범죄는 살인, 존속살해, 촉탁살인, 청소년 약취유인 등 그야말로 무시무시한 범죄들이다. 의료인이 해당 범죄를 저질렀을 때는 면허를 취소하고,

면허 취소 또는 자격정지 처분을 받은 의료인과 관련한 정보와 범죄 내용을 공표할 수 있도록 했다. 국민의 생명과 안전을 다루는 의료인이 성폭행, 살인, 강도 등의 범죄를 저질러 처벌받아도 의료면허를 취소할 수 있는 법적 근거가 없어 윤리불감증이나 환자의 알 권리 침해 등을 우려했다. 외국의 사례를 보면 의료인의 범죄행위에는 강력한 처벌을 내린다. 일본은 벌금 이상의 형사처벌을 받으면 형의 경중에 따라 의사면허가 취소 혹은 정지된다. 미국도 주마다 차이는 있어도 유죄 전력이 있는 의료인은 면허를 받을 수 없을뿐더러 관련 정보도 공개한다.

나뿐만 아니라 많은 국민이 면허 정지나 취소 경력이 있는 의사들의 정보를 모르고 진료를 받아야 한다는 사실을 이해하지 못한다. 우리나라도 의료인 면허 규제와 징계 정보 공개를 통해 환자의 권리를 보장하고 의사뿐만 아니라 국민 모두의 생명과 안전을 중요하게 여길 수 있어야 한다. 당시 코로나19가 한창이었는데, 방역 최전선에서 헌신하는 의료진을 생각하더라도 이 법안은 필요했다. 일부 강력 범죄자 의료인 때문에 의료 현장에서 최선을 다하는 분들의 신뢰와 명예를 실추시킬 수는 없다. 나는 상임위에서 이런 범죄자들은 의사들의 명예를 위해서라도 의료 관련 단체에서 찬성해야 하지 않느냐고 열변을 토했다. 그리고 법안과 관련해서 여러 의료 관련 단체에 의견을 구하는 공문을 보냈는데, 한 군데를 제외하고는 답이 없었다. 그 답변 내용도 매우 우회적 우려의 표시 수준이었다. 의료단체들도 이 법안의 취지에 반대할 명분이 없었던 것으로 보인다.

그런데 이 법은 상임위 법안소위를 통과하면서 모든 범죄로 확대되는 것으로 강화됐다. 다만, 의료행위의 특성상 업무상과실치사상은 제외됐다. 마침내 의료법은 2023년 들어 간호법과 함께 엄청나게 큰 이슈가 되고 말았다. 나는 당시에는 중기부 장관으로 가 있던 시절이라 입법 과정을 잘 몰랐으나 국회로 복귀해서 법사위 배정을 받고 보니 장기간 법사위 계류 중인 심각한 현안 법안이었다. 마침내 2023년 2월 해당 상임위인 보건복지위에서 본회의에 직회부 결정을 하고 4월 27일에는 본회의 부의투표[18]까지 통과됐다. 의료계는 파업을 예고했다. 여야 간 공방이 이어지며 마침내 4월 27일 국회 본회의를 통과했다. '양곡법' 파동에 이어 대통령의 거부권 행사 여부가 또다시 사회적 관심거리로 떠올랐다. 그러나 5월 16일에 윤석열 대통령은 같은 날 통과된 간호법과 달리 의료법에 대해서는 거부권을 행사하지 않았다. 아마 국민 여론을 감안한 결정이 아닐까 생각한다.

예로 든 돌봄 관련이나 의료 관련 입법뿐 아니라 대부분의 법은 이해관계의 충돌이고 조정이다. 정도의 차이가 있을 뿐이다. 지역 이기주의와 관련된 내용만 아니라 정부 조직 내 권한 재배분과 관련한 법률 개정에서도 소위 '부처 이기주의'가 극심하게 나타나기도 한다. 자신들의 권한과 조직을 유지하기 위한 각 부처의 눈물 어린 분투가 난무한다. 각자의 이야기를 들어보면 모두 그럴듯하다. 선택은 필수고 100% 정답은 없다. 치우치지 않는 공정함과 지혜가 필요하다.

---

18) 본회의 안건으로 부의할 것인지 여부를 정하는 투표

그래도 법률은 제·개정 권한이 국회에 있으니 행정부 영향력이 제한적이지만 시행령의 경우는 그렇지 않다. 행정부가 내부 합의만 보면 실제 법률을 거의 식물화해 버리는 시행령도 만들 수 있다. 그래서 국회법 제98조의2는 상임위원회가 중앙행정기관이 제출한 대통령령 등의 법률 위반 여부 등을 검토하도록 하고 있다. 나는 법무부의 소위 '검수원복 시행령'이 바로 그 결정판이라고 생각한다. 윤석열 정부 들어 소위 '시행령 통치'라는 말이 자주 회자된다. 시행령에 대한 국회의 좀 더 부지런하고 효율적인 행정부 감시와 통제가 절실하다.

시비지심과 생생지락으로
정치하다

정치하는 사람이나 행정을 집행하는 사람에게 필요한 덕목은 무엇일까? 나는 평소에 시비지심是非之心을 종종 말한다. 내가 정치를 하면서 가끔 되새기는 말이다. 시비지심은 맹자가 말한 사단四端 중 하나다. 맹자는 오직 사람만이 측은지심, 수오지심, 사양지심, 시비지심 네 가지를 가지고 있다고 했다. 즉, 인간을 인간답게 하는 특징으로 본 것이다. 그런데 이 사단이라는 인간의 본성이 어떤 상황을 만났을 때 나오는 순서는 사람마다 좀 다른 것 같다. 물론 내 나름의 해석이다.

만약 인간성이 발현되는 데 순서가 있다면 정치하는 사람에게는 무엇이 먼저여야 할까? 불쌍히 여기는 마음이 너무 앞서면 시비를 제대로 가리지 못할 수가 있다. 옳고 그름을 너무 따지면 공감 능력이 떨어지기 마련이다. 무척 헷갈리는 문제지만 아무래도 결국에는 옳고 그름을 먼저 따지는 것이 순서가 아닐까 싶다. 어떤 문제에 부딪히면 우선 어떻게 해야 옳은가? 선택의 순간에 뭐가 옳은가라는 물음을 가지는 것이야 말로 정치인에게 꼭 필요한 최고의 미덕이 아닐까 싶다. 행정집행자에게도 마찬가지라고 생각한다.

중기부 장관으로 있을 때 코로나19는 최고조였다. 재난지원금과 손실보상금의 지급 담당부처가 바로 중기부였다. 어려움을 겪고 있는 소상공인들을 생각하면 더 두터운 지급 기준을 정하고 싶었지만, 어려움을 겪는 모든 대상을 고려해야 하고 국가의 지급 능력까지 종합적으로 살펴야 했다. 손실보상 기준을 정할 때도 마찬가지였다. 세무신고의 문제, 업종별 형평성의 문제 등 해결해야 할 문제들은 산 넘어 산이었다. 어려운 사람들의 형편에 공감하지만 전체의 형평성과 공정성을 유지하기 위한 조화를 우선하지 않을 수 없었다.

앞서 코로나19를 극복하기 위해 중기부 장관으로서 했던 일을 소개했지만 쉬운 길은 없었다. 고되고 힘든 일을 중기부 직원들과 함께했지만, 그 고난을 후회하지는 않는다. 정치의 길에 들어섰다면 당연히 국민의 고통을 함께 나누어야 하기 때문이다. 또한 이 고통을 해소하는 데서 정치의 보람과 기쁨을 누릴 수 있어야 한다.

"生生之樂"

어느 날 지역구에 사는 친구에게 이 사자성어가 담긴 액자를 선물받았다. 원래 《서경》에 나오는 말인데, 세종대왕께서 가장 좋아했던 문구라고 한다. 세종대왕께서는 "시골마을에서 근심하고 탄식

하는 소리가 영구히 끊어지도록 하여 살아가는 즐거움, 즉 생생지락을 이루도록 할 것이다."라고 하셨다. 나는 세종대왕의 어록에 약간 살을 보태어 내 나름으로 해석한다. 요즘 정치인들이 흔히 잘 쓰는 말이 '민생' 아닌가? 생생지락은 민생을 살리는 것을 천직으로 알고 기쁨으로 누릴 줄 알라는 뜻으로 받아들였다.

시비지심으로 옳고 그름을 따지더라도 내 이익을 위해서가 아니라 생생지락으로 공공의 선과 이익을 위해서 정치를 하겠다는 것이다. 무릇 정치인이라면 자신의 정치철학과 가치를 공공의 기준에 부합하도록 하고 공공의 선과 이익을 위해 복무해야 한다. 그런데 민생을 살리는 것을 천직으로 삼아 기쁨으로 누리기보다 국민의 고통을 함께 짊어져야 하는 일들이 심심찮게 벌어지고 있다. 가장 최근에도 여러 사건이 터져 국민의 분노와 안타까움을 불러일으켰다. 대표적인 것이 이태원 참사다.

2022년 10월 29일 정말 어이가 없는 대참사가 서울 한복판에서 일어났다. 바로 핼러윈 축제 때 발생한 이태원 참사였다. 이 사고가 터지고 얼마 뒤 나는 '이태원 참사 진상 규명과 재발 방지를 위한 국정조사특별위원회'의 위원으로 참여했다. 특위 활동 내내 마음이 한없이 무거웠다. 국가가 또다시 젊고 어린 생명들이 눈앞에서 죽어가는 데도 방관했다는 점도 분노를 일으켰지만, 책임을 져야 할 사람들의 변명과 망언은 도저히 참을 수가 없었다. 세월호 참사 때 유가족들이 단식투쟁을 하는 곳에서 폭식하며 조롱하던 이들과 다를 바 없었다. 특히 참사 초기 숨진 희생자들의 사진을 퍼 나르는 행태를 보

이태원 참사 국정조사 청문회에 참석해 정부의 책임을 엄중히 물었다

고는 할 말을 잃었다. 세월호 참사 때의 판박이였다.

그뿐만 아니었다. 이태원에 차려진 희생자의 제단을 향해 온갖 욕설을 해대고, 나중 일이지만 이상민 행안부 장관의 탄핵심판이 부결되던 날 오열하는 유족들 앞에서 '이렇게 좋은 날'이라는 가사의 노래를 부르던 극단적 인물들의 행태는 보고도 믿을 수가 없는 수준이었다. 사람으로조차 보이지 않았던 그날의 모습은 아마 평생 지워지지 않을 것이다.

이태원 참사 국조특위에 참여했을 때, 나는 정부가 수습은커녕 화만 불러일으키는 작태를 보고 분노했다. 행안부 장관의 무성의하고 무책임한 발언에 나는 여러 번 질책하며 참사의 진상과 수습 과정의 미흡함을 밝히고자 했다. 책임을 회피하고 유가족 명단 확보와 관련해 이미 밝혀진 사실도 부정하는 장관은 공개적인 국정조사 자리에서 말도 안 되는 변명을 늘어 놓았다. 나는 장관에게 따져 물었다.

"참사 후인 10월 31일에는 대전과 화성시에서도 알고 있었습니다. 행안부를 통해 내려간 것인데 행안부가 몰랐다는 말이 앞뒤가 맞습니까?"

유족 명단 확보와 관련해 행안부 장관은 서울시에 책임을 떠넘기기에 급급했다. 서울시 관계자조차 행안부 장관이 왜 그렇게 답변했는지 잘 모르겠다고까지 했다. 정부는 참사 이후에도 국민이 믿고 기대야 하는 국가의 역할을 보여주지 못했다. 일 처리에서도 상상을 넘어서는 무능을 보여줬다. 무능보다 더 기가 막혔던 점은 책임을 회피하기 위한 뻔뻔함이었다. 장관뿐만 아니다. 관련 공직자들도 장관과 다르지 않았다. 당시 용산구와 구청장의 무책임하고 무능한 대응과 뻔뻔함은 전 국민의 공분을 자아냈다.

나는 국조특위에서 절망을 느껴야만 했다. 도가 넘는 무책임한 발언과 행동은 한둘이 아니었다. 지금까지도 정부에서는 그 누구도 책임을 지려 하지 않고 있다. 국정조사를 할 때의 우려가 현실이 된 것이다. 어물쩍 넘어가려는 모습이 나뿐만 아니라 국민의 눈에도 뻔히 보였다. 이렇게 이태원 참사 때 억울하게 죽은 159명의 젊은 넋과 유족들은 절망의 깊은 구렁텅이에서 헤어날 수 없게 됐다.

국정조사를 하는 내내 나는 깊은 한숨을 내쉬어야만 했다. 이 핼러윈 행사는 처음 개최한 것도 아니었다. 핼러윈 데이 때 젊은 사람들이 엄청나게 많이 모일 것이라고 누구나 예상했다. 또 위험할 수 있다는 것도 알고 있었다. 사고가 일어나기 1년 전과 2년 전에도 안

전 사고를 예방하기 위해 조치를 취했다. 그런데 이번에는 예방조치를 제대로 하지 않았다. 이는 분명 정부와 관할 지자체의 실수였다.

그리고 참사를 대하는 정부의 태도는 더 문제였다. 무엇보다 유족들끼리 못 만나게 하려고 갖은 애를 썼다. 유족들끼리 만나면 서로 위로하고 힘이 되어 줄 텐데 그것마저 못하게 한다는 것은 반인륜적인 행위다. 무엇이 두려웠단 말인가. 유족들의 목소리가 커지면 정치적으로 손해가 될까 두려웠을까? 대통령도 아직까지 제대로 된 사과를 하지 않았다. 안타깝고 슬픈 일이다.

유족들의 면담 요청도 외면으로 일관했다. 참사가 발생하고 해를 넘기고도 무성의한 모습을 보이니 불교, 천주교, 기독교, 원불교 등 국내 4대 종단에서 "늦었지만 이제라도 대통령이 깊은 참회의 마음으로 유가족들을 만나 진심을 다해 사과하고 유가족의 목소리에 귀 기울일 것을 촉구한다."라는 성명을 발표했다. 지우지 못할 상처를 입은 국민을 어루만져 주는 일, 대통령부터 해야 하지 않을까?

참사를 방관하고 잘못을 덮으려는 지금의 정부와 대통령을 보니 노무현 대통령이 떠올랐다. 참여정부 때 농민시위가 있었는데, 농민 한 분이 경찰의 진압 과정에서 돌아가시고 말았다. 그때 경찰청장은 책임을 지고 물러났다. 대통령은 직접 대국민 사과를 공개적으로 했다. "국민 여러분께 머리 숙여 사과드린다."라며 분명히 사과했고, "인권위의 권고에 따라 정부는 책임자를 가려내서 응분의 책임을 지고, 피해자에 대해서는 적절한 절차를 거쳐서 국가가 배상하도록 하겠다."라고 책임이 정부에 있음을 공식화했다.

당시 농민시위는 매우 격화되어 폭력 사태까지 발생했다. 경찰로서도 할 말이 많은 사정이 있었다. 그러나 한 국민이 생명을 잃은 것에 대해 그 어떤 원칙과 법의 기준에 앞서 사과와 애도와 책임 있는 자리에 있는 사람의 책임지는 자세를 보여줬다. 그리고 노무현 대통령은 국가의 수장으로 단 한 명이라도 아까운 목숨을 잃은 국민을 애도하고 고개를 숙였다. 대통령이란 자리가 어떤 자리고 정치가 할 일이 무엇인지 잘 보여 준 사례라고 생각한다.

윤석열 정부는 이태원 참사에 대해 깊이 반성해야 한다. 참사가 발생한 원인부터 그 이후에 벌어진 많은 과정까지 이 정권은 책임감, 인간에 대한 이해와 공감력 등이 부재함을 만천하에 보여줬다. 2023년 서울 강서구청장 보궐선거를 계기로 정부와 여당이 '생생지락'의 가르침을 새겼으면 좋겠다. 아니, 나를 포함한 모든 정치인과 공무원이 같이 새겼으면 좋겠다.

아픔을 함께하는
정치인이어야 한다

올해 봄, 화성시에서 독서클럽을 하는 지인 한 분이 책을 선물했다. 정지아 작가의 《아버지의 해방일지》였다. 시간도 시간이지만 평소 소설류를 잘 읽지 않는 데다 책 모양도 다소 마음에 들지 않아 표지 앞면과 뒷면만 대충 보고 책꽂이에 한 달 정도 방치했다. 내 독서 내공이 딱 그 수준이었나 보다.

그런데 언제부터인가 갑자기 이 책이 베스트셀러라고 칭송받는 소리가 들리고 유튜브를 비롯한 각종 SNS에서 독후감을 이야기하는 영상과 콘텐츠가 넘쳐나기 시작하는 것이 아닌가? 그제야 이 책이 그렇게 유명한 책인가 하는 깨달음으로 내 무지함이 새삼 부끄러워졌다. 게다가 지인과 작가에 대한 미안함도 밀려와 뒤늦게 책을 꺼내 펼쳐 들었다. 그때만 해도 읽기는 해야겠구나 하는 정도의 의무감에 가까운 마음으로 책을 읽기 시작했다. 그러나 몇 페이지 정도밖에 읽지 않았는데도 이야기에 서서히 빠져들었다. 책장이 술술 잘 넘어갔다.

소설은 전라도를 배경으로 삼아서 생생한 전라도 사투리가 책 바닥에 흥건하게 배어 있었다. 진득한 사투리의 묘미에 빠져 마치 전라도로 여행이라도 온 듯한 느낌이었다. 나는 경상도 출신이라 전라도 사투리의 느낌과 맛을 제대로 깊이 이해하기는 어렵지만, 어느 지방 사투리라도 글로 써 놓으면 그 자체로 이질적이고 재미있기 마련이다. 예를 들어 경상도 출신인 나도 경상도 사투리가 질퍽한 소설을 읽을 때면 색다른 경험을 한다. 뻔히 알아듣는 사투리도 글로 써 놓으니 무슨 말인가 싶어 여러 번 읽어보기도 하고, 또 사투리에 배인 캐릭터의 삶을 속속들이 들여다 보는 듯해 한층 더 재미를 느낄 때가 많다. 《아버지의 해방일지》도 마찬가지였다.

하지만 진짜 재미는 그게 아니었다. 소설을 읽을수록 마주치는 장면이 나를 책에 더 빠지게 했다. 책을 보면, 참혹한 세월을 지내 온 세대의 아픔과 절규, 그리고 분노를 넘어 해학 혹은 해탈의 경지에 이른 삶이 중간중간 비칠 때가 있었다. 그런 장면들을 마주칠 때마다 나는 솔직히 소설 《태백산맥》에서 느꼈던 비장함이나 엄숙함보다 더 크게 감동했다. 내가 손꼽은 몇몇 결정적 장면도 이런 감동을 자아냈다. 오랜 세월 감옥생활을 하고 출옥한 비전향장기수가 "나는 정말 노동이 싫어… 노동이 무서워."라며 고백하는 장년은 누구나 실소할 수밖에 없는 장면이다. 그렇지만 저절로 고개가 끄덕여진다. 그가 북한에 가겠다고 신청한 이유가 "이제 좀 대접받고 편안히 살고 싶네."였다. 우리가 막연히 생각하는 비전향장기수의 고정된 이미지를 여지없이 깨뜨린다. 지나간 것은 지나간 대로 담담히 묻어 버리는 모습이랄까? 그냥 인간적인 모습 그 자체였다. 이런 장면들을 소설 곳곳에서 보며 여러 생각이 스쳐 지나갔다.

"사람이 그렇지 뭐."라고 하는 장면도 여럿 등장한다. 주인공의 아버지가 사람을 용서하는 방식으로 들렸다. 나도 가끔 쓰는 비슷한 말이 있다. '인생이 그렇지 뭐.'다. 이렇듯 소설을 읽을수록 등장인물에 감정이입이 되기 시작했다. 그러다가 우리 역사의 아픔을, 그것도 나와 무관하지 않은 아픔을 맞닥뜨릴 때는 나도 모르게 이마 주름이 구겨졌다. 이 책에는 '연좌제'가 등장한다. 지금은 헌법으로 금지하고 있지만, 옛날에는 실제로 있었다. 그 제도가 얼마나 반인륜적이고 인권에 반했으면 헌법에서 금지했을까. 헌법 제13조 3항을 보면, "모든 국민은 자기의 행위가 아닌 친족의 행위로 인하여 불이익한 처우를 받지 아니한다."라고 명시돼 있다. 나도 어릴 때 집안 어른들이 그런 이야기를 하시는 것을 들은 기억이 있다.

나의 외할아버지는 지금은 독립운동가로 추서되어 대전 현충원에 모셨지만, 생전에는 독립운동가로 인정받지 못했다. 아마 좌파 계열로 분류되어 있었기 때문이라고 생각한다. 집안에서는 외할아버지의 과거 행적을 오히려 숨기는 분위기가 역력했다. 그러나 김영삼 정부가 들어서면서 이전과는 달리 북한 정권에 참여하지 않았다면 좌파는 물론 공산당에서 활동한 사람도 독립유공자로 인정하는 대대적인 신원 복원 사업이 있었다. 김산, 이동휘 같은 분들이 당시 대표적인 사례라고 한다. 아버지가 생전에 외할아버지께서 말씀하셨던 내용을 기초로 어렵사리 자료를 찾아 소명하셨고, 마침내 애국지사로 인정받게 되었다.

나는 그때 그 소식을 듣고 당연히 무척 기뻤지만, 한편으로 참으로 허망한 생각이 들었다. 후손들이야 독립운동가의 후손이라는 영광을 얻게 됐지만, 외할아버지 당신의 입장에서 본다면 살아생전의 세월이 회한 자체가 아니었겠는가? 우리나라에 얼마나 많은 의인이 이런 회한의 세월을 보냈을까. 그분들은 나중의 평가를 염두에 두고 독립운동을 하시지는 않았을 터다. 그래도 너무나 억울하지 않으실까 싶다. 미래의 이념적 잣대를 미리 알아보고 독립운동을 하지는 않았을 것이 아닌가? 요즘 홍범도 장군 흉상 이전이 이슈가 되는 것을 보며 '외할아버지의 해방일지'라도 써야 하나 싶다. 이런 개인적 경험이 있는 나로서는 《아버지의 해방일지》에 나오는 연좌제 이야기가 그야말로 남의 이야기 같지 않았다.

연좌제 이야기를 하니 또 하나 떠오르는 기억이 있다. 어릴 때 저녁이면 할머니로부터 이런저런 옛날이야기를 들을 기회가 많았다. 할머니는 전형적인 촌로였지만 항상 책을 보시는 분이었다. 아궁이에 불을 때시면서도 항상 한 손으로 책을 받쳐 들고 읽으시던 모습은 아직도 선하다. 책에서 보신 이야기의 한 자락을 들으며 잘 때도 많았다. 가끔 소싯적에 있었던 일화도 말씀해 주셨는데 해방 직후 좌우익의 대결이 극심할 때 시골 마을에서 벌어졌던 일들을 말씀해 주시곤 했다. 아마 할머니 당신께도 젊은 시절에 겪었던 매우 충격적인 경험이었기 때문이 아닐까 싶다.

지금 생각하면 말 그대로 '역사저널 그날' 수준의 구전 다큐멘터리였다. 어느 집 누구는 산에 들어간 뒤로 못 돌아왔고, 언젠가 강원도 순사들이 와서 저 논 어디쯤에서 마을 사람들 몇을 총으로 쐈다, 누구는 이런 말을 했는데 마음속으로 어느 쪽 편이었던 모양이라고 짐작했다 등과 같이 당시 상황을 마치 영화 해설하듯 말씀하셨다.

내가 태어났던 작은 마을의 해방 직후 모습이 그려졌다. 해방이 됐지만 어수선한 분위기에 힘들었던 우리나라의 역사가 그 작은 시골 촌마을에도 어김없이 관통하고 있었다. 도대체 그 험한 세상을 어떻게 살아오셨을까? 나는 얼마나 좋은 시절에 태어난 사람인가? 그 세월을 지켜온 분들에 대해 절로 고개가 숙여진다. 이런 개인적 경험과 소회가 떠오르자 책은 점점 더 재미있어졌다. 틈틈이 봤는데도 3일 정도만에 다 읽은 것 같다.

공교롭게도 그 후 얼마 지난 4월경이었다. 국회방송 '인생책방' 팀에서 연락이 왔다. '인생책방'은 감명 깊게 읽은 책을 주제로 국회의원과 방송진행자 3명이 대담을 나누는 프로그램이다. 나는 《아버지의 해방일지》를 추천했다. 그랬더니 촬영 당일 방송진행자들이 나를 만나자마자 하나같이 고맙다고 하는 것이 아닌가? 무슨 말인가 했더니 가끔 어렵고 두꺼운 책을 추천하는 의원들이 있어 그럴 때면 아주 고생한다는 것이었다. 정지아 작가와 같이 들어야 하는 말인 듯싶었다.

한바탕 웃고 나서 촬영을 시작했는데 실제 돌출질문이 많아서 의외로 어려운 프로그램이었다. 아마 거의 마지막 질문이었던 것으로 기억한다. "어떤 사람들에게 이 책을 권하고 싶은가?"라고 물었다. 나는 모든 사람에게 추천할 수 있다고 했다. 여행 갈 때 들고 가면 안성맞춤이고, 사람을 용서하지 못해 힘들어하는 분들에게도 추천하고 싶다고 덧붙였다. 그만큼 재미있고 속 깊은 소설이었다.

소설을 다 읽고 난 뒤에 내가 하는 정치에 대해서도 다시 되돌아봤다. 과연 나는 국민의 곁에서, 아니 국민의 삶에 얼마나 깊이 들어가 함께하고 있는지 말이다. 내 정치의 주요한 근원 중 하나는 국민의 삶, 특히 아픔을 겪는 국민의 삶이다. 아직도 생존과 인권의 사각지대에 놓인 사회적 약자들을 내 정치의 근원으로 삼고, 그들에게 의지가 되는 대한민국의 미래를 만들고 싶다.

얼마 전 정지아 작가에게 전화했다. 서울 오시면 식사 한번 대접하겠노라고 말이다. 나이도 동갑이라 친구라도 하고 싶은 마음이다. 새삼 내 삶의 의미와 정치의 이유를 다시 한번 생각하게 해 준 보답은 해야 하지 않겠는가.

정치인이 서 있어야 할 자리가 있다

1990년에 나는 한국자동차보험㈜에서 그냥 무난하게 샐러리맨 생활을 하던 평범한 새내기 직장인이었다. 처음에는 계약과에서 계약 관련 업무, 화재보험 등에 관한 보상업무 등을 처리했다. 3~4년차에는 대구지점 노조 분회장도 맡았는데 노사관계가 좋은 회사라 큰 부담 없는 자리였다. 그런데 1993년에 접어들자 분위기가 심상치 않았다. 갑자기 노동조합을 아예 없애기 위한 작전이 전사적으로 실행됐다. 변명의 여지가 없는 '부당노동행위'였다.

당시에는 이런 류의 노조파괴 프로그램이 큰 회사에서 실행되는 경우가 왕왕 있었다. 급여를 과도하게 올려 달라는 것도 아니고, 노사 간 큰 현안으로 갈등이 있었던 것도 아니라 무척 황당했다. 도

무지 말이 안 되는 것 같아서 1993년 연말부터 시작된 본사 노조 사무실 농성에 주저 없이 합류했다. 그때만 해도 잠깐만 농성을 할 줄 알았다. 길어봐야 2~3주 정도 내다봤다. 그런데 무려 10개월의 장기 농성이 되고 말았다.

농성은 서울시 초동에 있던 본사 노조 사무실에서 처음 시작했다. 그러다가 중간에 한국자동차보험 노조 사태와 관련해서 동부그룹(한국자동차보험이 동부그룹 계열사였다)의 국회 노동위 돈 봉투 사건이 터지며 일이 커져 버렸다. 노조는 여의도 한국노총 위원장실 옆 공간을 농성장으로 만들어 열심히 투쟁했다. 당시 국회 노동위 소속 의원실에 다니며 상황을 설명하기도 했는데, 요즘 의원실에 찾아와서 법안이나 현안을 설명하시는 분들을 보면 옛날 생각이 많이 난다.

급여도 안 나오는 힘든 과정이었지만 농성 팀원들은 좋은 관계를 유지했다. 너무 좋은 사람들의 모임이었음을 시간이 갈수록 깨닫는다. 노동조합의 장기 농성이라 하니 뭔가 강성이고 엄숙하게 느껴질지 모르지만, 농성장에는 남들은 알 수 없는 재미와 동지들 간의 끈끈한 인정과 사람 사는 냄새가 있었다.

한 번은 일요일에 몇 사람이 같이 교외로 나갔다가 복귀가 늦어 노총 현관문이 잠겨 버리는 바람에 마포대교 밑에서 신문을 덮고 잔 적이 있었다. 여름철 마포대교의 하룻밤은 우리가 상상하기 힘든 여러 가지 재미있는 의외의 장면이 많았다. 가장 인상적인 것은 마포대교 밑에서 아침에 일어나 양복으로 갈아입고 출근하는 사람이 여럿 있었다는 점이었다. 사연이 궁금했지만, 물어보진 않았다.

개인적으로도 농성 중에 결혼까지 하는 등 다사다난했던 시간이었다. 이듬해 10월 노사 합의로 회사에 복귀했는데, 업무를 안 주는 것은 물론이고 직원들이 말조차 걸지 못하는 회사 분위기에 기분도 나빴고 상처도 받았다. 요즘 말로 하자면 2차 가해가 아니었나 싶다. 지금 돌이켜보면 그 모든 것이 인생의 큰 공부였다. 겉으로는 냉랭한 분위기가 돌았지만 바깥에서 따로 연락해서 챙겨주는 분이 꽤 있었다. 바쁘다는 핑계로 그분들을 따로 챙겨 보지 못한 점이 아직도 죄송할 따름이다.

1995년 설을 앞두고 갑자기 대구에서 서울로 발령이 났다. 회사에서 그만두라는 신호를 보낸 것이었지만 고양시로 이사하고 서울에서 근무를 시작했다. 근무지는 남대문 근처에 있는 지점이었다. 물론 업무는 여전히 주어지지 않았고 아는 사람조차 없으니 완벽한 왕따였다. 이런 나를 보고 안타까워하는 직원이 많았지만, 겉으로 드러낼 수는 없는 상황이었다. 결국 그해 8월 회사를 그만두었다. 형식은 의원면직이었으나 내용상 해고나 다름없는 상황이었다. 회사를 그만두기 직전인 7월에는 딸이 태어났다. 삶은 어려워졌지만 큰 기쁨이었다.

그때 같이 농성했던 40여 동지들과는 '더불어 사는 사람들'이란 모임을 만들어 30년이 지난 아직도 가끔 만난다. 정말 만나기 힘든 좋은 분들이다. 언제나 모두 행복하게 지내시길 간절히 기원한다. 이분들을 만날 때마다 그저 추억팔이만 하는 것이 아니다. 정치를 하는 나로서는 당시 사회적 약자였던 노조의 생존과 권리를 지키기 위한 투쟁의 의미를 곱씹는 자리이기도 하다. 내가 언제나 서 있어야 할 자리가 어디인지, 또 무엇을 위해 정치를 해야 하는지 새삼 떠올린다. 한마디로 정치를 똑바로 해야 한다는 무언의 요구를 가슴 깊이 새기는 것이다.

사회적 약자와 민주주의를 위한 내 정치관은 아마도 대학 때부터 조금씩 싹튼 듯하다. 지난 1987년은 내가 대학 4학년 때였다. 나는 학생운동을 하는 친구들에 대해 우호적이었으나 써클에 가입하거나 소위 '운동권' 학생은 아니었다. 당시 군부독재 정권에 대해 비판적인 평범한 학생이라고 정의하면 거의 맞을 듯싶다.

당시 학교 앞은 항상 최루가스가 풍겨 눈물을 쥐어짰다. 비만 오면 길가에 노란색 최루가스가 빗물을 타고 흘렀다. 다치는 사람도 많았고 사망사고가 난 적도 있었다. 대학 4년 내내 그랬다. 1987년 1월 그 유명한 박종철 고문치사 사건이 발생했다. '책상을 탁 치니까 억 하고 죽었다.'라는 희대의 조작 사건이었다. 독재정권의 숱한 사건 축소 시도가 있었지만, 결국 중앙대 부속 용산병원 내과 의사 오연상에 의해 거짓으로 밝혀졌다. 그는 1987년 〈동아일보〉의 올해의 인물로 선정되기도 했다. 정말 대단한 용기가 아닐 수 없었다.

국민의 여론은 들끓었고 민주화를 요구하는 목소리는 더욱 커졌다. 그런데도 당시 전두환 정권은 국민의 여망인 대통령 직선제를 외면하고 소위 '4·13 호헌 조치'를 선언했다. 마른 장작에 불씨를 지핀 행위였다. 공작정치의 달인들도 국민의 분노하는 여론이 어느 정도 수준이었는지 제대로 파악조차 못한 결과였다. 그해 6월 길거리에서 국민의 분노는 마침내 임계점을 넘었다. '호헌철폐, 독재타도!'

구호와 함께 학생뿐 아니라 넥타이 부대까지 길거리에 나서는 등 일찍이 보지 못했던 대규모 반정부 시위가 전국에서 봇물 터지듯 터져 나왔다. 점심 때는 직장인들이 나와서 같이 시위하고 들어가는 진풍경이 벌어지기도 했다.

1987년 6월 항쟁은 규모로 본다면 30년 뒤 촛불집회와 유사했지만, 시위 양상은 완전히 달랐다. 폭력 진압과 거기에 맞선 거친 대응이 다반사였고, 다친 사람과 경찰에 연행된 사람도 부지기수였다. 당시 우리 또래 중에는 군 복무로 전경대에 소속되어 시위대 반대편에서 속앓이하던 친구도 많았다. 요즘도 그 이야기를 하는 친구들이 있다.

시민들의 압도적 힘 앞에 전두환 정권은 항복선언을 했다. 바로 6·29 선언이 그것이다. 독재정권 입장에서 본다면 시국 수습 차원이었는데 당시 노태우 민정당 대표가 전격적으로 발표하며 일약 민주인사 비슷한 이미지 메이킹에 성공했다. 실제로 '6·29 민주화 선언'으로 불리기도 했다. 6·29 선언 당일에는 학교 앞에서 학생들이 술을 마시며 '노태우 대표 만세'라는 농담조의 소리가 나오기도 했다. 실제 경험한 이야기다. 공작정치 달인들의 심모원려를 제대로 알 길 없는 일개 학생이었으나 뭔가 께름칙한 기분이 밀려왔다.

7월부터 대통령 직선제 개헌이 일사천리로 이루어졌다. 그때 만들어진 헌법은 소위 '87년 체제'라 불리며 아직도 그대로 이어지고 있다. 그해 12월 18일 새로운 헌법에 의해 대통령선거가 치러졌다. 1971년 4월 이후 16년 만에 이루어진 역사적인 직선제 대통령선거였

1987년 10월 고려대학교에서 열린 '구국토론회'에 참석한 양김의 모습

다. 소위 '1노 3김' 선거였다. 야권은 3김으로 분열되고, 여권은 노태우 후보로 결집한 선거였다. 여론은 양김의 단일화를 압박했으나 결국 실패했다.

한편으로는 분열을 조장하는 사회 분위기도 만들어졌다. 그 좋은 실례가 10월 25일에 고려대학교 민주광장에서 있었던 구국토론회다. 수많은 군중이 말 그대로 구름처럼 모여들었고 취재진도 많았다. 나는 그때 학교 앞에서 자취할 때라 일찍 좋은 자리를 잡고 양김 후보자와 아주 가까운 곳에서 연설을 들었다. 외형상 YS보다 DJ 지지자가 훨씬 많아 보였다. 그런데 다음 날 신문에 양김 후보가 서로 외면하고 있는 사진이 대문짝만하게 게재됐다. 내가 현장에서 보기에는 두 사람이 이야기도 하고 또 서로 다른 곳을 보기도 했는데 전체적으로 아주 자연스러운 모습이었다. 두 사람이 나란히 앉아 있는

데 계속 마주 보고 웃으며 대화를 계속할 수 있을까? 자연스럽게 서로 다른 쪽을 볼 수도 있는데 유독 그 장면만 클로즈업 되어 국민들에게 나간 것이다. 내가 느꼈던 인상과는 다른 이미지였다. 그때 뭔가 음모처럼 보이기도 했다. 언론의 힘은 이런 것인가? 흐릿하게나마 불길한 느낌이 밀려왔다.

후보단일화는 그 사진 한 장으로 사실상 물 건너간 것처럼 묘사됐다. 당시 사람들은 여당의 노태우 후보를 당선시키려는 거대한 물밑의 움직임을 제대로 느끼지 못했던 듯싶다. 나는 1987년 대선이 6·29 선언부터 직선제 개헌, 대선에 이르기까지 전부가 당시 여권이 짜 놓은 치밀한 정치기획의 결정판이라고 생각한다. 양김의 분열까지도 이미 계산해 놓은 듯한. 민주화 투쟁의 상징 인물들이 '보통 사람'을 내건 군부정권의 적자에게 패하고 만 것이다. 마치 시나리오가 미리 있었던 것처럼 말이다. 평화적 정권교체는 그로부터 정확히 10년이 지나서야 겨우 이루어졌다.

그래도 당시 순진했던 나는 일말의 희망을 품고 '공정선거감시단'에 가입했다. 지금은 교편생활을 그만두고 전남 광양에서 안빈낙도의 삶을 즐기고 있는 친구가 양김이 분열되는 순간 선거는 끝난 거라며 쓸데없는 짓이라고 핀잔을 주기도 했다. 나도 내 나름 반론을 펼쳤지만, 결국 내 판단이 틀렸다는 것이 드러났다. 그때 여론이란 내가 생각하는 방식과는 다르구나 하는 점을 어렴풋하지만 깊이 있게 느꼈다.

결과는 실망스러웠지만 선거 자체로만 본다면 의미 깊은 선거였다. 일단 직선제로 치러진 선거 양태가 기존 통일주체국민회의 간선제 대통령선거와는 완전히 달랐다. 어마어마한 군중이 모이는 선거용 대형 집회가 전국 곳곳에서 열리고 이전에는 보지 못했던 재기발랄한 선거 관련 아이디어들도 나타나기 시작했다. 예를 들면 군중집회가 있는 광장이나 고수부지 등에는 으레 컵라면을 파는 임시점포들이 들어서기 마련인데, 컵라면 별칭이 '군정종식 라면' '평민 라면' 뭐 이런 식이었다. 재치 있는 위트에 엄청나게 웃었던 기억이 난다. '선거가 축제'라는 교과서 내용과 먼 이야기가 아닌 듯했다.

아무리 군부독재 정권의 적자라 하더라도 이런 과정을 통해 만들어진 대통령이 이전 정권처럼 국민을 대상으로 가차 없는 무단정치를 펼 수는 없었다. 실제 노태우 대통령은 '물태우'라고 불리기도 했는데 이런 선출 과정과 무관하지 않다고 생각한다. 결국 국민이 좋은 정치와 민주주의를 하도록 한다. 그럴 때 정치인들은 자신이 서 있어야 할 자리가 어디인지 분명히 깨닫는다.

진영 논리에서 벗어나
대의민주주의를 추구해야 한다

왜 정당이 중요할까? 국민의 정치적 자유, 결사의 자유가 인정되려면 무엇보다 참정권이 보장돼야 한다. 참정권은 정당, 특히 복수정당제라는 헌법에 기반한 민주정치를 통해 보장할 수 있다. 현대 민주주의 국가는 정당을 통해 정치가 이루어진다. 우리나라 헌법에도 정당 조항이 있다. 헌법 제8조 1항을 보면 "정당의 설립은 자유이며 복수정당제는 보장된다."라고 나온다.

현대 국가에서는 정당이 국가의 주요 의사결정 사안에 대해 적극적으로 대처한다. 또 의회 운영을 통해 국정을 담당하고 선거를 거치며 국민의 의사를 반영한다. 국민의 대표를 사실상 정당이 정하는 경우가 많은 것이다. 정당법 제2조를 보면, 정당은 '국민의 이익을 위해 책임 있는 정치적 주장이나 정책을 추진하고, 공직선거의 후보자를 추천 또는 지지함으로써 국민의 정치적 의사 형성에 참여함을 목적으로 하는 국민의 자발적 조직'을 뜻한다. 정당을 매개로 국민의 대표를 뽑고, 그들의 책임성이 작동하도록 하는 것이 무엇보다 중요하다.

우리가 살고 있는 현대 사회는 복잡다단하다. 요즘에는 물리학 용어를 빌려와 복잡계 사회라고 부를 만큼 다양한 이해관계가 얽히고설켜 있다. 각 정당은 이런 이해관계를 합리적으로 모으고 정리해서 제안하고 전달할 수 있어야 한다. 정당이 다양한 국민의 요구와 목소리를 전달하는 루트인 셈이다. 이 루트가 없는 사회는 불안에 빠질 수밖에 없다. '만인의 만인에 대한 투쟁'으로 사회와 국가가 혼란스러워질 수 있다. 그래서 정당을 통해 이해관계가 표출되고, 정당은 책임감 있게 정치적으로 합의할 필요가 있다.

원론적으로라면 정당정치야말로 가장 합리적이고 고도의 민주주의를 보장하는 제도다. 그런데 우리나라 정당정치에 대한 불신이 너무 커져서 안타깝다. 과연 우리나라의 정당이 신뢰를 회복하려면 어떻게 해야 할까?

요즘은 이념의 시대를 넘어 진영의 시대라고 한다. 가치나 철학으로 논쟁하거나 경쟁하지 않고 진영 논리에 빠져 정치를 하는 경향이 점점 강화되는 것 같다. 진보와 보수의 가치 논쟁이나 정책 경쟁보다 진영에 갇힌 논리로 갈등을 증폭하는 일이 많다 보니 그 피해는 고스란히 국민의 몫이 되고 만다. 진영 논리에 갇히면 '우리 편'의 주장은 무조건 찬성하고 역으로 '상대방'의 주장은 무조건 반대하게 된다. 심지어 상대편은 사실상 거의 적으로 간주되기도 한다.

지금 우리나라 정치 지형은 점점 이런 형태로 변질되고 있다. 제도권 정치만이 아니라 정치적 의사 표현을 적극적으로 하는 일반 국민에게서도 나타나는 현상이다. 아마 정치 관련 유튜브 채널을 몇 개만이라도 찾아보면 금방 쉽게 이해가 갈 것이다. 게다가 알고리즘으로 인해 비슷한 성향의 영상이 거의 무한대로 계속 공급되며 소위 확증편향은 더욱 공고해진다. 거기에 유튜브 채널이 경제적 동기와 엮이고, 이용과 역이용의 상호작용이 얽히면서 그 양상은 더욱 복잡해지고 있다.

그런데 이런 현상은 비단 우리나라에서만 나타나는 것이 아니다. 세계적으로도 진영 논리에 따른 흙탕물 정치가 유행하고 있다. 소위 '정치 리스크'에 대한 우려의 목소리가 심심찮게 나타난다. 예를 들면 러시아와 중국은 권력 집중과 독재화의 경향을 보이고 있고, 유럽 여러 나라에서도 극우파가 집권하고 극단적 목소리가 커지는 현상이 나타나고 있다. 튀르키예, 이탈리아는 물론 극우 인사인 르펜이 대선에서 당선될 뻔했던 프랑스, 국민투표로 브렉시트를 결행한 영국도 걱정스럽다. 미국도 의회 점령사태 등에서 보이는 것처럼 양당 진영 간 정치 갈등이 어느 때보다 커지고 있다. 전체적으로 보면 불안한 징조가 아닐 수 없다.

현대 민주주의는 대의민주주의이고 정당정치가 그 근간이다. 가만히 살펴보면 진영 가르기와 격렬한 정치투쟁의 전면 혹은 배경에는 정당이 있다. 그런 의미에서 정당들과 정치인들의 책임을 어느 때보다 강조해야 할 시점이 아닐까? 그렇다면 정당들과 대표로 뽑힌 정치인들이 해야 할 일이 무엇일까?

국회에는 속칭 '패스트트랙Fast Track'이란 제도가 있다. 이 제도는 동물 국회라고 비난받던 국회의 상황을 개선하기 위해서 만들어졌다. 나도 동물 국회를 직접 본 적이 여러 차례 있다. 초선의원일 때, 선거법 개정을 두고 여야가 그야말로 혈투를 벌인, 동물 국회라고 비난받았던 바로 그 사건이 대표적이다.

패스트트랙은 국회법 제85조의 2에 규정되어 있다. 법안 처리의 무기한 연장·표류를 방지해서 신속한 처리를 위한 제도를 말한다. 2012년 5월 국회선진화법의 주요 내용 중 하나로 포함됐다. 신속 처리 대상 안건은 재적의원 5분의 3 이상 또는 안건의 소관 위원회 재적 위원 5분의 3 이상의 찬성으로 의결한다. 이후에도 여러 과정이 있으며 최장 330일 이내에는 본회의에 자동 상정되도록 하는 제도다. 그런데 두 가지 점에서 의문점을 가지게 된다. 첫째는 330일이 과연 '신속 처리'인지, 둘째는 국회 구성원의 5분의 3이 찬성하는 법안인데 1년 가까이 절차를 기다려야 하는지 이해하기 힘들다. 앞으로 '신속 처리'라는 용어에 걸맞게 절차별 소요 기간을 대폭 줄여야 한다고 본다.

그런데 이 제도가 널리 알려진 것은 2019년 4월 공수처·검경 수사권 조정안과 선거제 개혁안이 소위 패스트트랙으로 지정되면서부터다. 당시 여야 의원이 극한 대치는 온 국민으로부터 동물 국회라고 지탄받았고 많은 여야의원이 물리적 충돌 과정에서의 문제로 고소·고발을 당하는 일이 발생했다. 아직 재판이 진행 중인 의원들도 있다. 나도 그 당시 고발당했고 기소유예 결정을 받기도 했다. 당시 국회에는 속칭 '빠루'가 등장하고 채이배 의원 감금 사건까지 발생했으니 그야말로 난장판 국회, 동물 국회의 결정판이라 할 만했다.

선거법은 게임의 룰에 해당되니 반드시 합의가 필요하다는 당시 야당의 항변도 일리가 있고, 민심을 그대로 반영하는 선거제도로 바꿔야 한다는 당시 여당의 주장도 일리가 있다. 그러나 우리가 무언가 결정해야 한다면? 합의 가능성이 제로라면? 희한하게도 국회는 이런 난감한 경우를 제법 만나게 된다. 격렬하게 항의하고 투표 시점에 자리를 떠나 버리는 광경을 많이 보게 되는데 이런 경우 대부분 합의 교착 상태라고 봐도 무방하다.

여기에서 꼭 생각해 봐야 할 점이 있다. 무언가 반드시 결정해야 한다면 국회는 대화와 타협을 원칙으로 하되 결국 결정은 다수로 결정할 수밖에 없다는 점이다. 다만, 그 결정에 대해 다수파는 다음 선거에서 책임지는 정치문화가 필요하다. 돌아서면 바로 선거가 아닌가? 그게 바로 책임정치 아닐까? 결국 국민을 믿고 정치해야 한다는 말이다.

정당이 없는 현대 민주주의는 생각할 수 없다. 아무리 정당이 미워도 뾰족한 대안이 없다. 모두가 잘 알고 있는 것처럼 대의민주주의이자 정당정치는 사회공동체의 평화와 번영을 뒷받침해야 한다. 경제의 발전도 결국 정치와 정치제도가 발전해야 가능하다. 주권과 권리는 국민에게서 나오며 권력의 행사는 선거를 통해 선출된 대표를 통해 이루어진다.

어떤 정치학자는 정당이 민주주의를 창출한다고 주장하며 정당이 없는 현대 민주주의는 생각할 수 없다고 말한다. 미국을 대표하는 정치학자 샤츠슈나이더E. Schattschneider의 정당과 민주주의의 관계에 관한 설명을 나름대로 요약하면 다음과 같다. 그는 민주주의를 갈등에 기반을 둔 정치체제라고 규정했다. 사회 내에는 다양한 이익과 가치가 존재하기 때문에 갈등은 피할 수 없다. 그래서 갈등은 정치의 본질이다. 정치는 이 갈등의 범위를 어떻게 통제하고 변화시키느냐를 다룬다. 정당은 갈등을 기준으로 사회구성원을 자기 편으로 끌어들인다. 그리고 정치권력을 장악하고 특정한 갈등을 선택해서 사회적 갈등의 의미를 규정한다. 즉, 정당은 선거에서 승리하고 권력을 장악하기 위해 다수의 지지를 끌어낼 갈등을 오히려 적극적으로 만들어 낸다. 유권자들은 이런 갈등에 반응하는 것이다. 이 논리에 따르면, "현대 민주주의는 정당이 중심이고, 정당이 갈등을 사회적으로 관리함으로써 국민의 참여를 고양시키는 것"이라 할 수 있겠다.

굳이 유명한 학자의 견해를 끌어오지 않더라도 정당은 의회, 선거 등과 함께 민주주의의 성패를 좌우하는 핵심 제도다. 현대 정치는 정당정치와도 같다고 봐도 크게 틀린 말이 아니다. 우선 정당은 정치적 의제를 설정하고 유권자들의 요구를 집약해 정책대안을 제시한다. 이 모든 것이 대의민주주의를 실현하는 필수적 기능이다. 원론적으로 보면 이 과정에서 정당은 국민을 설득하고 투표장으로 끌어내기 위해 노력하며, 다양한 의견 및 사회적 요구가 정책결정자에게 전달되고 사회 내의 복잡한 갈등이 제도적 차원에서 해결될 수 있도록 하는 역할을 한다. 정당은 정부와 국민 사이를 매개하는 과정에서 공식적이고 합법성을 띤 의사결정에 깊숙이 관여한다. 따라서 현대 민주주의에서 핵심 역할을 하는 정당정치가 발전되지 않고서는 민주주의의 발전 역시 기대하기 어렵다.

현대 민주주의에서 정당정치가 중심이 되려면 무엇보다 정당과 정치인의 책임이 중요하다. 정당은 선거에서 국민의 지지를 얻어 권력을 획득하고, 공약으로 내놓은 정책을 추진한다. 그리고 결과를 통해 정치적 책임을 지는 집단이다. 주로 선거를 통해 이런 과정이 반복된다. 그렇다면 공약을 내고, 선거를 하고, 집행 권력을 획득하고, 그 정책을 추진한다는 것은 무슨 의미일까? 그 모든 것이 사회적 갈등, 이해관계를 조정하는 과정이 아닐까? 사회가 자신들의 이해관계를 합리적으로 대변할 수 있는 구조를 가질 수 있도록 만들어 나가고, 이해관계 소통의 인프라를 구축하는 것이야말로 정치가 기본적으로 갖춰야 할 부분이다.

정당정치가 제대로 작동하려면 책임의 문제가 발생한다. 집행권이나 집행 방법에 대한 구체적이고 합법적 수단 없이 그냥 주장만 하고 만다면 그런 개인이나 단체에 무슨 책임을 물을 수 있겠는가? 하지만 정당은 선거라는 합법적 과정을 통해 책임을 지는 과정을 거듭한다. 흔해 빠진 말이고 싱겁게 느껴지지만, 결국 답은 국민을 바라보는 정치다. 이념의 잣대나 진영논리에 갇히지 않으려면 국민을 바라봐야 한다. 바라본다는 것은 두려워한다는 의미가 상당하다. 맹자 말씀에도 "군주는 배, 백성은 물君舟民水"이라는 말이 있지 않은가.

바로 옆에서 한순간에 정당이 망해 나가는 모습을 한두 번 본 것이 아니다. 정치인도, 심지어 정권도 예외가 아니었다. 민주당은 대중정당과 진보적 이념 정당 사이에서 많은 방황과 격론을 거쳤다. 스스로 중도라고 주장하기도, 진보정당임을 자처하기도 했다. 현실을 헤쳐가야 하는 정당이라면 결국 조화를 중요시해야 하지 않을까? 이 복잡한 세상사 이슈들과 이해관계들을 일도양단할 수 있는 노선이 있을까? 나는 아직 발견하지 못했다. 발견하기 위해 많은 시간을 들이지만, 이미 현실의 정치는 다른 문제의 해결을 요구하고 있다. 여론의 대표성을 정확히 인지하면서도 시대의 변화상을 놓치지 않는 것, 이것이야말로 김대중 대통령이 말씀하신 "상인의 현실감각과 선비의 문제의식"이 아닐까?

물론 선거 때나 정치 현안이 첨예하게 대립할 때는 거의 지지자들만 바라보는 경우도 허다하다. 그러나 그것은 순간이다. 그 순간이 지나면 정당은 다시 국민 전체를 바라보는 관측소가 되어야 한다.

국민을 위한 선거제도여야 한다

앞에서도 잠깐 언급했지만, 과거 노무현 대통령은 선거제도를 합의해 주면 권력의 반이 아니라 통째로라도 내놓겠다고 말씀하신 적이 있다. 그만큼 선거제도가 현실 정치에 미치는 영향력은 막강하다. 현대 민주주의의 근간을 이룬다는 정당은 실제 선거제도에 맞추어 전략적으로 움직이는 부분이 매우 많다. 꼬리가 몸통을 흔드는 것처럼 보일 수도 있지만 현실이다.

선거제도는 지금도 정치권의 중요한 화두다. 여러 이유가 있겠지만 국회의원의 역할과 특권 등을 이유로 선거제도의 개혁을 이야기하기도 한다. 특히 국회의원의 숫자와 관련해서 줄일지 늘릴지 의견이 분분하다. 그런데 워낙 정치와 국회의원에 대한 불신이 커서 국회의원 숫자를 늘리는 것에는 거부감이 크다. 특권을 누릴 수 있는 사람 수를 늘린다고 받아들이기 때문이다. 그러나 원칙적으로 본다면 특권에 대한 우려를 줄이고 국민을 좀 더 세밀하게 대변하기 위해서는 국회의원 숫자를 늘릴 필요가 있다. 숫자가 적으면 그만큼 개별 의원의 권력은 커 보일 것이다. 원칙적으로 본다면 국회의원은 집행력이 없는 직책이라서 실질적 권력은 매우 제한되어 있다고 봐야 옳다. 물론 현실적으로는 이런저런 관계와 비공식적 수단으로 유사 권력을 누리는 일들이 발견되지만, 집행권을 가진 행정 권력에 비할 바는 아니다.

국회의원을 늘리는 것은 다양한 국민의 정치적, 사회적, 경제적 이해관계를 반영할 수 있는 국회를 만들자는 논리다. 그러기 위해서는 단순 의원 수보다 비례대표 수를 늘릴 필요가 있다. 지역구 중심의 선출 방식으로는 아무래도 사회적 약자와 소수, 다양한 그룹의 의견을 반영하기가 쉽지 않다. 그런데 지금 인원수에 맞춰 비례대표를 늘리려면 지역구 의원 숫자를 줄여야 한다. 이는 현실적으로 쉽지 않다. 그러다 보니 이 문제를 해결하는 가장 쉬운 방법으로 거론되는 것이 국회의원 정수를 늘리자는 주장이다. 물론 나는 의원 정수를 늘리지 않더라도 지역구를 줄이고 비례대표를 늘리는 방향으로 선거제도를 바꿔야 한다고 생각한다.

현재 비례대표의 숫자는 전체 의원 300명 중에서 47명이다. 이 숫자는 우리 사회의 다양한 목소리를 담아내는 데 부족하다. 또한 비례대표가 애초의 취지대로 선출된다고 보기에도 아직은 미흡하다.

이런 한계 때문에 이미 정치 개혁과 관련해 비례대표제도의 확대와 증원은 오래전부터 제기된 이슈다.

21대 국회의원 선거 때 정치 개혁의 필요성을 위해 비례대표 제도의 개선을 시도했다. 바로 '연동형 비례대표제'의 도입이다. 즉, 정당 득표율에 따라 의석을 배분하는 제도다. 총 의석 수는 정당 득표율로 정하고 지역구 당선 숫자에 따라 비례대표 의석 수를 조정했다. 하지만 이 제도는 지금 국민의힘의 전신인 미래통합당이 위성정당을 만들고 어쩔 수 없이 민주당에서도 맞대응하면서 애초 취지가 무색해지고 말았다. 공익에 부합하는 정치 개혁이었는데, 당리당략에 의한 꼼수를 예상치 못했고, 결국 많은 국민에게 실망을 안겨주고 말았다. 지금도 국회에서는 이 문제로 여야가 협상 중이지만 쉽지 않아 보인다. 아예 내년이 아니라 5년 뒤 차차기 총선 관련 제도를 지금 결정하는 방법이 훨씬 합리적이라는 생각마저 든다. 그렇다면 그나마 당장의 이해관계에서 벗어나 조금 더 객관적 결과를 기대할 수 있기 때문이다.

나는 비례대표를 최소 100명 정도로 확 늘리면 연동형이 아닌 병립형으로도 충분히 비례대표의 제도의 목적을 구현할 수 있다고 본다. 권역별 비례대표제를 통해 지역주의는 물론 의원 정수의 수도권 쏠림 현상도 어느 정도 막아낼 수 있다. 물론 현재의 의원 정수를 유지한다면 지역구 의원 수를 줄여야 하는 문제가 생긴다. 이 문제는 석패율, 비례와 지역구 동시 출마와 같은 다양한 방식을 통해 지역구를 줄이는 데 따른 걸림돌을 약화시킬 수 있을 것이다.

비례대표의 숫자를 늘리는 것과 관련한 저항은 또 있다. 국민이 직접 뽑을 수 있는 권리를 박탈한다는 점에서 국민적 동의를 얻기 어려운 측면이 있고, 비례대표가 많아지면 상대적으로 정당의 권력이 커진다는 것이다. 즉, 여기에는 국민의 권한이 정당으로 옮겨가는 것에 대한 불신이 포함되어 있다. 비례대표는 정당의 내부 절차로 결정되기 때문이다. 정당 민주화가 제대로 되지 않은 상태에서는 용인하기 어렵다는 여론이 상당할 것으로 예상된다. 하지만 이런 여론은 정당의 민주화를 더 거세게 요구할 수 있는 배경이 되기도 할 것이다.

비례대표제 확대는 정당 민주화뿐만 아니라 국가 운영에도 긍정적 효과를 가져다 줄 가능성이 매우 크다. 나도 지역구 의원이지만, 지역구 의원 중심의 정치는 아무래도 지역 중심주의에서 벗어나기 힘들다. 예를 들어 지역구에는 좋은 일이지만 국가 전체의 관점에서 볼 때는 상충되거나 별 의미가 없는 것들이 실재한다. 예산을 무리하게 자신의 지역구에 끌어오기 위해 논리에 맞지 않는 억지에 가까운 주장을 할 때도 있다. 꼭 예산 관련 문제가 아니라도 자신의 지역구 유권자들만을 의식한 주장을 하는 경우도 있다. 가령 대한민국의 국가 발전을 위해 어떤 사업을 A라는 도시에 유치하는 것이 합당한데, 입지 후보로 경쟁 관계에 있는 다른 지역구 의원들은 그걸 알면서도 비난하고 갈등을 부추기기도 한다. 지역구에 매몰되어 버리는 경우다. 이런 갈등이나 모순은 아마도 지역구 의원이라면 누구나 느낄 것이다.

지역구에 매몰되지 않고 국가 전체를 바라보려면 비례대표제가 상대적으로 낮다. 중앙선거관리위원회 선거연수원에서 발표한 '2022년도 각국의 선거제도 비교연구'에 따르면, OECD 38개 회원국 중에서 100% 비례대표제를 실시하는 나라는 17개국이다. 거의 절반에 가까운 숫자의 나라가 완전 비례대표제를 시행하고 있다. 그 중에는 스웨덴, 덴마크, 네덜란드 등 유럽에서도 안정적인 정치를 하고 있는 나라들이 포함되어 있다. 사표를 줄이고, 양극단으로 나뉘는 진영 논리의 정치를 극복할 수 있는 온건한 다당제를 통해 안정적 정치 환경을 이루고 있는 것이다.

물론 외국의 훌륭한 제도라고 해서 아무런 검증이나 비교 없이 무턱대고 들이자는 이야기가 아니다. 나는 우리나라 정치 환경을 볼 때, 완전 비례대표제는 무리라고 생각한다. 현재보다 비례대표를 증원하고 지역구 숫자를 줄이는 소선거구제를 유지하는 것이 좋다고 본다. 이렇게 되면 지역구의 관할 구역은 당연히 커질 수밖에 없다. 그렇다고 해서 3인 이상 선출하는 중대선거구제를 도입하면 대표성의 문제가 제기될 것이 뻔하다. 만약 2인을 선출하는 중선거구제를 한다면 거대 양당이 한 명씩 나누어 가지는 결과로 귀착될 것이다. 따라서 이런 방법들은 옳지 않다고 생각한다.

제왕적 대통령제는
반드시 극복해야 할 과제

우리는 대통령제 앞에 흔히 '제왕적'이라는 말을 붙인다. 과거 권위주의 정권 때는 말할 필요도 없지만, 지금도 제왕적 대통령이라는 말은 심심찮게 나오고 있다. 그래도 민주당 정권이 들어설 때마다 권위주의 청산은 물론이고 제도적으로 대통령의 권한을 축소하는 획기적인 일들이 있었다. 특별검사제도, 인사청문회 등이 모두 김대중 대통령 시기에 만들어졌고, 노무현 대통령은 특유의 소탈함으로 대통령이라는 권좌를 둘러싼 권위주의를 많이 무너뜨렸다. 문재인 대통령 또한 온화한 성품의 소유자이고 아랫사람을 대하는 데 정중한 예의를 갖추는 분이라 권위적인 모습과는 거리가 멀었다.

그러나 그런 개인적 차원과는 별개로 대통령이라는 자리가 주는 위엄과 권위는 그리 쉽게 지워지지 않는다. 전 국민의 직접투표로 뽑힌 대한민국 대표 정치인이자 국정의 최고 책임자라는 위상은 제도로부터 주어진 권한 이상의 힘을 가진다. 가깝게 지내던 사람이라 하더라도 일단 연락하기조차 쉽지 않다. 만나기는 더더욱 어려워진다. 친구 사이는 둘째치고 같이 활동하던 동료 정치인과도 소통의 장벽이 생기게 된다. 말 그대로 '가장 높은 사람'이기 때문이다. 쉽지는 않겠지만, 대통령이라는 존재 자체에도 눈높이에 맞는 변화가 필요하지 않나 싶다.

내가 겪은 일화 하나를 소개하고자 한다. 초선 국회의원 때였다. 나는 바둑을 좋아하는 국회의원들의 모임인 '기우회' 멤버였다. 한국에서 제1회 한·중·일 의원 바둑대회가 있었는데 당시 일본 의원단에 칸 나오토 전 총리가 있었다. 칸 나오토가 일본 총리로 재직할 때 후쿠시마 원자력 발전소를 파괴했던 동일본 대지진이 발생했다. 그는 그 이후 《나는 왜 탈원전을 결심했나》라는 책을 통해 탈원전의 필요성을 설파하는 사람으로 더 유명해졌다.

일본의 전직 총리라면 우리나라 사람들의 일반적 인식으로는 '전직 대통령'에 준하는 사람으로 생각하기 마련이다. 그런데 전직 총리를 대하는 일본 의원들의 태도를 보고 그야말로 뜨악했다. 눈에 띄는 예우는 전혀 찾아볼 수 없었다. 동료 의원들이 말을 거는 모습과 자세에서 거리감이나 권위적 관계 같은 것을 아예 발견할 수 없었다. 중국에서 2회째 바둑대회가 열렸을 때도 또 다른 일본의 전직 총리가 왔는데 역시 마찬가지였다.

나는 우리나라의 일반적 인식과 너무나 차이 나는 모습이라 상당히 어색하고 어리둥절했다. 내가 의원내각제 국가의 전직 총리가 의원 신분을 유지한 채 다른 의원들과 어울리는 모습을 가까이에서 본 사례가 별로 없어 일반화할 수는 없지만, 이런 모습이 의원내각제라는 권력구조에서 기인한 것인지 생각해 보는 계기가 됐다.

그때의 경험은 단순히 탈권위주의적인, 특히 같은 동양 문화권인 일본의 정치문화에 대한 놀라움으로 그치지 않았다. 우리 정치문화, 무엇보다 대통령제의 근본적 한계와 문제점을 한 번 더 고민하는 계기가 됐다. 아무리 생각해 봐도 제왕적이라고 불릴 만큼 권위를 실어 준다는 점이 대통령제의 근본적인 한계인 듯하다. 특히 권위적인 인물이 대통령이 된다면 아마 소통은 극소수의 인물, 흔히 말해서 비선과의 소통으로만 그칠 가능성이 크다. 그렇게 된다면 바로 국정운영의 난맥으로 이어질 것이다.

1인을 중심으로 한 일사불란한 행정 시스템이 효과를 봤던 시기도 있었다. 그러나 사회가 다원화되고 관치가 해체되는 시대에는 맞지 않는 부분이 많은 것 같다. 대통령제의 기본적 한계인 지나친 권위주의에 의한 여러 가지 부작용을 고쳐야 할 때가 왔다. 대통령 1인의 결단과 고민에 국정의 많은 부분을 의존해서는 안 되며, 또 그럴 수도 없는 시대. 국민의 대표들이 집단지성을 발휘하는 방안을 깊이 고민해 봐야 할 것이다.

나는 우리나라가 대통령제를 유지한다면 4년 중임제가 5년 단임제보다 훨씬 낫다고 본다. 미국처럼 중간선거를 통해 정책과 정치

활동을 평가하고, 이를 바탕으로 대통령과 집권 여당의 정책이 연속성을 가지고 안정적으로 운영돼야 국가의 장기적 전망과 전략을 수립할 수 있다. 우리나라는 민주화 이후에 단임제 대통령 제도를 수립했기 때문에 정책의 연속성을 보장받기가 힘들었다. 같은 정당이 연이어 집권해도 전임자와의 차별화를 안팎으로 요구받기 일쑤다. 정권이 바뀌면 이전 정책은 폐기 대상이 되곤 했다. 어이없는 정치적 이유가 개입되는 경우도 종종 있다. 무자비한 정치보복이 있기도 했다. 물론 1987년 헌정 체제는 당시의 시대정신이었다. 더는 장기독재를 용납할 수 없다는 시대적 요구에 부응한 것이다. 그러나 지금은 그때보다 민주주의와 정치의식이 훨씬 발전한 국민이 지켜보고 있다.

4년 중임제에 더해 결선투표제 도입도 고려했으면 한다. 여러 반론이 있을 수 있지만, 공익 차원과 국가 발전 전략 차원에서 더 유용할 것 같다. 연합정치는 물론이고 선거 이후 안정적 국정운영과 협치의 미학도 기대해 볼 수 있을 것이다. 대안으로 생각해 볼 수 있는 방법이 의원내각제다. 우리나라에서 의원내각제는 유독 인기가 없는데, 그 이유는 여러 가지가 있을 것이다. 첫째는 제2공화국 때 도입했다가 극심한 정국과 사회의 혼란을 겪었던 기억이다. 그러다가 5·16 군사쿠데타를 겪으면서 장기독재의 시절을 살아야 했던 과거가 발목을 잡는다. 둘째는 최고 권력자를 직접 선출하는 국민의 권한을 빼앗는다는 심리적 저항도 무시할 수 없다. 마지막으로 국회의원들끼리 권력을 돌아가며 나눠 먹을 것이라는 국민적 의심이다.

그런데 우리나라 의회는 총선을 한 번 치를 때마다 40~50% 정도는 초선이 당선되는, 소위 '물갈이'가 왕성한 의회라는 점도 참조할 필요가 있을 것 같다. 오히려 당내 민주주의가 더 중요한 문제로 지적돼야 한다고 생각한다.

당장 의원내각제와 비슷한 제도를 중앙정치에 적용하기는 힘들다. 무엇보다 부작용에 대한 의문이 해소되지 않았다. 국민 여론도 그렇고 헌법 개정 사항이기 때문이기도 하다. 중임제, 결선투표제와 병행해서 판단해야 할 부분도 많다. 그러나 지자체 단위에서라면 이야기가 달라진다. 지방의 권력구조는 법률 개정으로 바꿀 수도 있기 때문이다. 가능하다면 서울시나 경기도와 같은 광역지자체에서 다양하고 새로운 정치적 실험을 해 보는 것도 좋지 않을까 싶다.

특히 경기도는 유럽으로 치면 중급 나라 정도는 되는 수준이다. 2010년과 2014년 경기도 의회는 2회 연속 여소야대였다. 그리고 2022년 지방선거 결과를 보면, 도지사는 민주당 소속이며 지방의회는 여야가 각각 78명으로 동수다. 이런 절묘한 구성이 만들어진 이유는 경기도 도민들이 교차 투표한 지역이 상당히 있기 때문이라고 봐야 한다. 이런 정치 지형을 감안해 경기도는 도청과 의회의 연정으로 새로운 정치실험을 한 바 있으며, 이는 높이 평가받을 만하다. 이미 지방정부 차원에서 여야가 협치를 위해 야당 소속 의원이나 인사를 부단체장으로 임명하기도 하지 않았던가. 그래서 경기도는 지방정부 구성을 의원내각제 방식으로 해볼 만하지 않을까 싶다. 특히 지방정부는 집행부라고 불릴 정도로 정치성보다는 행정의 집행적 측면이 강조되고 있는 현실도 감안할 필요가 있어 보인다. 의회와 집행부의 불필요한 갈등을 줄일 수 있는 시스템이 좋지 않을까? 즉, 의회 선거에서 다수를 차지한 정당이 단체장 선임권을 가지는 것이다. 좀 더 구체적인 검토가 필요하겠지만, 이는 지방 단위에서라면 충분히 가능한 정치실험이라고 생각한다.

이렇게 현실에서 검토와 실험을 하면서 어떤 권력구조가 우리 사회에 적합한지 확인하는 것을 두려워하거나 회피해서는 정치발전을 이룰 수 없다. 우리 사회는 이제 절대반지를 가진 권력자를 원하지도 않고 절대권력의 시대도 지나지 않았는가.

함께 사는 세상을 향한
책임과 가치

살리는 경제
바꾸는 정치

권칠승 지음
ⓒ 권칠승, 2023

초판 1쇄 인쇄일 2023년 11월 1일
초판 1쇄 발행일 2023년 11월 7일

ISBN 979-11-5706-312-3(03300)

만든 사람들

기획편집	배소라
책임편집	이형진
홍보 마케팅	최재희 신재철 김예리
디자인	이미경
인쇄	한영문화사

펴낸이	김현종
펴낸곳	㈜메디치미디어
경영지원	이도형 이민주 김도원
등록일	2008년 8월 20일 제300-2008-76호
주소	서울시 중구 중림로7길 4, 3층
전화	02-735-3308
팩스	02-735-3309
이메일	medici@medicimedia.co.kr
페이스북	facebook.com/medicimedia
인스타그램	@medicimedia
홈페이지	www.medicimedia.co.kr

이 책에 실린 글과 이미지의 무단전재·복제를 금합니다.
이 책 내용의 전부 또는 일부를 재사용하려면 반드시
출판사의 동의를 받아야 합니다.
잘못된 책은 구입처에서 교환해드립니다.